双法字理

第七辑 字部·人体

一部讲述中国汉字文化根源的科普图书

白双法◎著

东北师范大学出版社

NORTHEAST NORMAL UNIVERSITY PRESS

图书在版编目（CIP）数据

双法字理．人体 / 白双法著．— 长春：东北师范
大学出版社，2019.3
ISBN 978-7-5681-5617-2

Ⅰ．①双… Ⅱ．①白… Ⅲ．①汉字－文字学－研究
Ⅳ．①H12

中国版本图书馆 CIP 数据核字（2019）第 057200 号

责任编辑：包瑞峰　封面设计：丁　瑶
责任校对：张　彬　责任印制：张允豪

东北师范大学出版社出版发行

长春净月经济开发区金宝街 118 号（邮政编码：130117）

电话：0431-84568003

网址：http://www.nenup.com

厦门市明亮彩印有限公司制版

厦门市明亮彩印有限公司印装

厦门市同安区美溪道思明工业园 51 号

2019 年 3 月第 1 版　2019 年 3 月第 1 版第 1 次印刷

幅面尺寸：152mm×226mm　印张：24.75　字数 :246.7 千

定价：60.00 元

出版说明

本书是根据白双法教授于 2015 年 6 月期间，在厦门市爱和乐教育服务有限公司的莲花书院录制的"双法字理讲说"视频资料整理的。

白双法教授多年致力于中国汉字文化的研究，对中国汉字文化造诣颇深，早年曾有多种著作，也出版了不少影视作品。在这次讲说中，白双法教授并不站在与其他汉字文化和西方文字学的对立面，而是以"有所不同"的文化观做细致分析，这种思想和思维方式，是值得我们学习的。其独具见解的汉字"表意说""文心说""七字根""九字经""字族论"等，对当今学习汉字及认识中国文化，都有重要启示。

汉字有 5000 多年历史，对于岁不过百的今人，我们除了敬仰和尊重之外，没有过多评说的资格。

一个汉字虽然能从不同角度解说它，但数万个汉字，却不能一个字一个字单独解说清楚，它们之间是互有联系的。如何合理地将这数万个汉字有机联系起来？白双法教授很好地给我们展现了汉字之间的内在联系，由简明的"七字根"，到深厚的"汉字家族"，数十万汉字浑然一体，"小而无内，大而无外"。他将自己的这套理论，称之为"双法字理"。这种看似简单的理论，却常常被我们遗忘：它是那么明显地摆在眼前，而我们却从来没有发现过；它是那么浅显易懂，而我们却从来没有明白过；它是那么彻底地源于生活，而我们却从来没有体会过。

出版本书，因为这是一本还原汉字原本面貌的经典科普图书，是现代汉字研究中的一份难能可贵的资料。本书在录影资料整理稿的基础上，由贺铮主持编撰、配图。但因其内容博大精深，编撰人员能力有限，编撰过程对白教授的汉字学问难免有所疏漏，不当之处，还请读者谅解。

2015 年 10 月

作者弁言

汉字是中国古老的文字，经过数千年的发展，一路由甲骨文、金文、小篆、隶书、楷书、草书、行书走来，直到我们今天所使用的简化字。汉字有其自身特有的造字规律和原则，我们称之为"汉字字理"，它有别于西方拼音文字。然而今天很少有人去重视这点，仅仅认为中国的汉字是一种文字符号而已。这不能说是一种错误，至少有一些偏差。汉字除了本身的符号性以外，还有非常重要的意义性在其背后，是数千年来中国古人劳动的结晶，智慧的体现，是中国文化灵魂的载体。

汉字有多少个呢？

汉代许慎的《说文解字》是我国最早的字典，它记录了早期汉字9353个。在我国古代有专门的"小学"，就是以学习汉字为主的学问。关于汉字的数量，今天有很多有志之士做过统计，都很难有个准确的数字，其大概数量为十万多。我个人的研究范围是八万五千多，这么多的汉字别说孩子们，就是专家教授也没办法把握。

那么汉字应该怎么学呢？

今天大多数人对汉字实际是"认而不识"，怎么能让人们，特别是让孩子们从小就把很多字认识了，而不仅仅是"认"？甚至让更多的外国友人，更容易地学习汉字？这就要以汉字的基本造字理论为基础，结合中国本身传统文化，来认识古人造字的思想，并把它转化为我们今天学习汉字的方法。

关于如何认识汉字，今天普遍有两种方法。一是，这个字怎么写，横竖撇捺，念什么，是什么意思，这是教知识。二是，还要说为什么，那就是教智慧，要告诉孩子们汉字背后的故事，这是一个唤起大脑中古老的记忆、开启孩子的智慧的过程。

在本书中，读者将系统地认识双法字理识字法。

2012 年 4 月 6 日

汉字家族

双法字理有两个大的概念，分别是"理"和"法"。理的概念是在《双法字理》（第一辑·理部，后文简称《理部》）一书中介绍过的"字理"；法的概念则被分为两部分，"文"部、"字"部。关于"文"，在《双法字理》（第二辑·文部，后文简称《文部》）一书中，我们已经讲完了。从第三辑开始，我们便进入"字"部，重点介绍字的产生和字的家族，是"双法字理"继"理部""文部"之后的第三部分——"字部"。

双法字理中，"字"是按照家族——"字族"来讲的。字族的顺序，我们还是要按照七字根中"文"的顺序来讲，仍旧是天文、地理、植物、动物、人体、器物、符号这个顺序。但要真正理解"字族"，我们的第一件事就是要把握"造字法"，就是"双法字理"的"双法"二字。

何为"双法"

双法字理涵盖的内容很多，"双法"其中主要的一项就是"造字法"。所谓造字法，就是人们学了"文"以后，由"文"合成"字"的方法。造字法有两种，所以称为"双法"：一种是"形意"，指两个"文"在一起，合到一起用象形表达意思，没有声音辅助，这叫形意法；一种是"音意"，指两个"文"合在一起且其中有一个主管声音，并共同表达意思，这叫音意法。形意和音意这两种造字法，在《理部》中有过介绍，并提到过"九字经"。"七字根"和"九字经"是两个概念，七字根说的是文的根，九字经说的就是造字法。

"九字经"

　　"九字经"中有九个字，我们其实重点掌握五个字的范例就行。这五个字分别是"日、月、明、艹（草）"四个字，以及加了草字头（艹）后萌芽的"萌"字。只要把这五个字的联系掌握了，造字法就知道了。这五个字就能告诉我们，在掌握了"文"以后，造"字"就很简单了。

九字经（造字法）

双法：　形意法（左手）
　　　　音意法（右手）

1	2	3	4	5	6	7	8	9
日	月	明	艹	萌	、	皿	血	盟

　　"日""月"为文，它们二字合起来组成光明的"明"，此为形意造字法；"明"与"艹（草）"组合成萌芽的"萌"，由"明"字管声音，此为音意造字法。以上便是造字的两种方法的具体展现。

　　汉字的造字法，不是形意就是音意，不可能再有第三种，所以我们叫"双法"，一定要牢牢记住这两个造字法——形意法与音意法。学完"文"，接下来学"字"，尤其是字的家族，掌握了"文"，掌握了造字法，那么我们接下来就要用有限的"文"来造无数的"字"，来发现这无数汉字的秘密。

字族——汉字的家族观

什么是字族？

汉字是一个大的概念，每个字并不是零散的、一个一个的。整个汉字体系是按照一个一个的族群组合起来的庞大王国。所以我们的识字法先讲了"文"，要"单字看图"。"文"主要是象形字，所以要看图形，而且有顺序，然后再看"字"。那么关于字族中无数的"字"，则一定要按"族"来学，这为"群字分族"，而且也与"文"的顺序同样，共分"天文类、地理类、植物类、动物类、人体类、器物类、符号类"七类。

要认识汉字，首先我们要在脑子里建立这个"汉字家族"的概念。

汉字的家族和人的家族一样，有大家族，有小家族；有的家族可能几十个成员，甚至上百个成员，而有的家族可能只有一两个成员；有的延展得少，不能称其为家族，则更像是人口极少的家庭。有的虽然常用，但它没造什么字，特别是在常用字中它没有再造字，但它的辈分很高，这样有些"字"就不像一个家族的概念，但这并不影响整个汉字系统的家族感。所以，我们在讲"字"的时候，着重以常用的、比较大的家族来讲。这是本书在讲汉字字族的时候，大家要注意的几个方面。

在"双法字理"中，造字法的概念我们清楚了，即形意法和音意法；用"文"造字时有必要的变体，我们也知道了；汉字家族的概念，以及汉字家族概念里所包含的大家族、小家族等，我们也清楚了。这几个问题清楚后，那么接下来，我们根据实际情况，再来看看在"七字根"指导下的一个个"汉字家族"。

目录

贰 脚

一、止字家族

人体

《双法字理》系列丛书已出版了六辑：第一辑"理部"、第二辑"文部"、第三辑"天文"、第四辑"地理"、第五辑"植物"、第六辑"动物"，本书为第七辑"人体"。

在"字部"的"七字根"系列的学习中，我们依照自然规律，先学习天地自然，即天文、地理、植物、动物，随后是人类，这符合生物进化的进程。后面我们还将学习第八辑"器物"和第九辑"符号"，即人类通过劳动制造了实与虚，实物"工具"与思想"符号"。

无论是自然界，还是人类社会，人们最终都是借由文字来表达，进而形成鲜明的文化。古人能够把众多抽象的概念具象化，并简单地表现出来，这是一种很高级的思维。在春秋战国时期，中国古人把这种学说称为"名实学"。

在自然发展的规律中，往往存在着并行的发展，如天气变化与地表变化，动物发展与植物发展各自并行发展。这就形成了一个立体的空间，人们便因此建立了一个立体的思维。虽然立体思维的陈述也要一个一个按顺序讲，但你的思维要先建立起一个立体的空间，把文字、文化进行立体的空间排列，而不是简单、单一的线性排列。这样才能建立起各个空间的快速联系，加快信息的存取和读取。

从立体的七字根到七对字根，再到七组，最后形成七类，都是立体的空间组合。

上下对称，上天文、下地理；左右对称，左边植物、右边动物；中间是人，面南背北；前后对称，前面工具、后面符号。我们要熟悉这个空间，因为这是七字根的基础，也是中国文化的基础。它不仅仅是一个空间，更是一个载体，一个文化信息的载体。

马一浮先生把四库全书都背下来了，难道他是死背的吗？不，他是用了立体记忆法。他的文字学非常好，随后他把五经装在脑子里，然后分散立体地记住十三经。十三经再分出的部分，他也一一理清了。于是，这四库全书他也就都知道了。

双法字理讲汉字、教汉字、记汉字，也是依照这个道理：要提纲挈领，不要死记硬背；要有联系、符合发展规律，而不是违背记忆规律；还要建立最短、最直接的联系，从而达到快速、大量地认识与记忆。

通过前面几辑的学习，我们知道了天文类分天体、天象、天气；地理类分高山、平地、深水；植物类分木本、禾本、草本、其他；动物类分天上飞的、地上跑的、水中游的、肢体部位。而《双法字理·人体》一书的内容则分为两大块，一是整体的人（男、女、老、少、鬼、神）；二是人体的部位（五官、器官、四肢），整体和部位两大分类符合汉字的实际造字规律。

由此，我们可以看到：天、地对应，分类三三相对；植物、动物对应，分类四四相对；人在中间是核心点，分两类，保持阴阳平衡，以便维护整个系统的平衡。

第一章 人部整体

人部整体一共有六个字，分为三组：男、女一组；老、少一组；鬼、神一组。代表了人的一生，人分男女，有老有少，生死有别。

人在死了之后会怎样呢？古人认为人死之后，或是入地成了鬼，或是上天成了神，于是有了鬼、神这一组。

左栏字形图：

男
甲骨 前8·7
金文 叔男父匜
小篆 说文田部
隶书 李夫人碑
草书 王羲之

人
甲骨 甲·8896
金文 盂鼎
小篆 说文人部
隶书 礼器碑
草书 王羲之

第一节　男

在第一辑"理部"中，我们已经阐述过"文"与"字"的概念："独体为文，合体为字。"这里我们看到，"男"是个字不是文，它是由两个文"田"与"力"组成的。此处我们要讲的关于男性的"文"与其所造的"字"，第一个就是"人"字。

人分男女，但在最初"人"字只表示男人，一个弯腰劳作的人形，其甲骨文便是如此。此时的女人多负责族群的生养。随着社会的发展，女人也加入生产劳作当中，于是另造了专门表示在田地里劳作的人，这就是"男"字，一个在田地里用耒（力）翻地的人。

所以"人"字最初只代表男性。随着文明进一步发展，人们造出"男、女"二字时，"人"字便用来表示男女的统称——人类。

当这个人形颠倒过来、头朝下的时候，就是"匕 hua"字。它表示死去，生死就是生命的变化。

"人"字是一个人侧立劳作的样子，而"立"字则是一个人正面站立的样子。甲骨文十分明显，一个大写的人正面站在大地上。你站在哪里，哪里就是你的位置。古人云"三十而立"，不是说三十岁才站起来，而是三十岁的你应该有一定的地位，可以立足于社会。所以，"立"还引申有位置的意思。

每一个汉字除了本身的"形、音、义"以外，还具有一定的社会文化内涵，因为汉字本身就来源于人们的社会生活，是历史经验的总结和生活实践的体现。所以，今天我们要想更好地了解古人、了解历史，并总结经验保障未来的发展，那么对文字的认识就应该更加清楚。

一个人认识了文字，便可以明白事理、掌握文明。此时，他便由一个普通的人，变成一个掌握未来的人，这就是文字的力量——文化。做一个有文化的人，一直以来都是人们所追求的目标，如此才能成为一个识字、明理的人，一个真正的人——仁者。

所以，"识字"自古便是国人给"有能者"的第一标志。

一、人字家族

在文字系统中，甲骨文的造字已经非常成熟了，算是一套比较完备的文字系统。在此之前一定还有一段漫长的文字发展过程，最终，"人"字的甲骨文确定为一个侧身劳作的人形。当太阳从东边升起，人们开始下地劳作，而这个人不是小孩，不是老人，也不是女性，而是一个强壮的男人。金文、小篆的字形依照甲骨文字形，没有大的变化，仅仅是书写工具的改变和书写优美的要求所带来的变化。

隶书书写时，要求字形"取横势，呈扁方，蚕头燕尾"，如汉隶。今之写楷书，要求书写成长方形，表示字形的挺拔，如唐楷。

"人"字所造的字特别多，依旧以其表读音为主，如认、仁等。当它演变成单人旁"亻"时，起表意归类作用，比方说队伍的"伍"。"伍"的意思是一个五个人的组队，这五个人不是随便组队，而是按规定的位置和要求，完成一个相辅相成的整体阵型，攻守兼备。这是古代的一种军制，五人为伍，设伍长，伍也是古代军队中最底层的军官。因需要人力的发挥，所以配人旁（亻）专表。"伍"字以"五"为读音，归在"五字家族"，属于符号部分。

汉字是"形、音、义"的结合体，有了形，有了音，才能表现出字的意思。所以，在字形之下我们主要看"音"的作用，并由此体现出字义和字义的延续与引申。随后，这些延续与引申为了与原本的字义以"字"的形式区别开来，于是人们在原来字形的基础上加以改造，这便又有了新的汉字，这一系列文字的衍生就组成了一个个汉字家族——字族。

所以，在"人字家族"中我们主要介绍用"人"做声音符号的字，第一个是"认识"的"认"。

1. 人→认（認）、仁、队（隊）、入、全

"认"字是一个简体字，繁体为"認"，

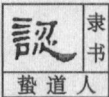

認

訒
小篆
说文言部

認
隶书
蝯道人

初文也做"訒"，简化为"讱"。

"刃"指刀刃，刀上一点"、"表指示，指刀之最坚、最利之处。一把刀的好坏，就是看其刀刃的好坏，刀刃往往都由精钢打造，锋利而坚硬。"訒"由"言刃"二字组成，表示言语如刀刃，可伤人伤己，故说话需谨慎。隶书时书写为"認"，进一步表明说话要用"心"，言语需慎重，不要说大话，以免伤人。正是因为讲话要谨慎、慎重，所以往往有些话难说、不好说，要斟酌、要酝情，即难言也。

论语中，孔子与他的学生司马牛，有一段关于"仁"的对话，就很好地体现了古人对"訒"的阐释。

司马牛问仁。

子曰："仁者，其言也讱。"

曰："其言也讱，斯谓之仁矣乎？"

子曰："为之难，言之得无讱乎？"

——《论语·颜渊第十二·三》

孔子生活在春秋末期，其文字以小篆为主，此时隶书还没有出现，故还没有"認"字的使用。

"訒→認"本义难言也，当人们遇到不理解，没见过的事物时，要用语言表达还显得有些困难，这就是"认"。"认"是需要一个过程的，当"认"的次数多了，便了解、掌握了，此时就是"识"，合在一起为"认识"。

汉字简化时，人们用同音替代法，将"認"字简化为"认"，其字形在表意上也有一定的道理。"认"是人们探索未知时一次又一次地发问与回答，字形中的“人”字也体现了人的主观能动性，同时将字形所表达的字义由原本“訒→認”的引申义，重塑为正面意思的表达，使“形、音、义”的表现更加统一。

“识”也是个简化字，繁体为“識”，同样可以看到与语言、声音有关。

甲骨
前·29
金文
古鉨
小篆
说文人部
隶书
礼器碑
行书
王羲之

“仁”字的读音为“rén”，由“人二”二字组成。甲骨文、金文、小篆皆如此。隶书时将“人”书写成单立人（亻）做旁，有了今天的字形，其本义为二人相近相爱。

“仁”是中国文化中十分重要的一个元素，中国人自古传道“仁、义、礼、智、信”，为儒家“五常”。春秋时期，孔子便提出了“仁、义、礼”，随后孟子延伸为“仁、义、礼、智”，最后由董仲舒扩充为“仁、义、礼、智、信”，后世称为“五常”。“仁、义、礼、智、信”几千年来贯穿于中华伦理文化的发展，始终是国人做人的基本准则。

孔子的《论语》犹如车轮，以二十篇为车辐，由一个“仁”字做车轴，贯穿《论语》一书的始终，讲述一个人的社会作用，即价值体现，使人成“仁”也。

关于“仁”，孔子与其弟子曾有一段对答。

颜渊问仁。

子曰：“克己复礼为仁。一日克己复礼，天下归仁焉。为仁由己，而由人乎哉？”

颜渊曰：“请问其目？”

子曰："非礼勿视,非礼勿听,非礼勿言,非礼勿动。"

颜渊曰："回虽不敏,请事斯语矣!"

(礼,以仁为基础,以仁来维护。仁是内在的,礼是外在的。)

仲弓问仁。

子曰："出门如见大宾,使民如承大祭。己所不欲,勿施于人。在邦无怨,在家无怨。"

仲弓曰："雍虽不敏,请事斯语矣!"

(德,严肃认真,宽以待人。)

司马牛问仁。

子曰："仁者,其言也讱。"

曰："其言也讱,斯谓之仁矣乎?"

子曰："为之难,言之得无讱乎?"

(讱,言行慎重。)

——《论语·颜渊第十二》

此外,"仁"还指桃仁儿、杏仁儿、花生仁儿,且多加儿化韵。为什么要加儿化韵呢?最初是因为北方话中,有许多词汇的字音韵母因卷舌动作而发生音变现象,这种现象就叫作儿化,同时也具有区别词义和词性的作用。

桃仁儿、杏仁儿、花生仁儿的"仁儿"指的是果核里的内核,是果核中最中心、最重要的部分。而"仁"正是一个人内心最核心的价值观,古人认为"仁者,成人也"。于是古人用人生的核心"仁"来表示大自然中果核的核心,体现大自然天生地养的生命核心,是人与自然间和谐思想的体现。

随后，古人为了区别人性的"仁"和果核的"仁"，于是儿化这种变音就被拿来使用了。儿化后的"仁儿"便专指各种果核，并沿用至今。

其实在"双法字理"七字根的空间中，"人"便是在中间，是这个空间核心的"仁儿"。因为天地之间最宝贵的精华就是人，其吸收天地之灵气，接受万物之精华，才从动物进化而来，是天地之仁。正是因为中国人具有这种价值观与认知观，所以自古以来我们遵从"天地人"的合一，遵循人与自然的和谐，以此区别于西方世界中人与自然的关系——征服。

同时，关于"仁"字右边的两横到底表示什么，一直是人们讨论的话题。在文字学上，一种解说是"二"表示"天地"，即人是天地之间的仁，且字形中涵盖了"天地人"三个符号；第二种解说认为"二"是古文字"上、下"的合并书写，指礼仪的上宾下达，即"克己复礼为仁"。此外，还有第三种文化性说法，认为"二"表示相等，指人和人之间平等。

这几种说法都各有道理，没有对错之分，关键在于你的需要和认知基础。"双法字理"除了解说汉字，更是对人文哲理的阐述，非此即彼的绝对思维并不适合对文明的认识和对文化的学习。世界上有很多事情没有对错之分，它们仅仅是有所不同。

关于"仁"的各种解说，分别从整个天地万物的角度来说、从人的礼序社会角度来说、从现在社会的人人平等来说，三个说法都对，分别体现了不同时期的文明程度和文化进步。那古人在几千年前造字时到底想表达什么呢？其实，今人哪里有本领去判断几千年前古人造字时的初衷呢？不过是猜测，也许也是多种思想的合并与表达。

我们讲述"双法字理"，除了知识与文化内容，还是一种思维模式，包容性的统一思辨，两者有所不同。正如汉字的"繁简关系"，不是对错的关系，只是统一下的有所不同罢了。

"队"字是今天的简化字，繁体为"隊"，其实它最早的甲骨文便是"队"字，不过右边的人形是一个头朝下掉落的样子。左耳旁（阝）是"阜"字，表示山坡，与掉落的人形合在一起，表示一个人从山坡崖壁上掉了下来。这个人落到地面上，加个表示土地的"土"字，就是"坠"字，专表坠落。所以"队"字的本义就是坠落的意思，后分化出"队列"，才又造了"坠"字。

那么"队"字表示"队列"的意思是如何而来的呢？

金文时，改坠落的人为豕（野猪），即人们捕猎时将一只野猪赶落山崖。小篆时为了进一步表示这只野猪是被追赶的野猪，于是用了追遂的"遂"的省略。"遂"表示人们追逐绝路逃跑的野猪，见《双法字理·动物·豕字家族》。野猪多集群活动，由两到三只母猪与一

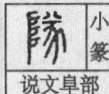

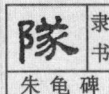

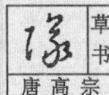

隊

队

甲骨
甲·347

金文
卯敦

小篆
说文阜部

隊
隶书
朱龟碑

草书
唐高宗

11

群幼猪组成，公猪只在发情期才会加入猪群。所以人们围捕野猪时，往往是围捕一个野猪群，且没有公猪在场。所以，此时的猪群没有什么攻击力进行反抗，只能被猎人追逐，最终被赶落山崖成为人们的猎物。野猪一只一只地从山崖上坠落下来，远远看去好似排成整齐的一列落下，这就是"队列"。

汉字简化时，人们重新采用了原本书写简单的甲骨文字形"队"，替代了金文、小篆后书写烦琐的"隊"字。

"入"字和"人"字特别像，但从其古文字来看跟人并没有关系。

"入"字的甲骨文像一个尖锐的三角钉如束，表"形锐可入物也"。金文、小篆时字形拉长，似草木生根入土也，皆表示进入、纳入的意思。

"内"字之形便是"入其界也"，冂表示范围、界限，入表示进入，合而为"内"，原本写作"內"。

"全"字上面部分为"入"，下面一个"王（玉）"字表示"纳玉也"，即藏玉。

在金文、小篆中字形相似，自古人们视玉为宝贵之物，有则藏之，使其始终完美而无缺损，进而指完美、完整之意——完全。

此外，金文和小篆时还有加入双手（廾）的字形，表示人们双手捧玉将其收纳起来，进

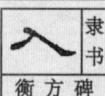

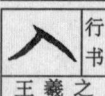

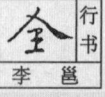

入

入	甲骨 甲·6820
入	金文 颂鼎
入	小篆 说文入部
入	隶书 衡方碑
入	行书 王羲之

全

全	金文 古鉨
全	小篆 說文入部
全	隶书 曹全碑
全	行书 李邕

一步表现出对玉的珍视，纳而求其全。

今天，人们对自己喜爱的东西，也是收纳起来以保证其完美、完整，无缺损、缺失之全也。

2. 人→从（從）、纵（縱）、丛（叢）、怂（慫）、耸（聳）

人具有社会性，所以除了个体活动的人之外，还有两个人、一群人的时候，且人往往都有从众心理，喜欢凑热闹。于是，就分别有了"从"字与"众"字。

"从"字的甲骨文与今天的字形一致，表示一人劳作，一人跟随其后也在劳作，即跟从。金文、小篆依照甲骨文，皆为"从"。

"从"还有个繁体字，写作"從"，这一字形出现在金文之中，是古人为了避免"从"与"比"在字形上的混淆。"从"是跟从的意思，于是加表示行走的符号"辵"，这就是"從"字的产生。所以小篆后，"从"的书写皆为"從"。

汉字简化时去繁化简，"從"字又被简化为原本简明的样子"从"。所以，汉字的简化并不是对汉字文化的破坏，有时是一种文化的回归——返璞归真。

"纵"字加了绞丝旁（糸—纟），与丝线有关，指织布时并排拉直的丝线，一根丝线跟

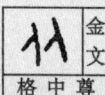

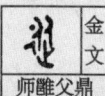

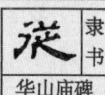

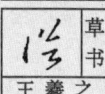

从
从	甲骨 甲·7290
从	金文 格中尊
从	小篆 说文从部

從
从	甲骨 粹·813
從	金文 师雝父鼎
從	小篆 说文彳部
從	隶书 华山庙碑
從	草书 王羲之

縱
小篆
说文系部

縱
隶书
鲁峻碑

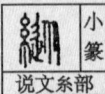

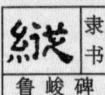

着一根丝线，被称为经线。随后，纬线横穿其间与之交织在一起，丝线便如此垂直交错，纵横在一起，最终织成布匹。

"纵"的繁体为"縱"，小篆时便是如此书写，汉字简化时依照"從—从"的简化，简化而来。

纵横家出现在战国时期，凭辩才进行政治活动，分为合纵派与连横派，主要代表分别是苏秦和张仪，皆为鬼谷子的学生。

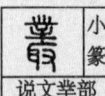

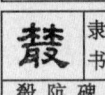

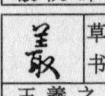

叢
小篆
说文丵部

叢
隶书
毁阮碑

叢
草书
王羲之

"丛"字是个简化字，繁体写作"叢"，是"丵zhuó"与"取（聚省）"组合，表示一堆野草聚集在一起——草丛。

小篆时书写为"叢"，隶书时另有字形作"藂"，为今天的异体字。

今天简化的"丛"是根据其草书形体省写而得，字形中的"从"是地面上一棵棵野草（艸）的样子，小草一棵挨着一棵相互跟从，底部一横表聚集汇合在一处，合而为"丛"。

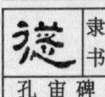

慫
小篆
說文心部

慫
隶书
孔宙碑

"怂"字原本繁体为"慫"，"從"下一"心"表示除了行为上的跟随，心中的想法也跟随。这种心理上的服从，往往指让人放弃个人主见，而跟从别人的想法，并非自愿所为，这种心理上的认识就是"认怂"。

于是，威逼或恐吓他人放弃自己心里的想法，从而屈于威逼或恐吓去做某事，便是怂恿。

"耸"字原本繁体为"聳"，最初是为马专门而造，"從"下一"耳"指驯马时马匹受惊后竖起耳朵紧张的样子。

马是古代重要的国家军备资源，驯马便是头等的大事。马虽然很健壮但却十分容易受到惊吓，所以惊吓的"惊"原本写作"驚"，就用一匹马来表现。马受到惊吓时的样子便是竖起两个耳朵，一副十分紧张的样子，环顾四周随时准备狂奔。

"耸"是马的两只耳朵高高竖立的样子，于是有耸立、高耸的意思。同时，当人受到惊吓时，也会本能地缩颈提肩，紧张得好似耳朵都竖了起来，危言耸听尔。

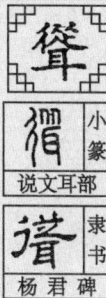

3. 从→坐、座、挫、锉、矬、众

"坐"字读音为"zuò"，与"从"的读音"cóng、zòng"声母相近或相同，且古音中"z、c、s"不分。

"坐"字很形象，是两人席地而坐，所以字形下面一个"土"字，小篆的字形更像两人面对而坐。春秋时期，古人尚没有椅子，多席地盘坐或跪坐，而椅子、凳子则是在汉朝时才开始由胡人传入中原，并在唐朝时普及。可见，文字本身也在一定程度上体现了不同时期的文化发展与文明进程。

所以，"坐"原本指"席地而坐"，其小篆字形中还加入一个案几"丌"的字形，表示

座
坐
小篆
說文土部

座
隶书
郑固碑

座
草书
柳公权

挫
小篆
說文手部

挫
隶书
蔡湛颂

挫
草书
董其昌

锉
小篆
说文金部

锉
隶书
爱道人

锉
草书
祝允明

两人席地而坐于案几两边，相互交谈。而今天的"坐"，则多指坐在椅子上、凳子上。且隶书后字形的拉伸也将人的坐姿由席地盘坐、跪坐的低矮姿态，转为坐在椅子上、凳子上的高大形象。

"座"字的初文与"坐"相同，后加表示房屋、房舍的"广"，表示坐在屋舍之内，体现出有一定的地位。屋舍之内空间有限，可坐的位置不多，于是"座"又引申出"座位"的意思。今天，人们依旧以一个人有没有座位和座位的远近，来表示一个人地位的高低。

当"座"字的意思有所延展时，人们便再次用"坐"涵盖了"坐在屋舍之内"的意思，并用"座"专表可坐之位——座位。

"挫"字加了提手旁（扌），表示用手把一人按下来，使其坐下。因是外力强迫所致的坐下，往往会使人折腰受伤，这就是挫伤、挫折。

人们说话时为了表达丰富的情感和内容，声音往往一高一低，便是用气息的放开或按住音调使其升高或降低，这便是抑扬顿挫。

"锉"字加金字旁（钅），左边的"坐"为"挫"省，表示一种金属器具——锉子、锉刀。古人做工时，用力按住器物，用锉来削磨，使其平整美观。

16

"矬"字表示短矮，常用来形容一个人的身高低矮、短小。造字时用"矢"表示长度的短，用"坐"表示高度的低。

"众"字是三个人，也可写作"伋"，古人言"三人成群"，表示众多的意思。其原本写作"眾"，小篆时书写为"衆"。

其甲骨文为"目"下三人，表示聚众而观——围观，金文亦是如此。

小篆时为了追求书写上的对称，在顶部中间加一点，起到视觉上对称点的作用，写作"衆"。同时，也可以认为是"血"字下面三个人（伋一乑），表示有血缘关系的一群人聚在一起。村庄，便是一群有血缘关系的人聚在一起的活动单元。

眾	
甲骨 前45·2	甲骨 微62·4
金文 师寰敦	金文 祺田鼎
小篆 说文目部	
隶书 魏尊號奏	
草书 王羲之	

二、化字家族

1. 化→花、货

"化"字的甲骨文是两个人形，不过一个是头朝上站立的人形，一个是头朝下颠倒的人形，金文、小篆、隶书大体如此。

字形中，头朝上的人形表示活着，头朝下的人形则表示死去，二者合在一起表示生死的转变，即转化、变化。

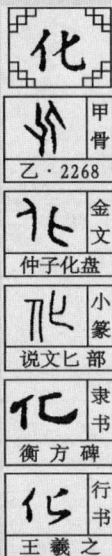

化
甲骨 乙·2268
金文 仲子化盘
小篆 说文匕部
隶书 衡方碑
行书 王羲之

17

说到生死，中国古人的生命观在世界上算是很高级的。古人认为从生到死，并不是一个人的完结，而是一次转变，即人死后会化成另一种形式存在下去。

"化"字最初指生死的变化，后来人们用其体现一种内质的变化。今天人们把研究物质内部变化的学问，就称为化学。那么，一件事物外在的更改如何体现呢？这就是"变"字。

"变"字繁体为"變"，上半部分是"丝（絲）"与"言"的组合，下面是一个"攵（攴）"字，表示用外力使丝线与言语有所更改——变更。这种改变是一种外力进行的变化，如将铁丝由直的变成三角形，体现的是一种外表的变化。

鲜花的"花"并不是今天的简化字，而是个后起字。其古文字与"华（華）"同，到隶书（蕚）以后，因书写烦琐，方才在北朝时期有了今天"花"的字形。字形"花"以草字头（艹）归类，以"化"表音表意，指草的一次变化重生——开花。

"花"字原本写作"華"，且无草字头，指草木之精华，后泛指世间万物之精华，今简化为"华"。于是，人们又另加草字头造"華（蕚）"字，专指草木开花。

"货"字繁体为"貨"，"化"字下面是"贝（貝）"字，表意十分清楚，是"易物取财也"，即可以转变为钱财（贝）的物品。于

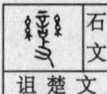

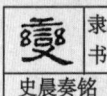

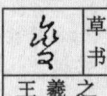

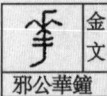

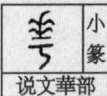

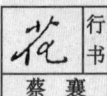

變

變 石文
诅楚文

變 小篆
說文攴部

變 隶书
史晨奏铭

變 草书
王羲之

花

華 金文
邪公華鐘

華 小篆
说文華部

花 行书
蔡襄

是，人们将换取货币的物品称为"货物"，随之将用来换取物品的钱币称为"货币"。

关于"货"字，其初文便写作"化"字，小篆时为了区别字义，加"贝"专表与钱财有关，书写为"货"。

2. 化→华（華）、桦（樺）、哗（嘩、譁）、晔（曄曅曗）、烨（燁）

"华"字大家最熟悉——中华、华夏，那么"华"字指什么呢？繁体为"華"，与前文的"花"字二者同源。"華"最初就是指花朵，上面部分表示枝叶中盛开的花儿，下面部分表示花枝，正是一枝花的图案。北朝时期书写为"花"，去掉了花枝，更显花朵的绽放与娇媚。

其实，花儿的图案也是古人最早的图腾之一，在陕西的半坡遗址中便出土了很多带有花朵图案的陶盆。美丽的花儿，也正是人们在大自然中最容易接触到的美好事物之一。也许，在几千年前便有这样一个以"华"为名的部落。

"桦"配以木字旁，繁体为"樺"，表树名——桦树，有白桦树、黑桦树及红桦树。

桦树的树皮很有特点，古人发现其树皮呈片状或纸状分层脱落，好似树皮开花，且周而复始，如花期般开谢，故称其为桦树。

自古，人们对桦树皮的使用便十分广泛，薄者可用于书写、记录，厚者可用于铺盖、

19

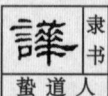

建造。

"哗"繁体书写为"譁",表人们嬉闹的欢快声，喜悦之情言表于外，面容欢笑如花展，身形摇曳如花枝，正所谓花枝招展。

"哗"另有异体书写为"嘩"，为拟声词，表水流声。

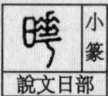

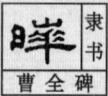

"晔"字繁体为"曄"，但其最初为上下结构，写作"曅"，指阳光照在花叶间，树叶摇动反射着阳光，好似一朵朵鲜花盛开在金光之中，显得格外艳丽和繁盛。因其侧重指树叶反射出的一片阳光，故也引指光亮、光明，读音便随了"叶"字的音，变音为"yè"。

后世因其字形中的"華 huá"与读音"yè"不相对称，也曾另写作"曄"字，为今天的异体字。

"烨"字繁体为"爗"，原本写作"爆"，所以字形中"華"为"曄（曅）"之省，表音表意，指火光之大、盛也，有别于日光之盛。

3. 化→讹（訛、譌）、靴（鞾）

"讹"字繁体为"訛"，读音为"é"，表变化，即言语的变化，讹变。古人没有录音设备，言语的传播只能是口口相传，那么语言信息就难免会有缺失，于是在传播中原本话语的意思就发生了变化，这就是讹变、讹传。

　　"譌"字也表示语言意思的变化，但这是人为地伪造而改变说话人的言语意思，使其原本的意思有所改变，发生歧义，并非正常传播中的信息缺失。其字形中的"爲"，是"僞（伪）"的省略。

　　"讹"为语言信息在正常传播中因丢失信息而产生的语意变化，"譌"为传播过程中人为地伪造语意而产生的语意变化，二者虽都表是语意的变化，但有本质的不同。汉字简化时，为了缩减汉字数量，将二者由"訛"字合并统一，简化为"讹"。

　　"靴"字繁体为"鞾"，字形中的"華"是"樺"字的省略，即用桦树皮为革做成的履。其读音为"xuē"，取音于"削xuē"，强调削桦树以剥皮而为之。

　　古时便记载有鄂伦春等少数民族取桦皮为屋、为器的记载，可制冠、造履、做装饰品和生产生活器具，如斗斛、案板、皮桶、号角、刀柄等，将之充当皮革。

　　其实，古时很早就有专门采集桦皮的人，国家也以此作为赋税，此谓"课皮"。

　　桦树的皮很坚韧，剥之可长达数尺，用来铺盖房舍，做庐舍、庐帐等。《吉林风土杂咏十二首·周斐序》中记载道："桦木之用在于皮，厚者盈寸，取以为室，上覆为瓦，旁为壁墙、户牖。"

三、立字家族

立→位、粒、拉、啦、垃

"立"字的甲骨文是一个人正面站在大地上的样子，古字形便是"大"字下一横"一"。

金文、小篆随甲骨文，没有大的区别，隶书时字形扁平，改"大"字之撇捺为短竖，草书、行书时笔画连笔以追求书写的速度，书写为两点。楷书依照草书，楷化为"立"，表一个站着的人——站立。

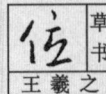

"位"字在"立"的旁边加了单立人（亻），起初其甲骨文、金文就是"立"字，在小篆时为了区别字形使表意明确，方加单立人造了"位"字。

古人云"三十而立"，此处的"立"就是"位"的意思，表示一个人在三十岁时要有一定的社会地位，是其能力的体现。即人到三十要有所成就，有所作为，可以此安身立命尔。所以"位"字表示一个人置身于社会中的地位——位置。

"粒"字配以"米"字旁，指一颗颗的米——米粒。

其实，古人的造字并没有这么简单，"粒"字侧重指一颗饱满的谷子，可做种子使用，即一粒种子。因为只有颗粒饱满的种子将来才能发芽，才能破土而出立于天地之间，田地中才能有它的位置。

"粒"字寓意之深刻可见一斑，足见古人对农耕文明的专注与重视。

"拉"字加了提手旁（扌），表示伸手扶持使其站立起来，拉起来。

今天我们还用"拉"字表示"拉了个口子"，其实此处应用"捌"字（见《双法字理·植物·束字家族》）。汉字简化时，由书写简单的"拉"字合并代替了。

"啦"字很简单，加口字旁，表示拉长的语气——啦啦啦！

垃圾的"垃"也是个后起字，原本写作"拉"，垃圾是指人们拉出门外扔掉的弃物与尘土。后来为了表意明确，改为土字旁，书写为"垃"，始见于宋代白话。

粒

粒
小篆
说文米部

粒
隶书
蛩道人

拉

拉
小篆
說文手部

拉
隶书
白神君碑

23

四、文字家族

1. 文➡纹（紋）、紊、蚊（蝱）、雯、汶

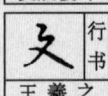

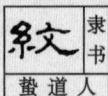

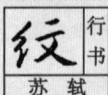

"文"在今天主要表示文字，但在最初它是指画在人们身上的图案，也就是最早的文身。

古人最初会把各种动物的图案画下来当作部落的图腾，以求得到神灵的庇护。同时会把图案画到自己的身体上，以此来表示得到神灵赐予的力量，这就是最初的文身。随着文明的进步，这些图案成为最初的文字符号——初文。

"文"是一个个独立的符号，因其是按照动物或物品的形象直接刻画，所以称为象形符号。随着文化的发展，人们要记录的内容越来越多、越来越复杂，从事的活动也越来越丰富，于是简单的"文"不能再满足使用的需要。人们便在"文"的基础上添加其他符号，来完成复杂、综合的意思表达，这就是"字"的产生。

"子"表示孩子，为孕妇生产所得。"字"便是由"文"生产所得，所以用"子"表音表意，合称"文字"。

"纹"字的繁体很简单，写作"紋"，配绞丝旁"糸（纟）"表示与丝织有关。其最初指布匹上所呈现出来的纹路，后来泛指各种图案的花纹。

在书写上，古人原本就写作"文"，小篆

文

文	
𣎴	甲骨 前38·4
文	金文 毛公鼎
文	小篆 说文文部
文	隶书 史晨後碑
文	行书 王羲之

紋	
紋	小篆 说文文部
紋	隶书 蚤道人
纹	行书 苏轼

后，为了进一步标识"文字"与"纹路、花纹"的意思区别，在隶书时便另造了"紋"字，区别二者。汉字简化时，根据其草书字形，将绞丝旁的"糸"简化书写为"纟"。

　　紊乱的"紊"，其实与"纹（紋）"同为一字，只是后来划分为一个左右结构，一个上下结构。这种结构上的不同，并不是古人随意安排的，而是根据织布的实际情况而定的，源于生活的劳动实践。

　　古人织布时需要拉好经线，以便固定布匹的宽度和确定布匹的底色，随后便是根据图案花纹的需要准备纬线。织布的过程中，纬线来回穿梭于经线之中，一层一层地累积上去，最后成为完整的一匹布。花纹便是这个过程中，沿着经线由上而下一层层地交错下来，最终成为一幅完整的图案。花纹是不同颜色的纬线通过经线的遮蔽来体现变化，所以往往稍不留神便会出现错乱，这就是纹路的错位与混乱——紊乱。

　　所以，"紊"字的上下结构是有它的实际意义的，同时可以和"纹"字在字形、字义上区别开来。

　　今天，人们常用"紊乱"一词来形容为人处世的杂乱与无序。

　　"蚊"字的初文之后，在小篆时有两个字形，分别是"蟁"字与"蚊"字。

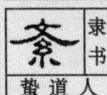

25

蚊
虫（陶文）
古匋
民虫（小篆 說文蚰部）　蚊（小篆 說文虫部）
蚊（隶书 唐公房碑）
蚊（草书 孙虔礼）

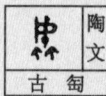

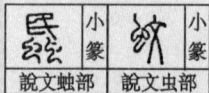

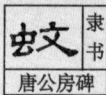

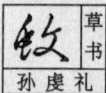

　　"䗋"字中"民"的本义为以锥刺目也，是对被捕为奴的人所施行的一种刺伤，防其逃，标其性。在此处则用来体现蚊子的特点，刺人吸血。字形中的"蚰"则指明它是一种小飞虫。二者合在一起，表示一种刺人吸血的飞虫，但唯一的缺陷是没有体现出读音。

　　"蚊"字则以"文"字模拟蚊子的声音，表音表意体现字义。蚊子吸了人血之后，人的皮肤便会红肿起包，好像人们刚刚文身时留下的印记。

　　"蚊"的造字与"䗋"相比，书写更简单，读音和字义更直观，所以"䗋"字逐渐在小篆后废除，今天仅作为异体字出现。

　　"雯"字加了雨字头，为"雲"之省，表示与天上的云雨有关，即天上的云彩所呈现出的图案、花纹。

　　云朵在空中总会呈现出各种各样的图案，且在晚霞时会变化颜色，小学课文中的《火烧云》就很好地描述了云的图案与颜色的变化。

　　"汶"字不常用，但自从2008年5月12日发生了"汶川大地震"之后，这个字也被人们记住了。

　　"汶"为水名大汶河——古汶水，发源于山东境内，汇泰山山脉、蒙山支脉诸水，自东向西流去，注入东平湖，出陈山口后入黄河。汶水的干支流都是源短流急的山洪河流，平时只有地表的涓涓细流，且大部分河道为中粗砂堆积，河身宽浅，没有明显河槽，似浅浅的地表水纹，故称为汶水。

今天在山东泰安城南30公里处的大汶河畔，有一个大汶口遗址，是距今4000~5000年的新石器时代晚期的父系氏族遗址。大汶口遗址出土了大量石器、陶器、玉器、骨器和牙角器等生产生活用具，为山东龙山文化找到了渊源。

"汶川"取名于汶水，此处的汶水指古汶江即"岷江"。"汶"与"岷"在隶书时互有变通，如"蚊、蚊"二字，且古音相通。

2. 文→吝、斌、坟（墳）

"吝"字表示不舍、珍惜之意，其甲骨文字形便是"文"字下面一个"口"，表示金口玉言，不多说一点话语。古人最初的文教传播便是口口相传，秘语、口诀更是惜字如金，后来随着文字的出现才有了秘籍，但记载的内容依旧是简言秘语，吝惜文字。

"悋"字加了竖心旁，表示吝惜的心理。

"斌"字由"文武"二字组成，为"彬"字的后起字，今二字并行。

"彬"字为"林"与"彡（光影）"之合，表林木中光影闪闪，虚实结合呈现出一片绚丽的景象。后常被用来形容一个人外表体格硬朗，内在文史兼修，为人处世皆有礼也，谓之彬彬

吝

吝
甲骨
後下15·13

吝
小篆
說文口部

吝
隶书
衡方碑

吝
草书
虞世南

斌

彬
小篆
六书统

斌
隶书
孙根碑

27

有礼。正如《论语》中孔子说"质胜文则野，文胜质则史，文质彬彬，然后君子"。

隶书时，人们为了更好地体现一个人内在修养与外在体魄的并行，便另造"斌"字，即一个人文韬、武略并行之意——文武兼备。

"坟"字，现在指坟墓，是"墳"的简化，但它最初指古人储藏和保存文字古籍与典章的地窖。"坟"与"墳"二字的关系，详见《双法字理·动物·贝字家族》。

3. 文→齐（齊）、剂（劑）、挤（擠）、济（濟）、脐、荠（薺）、斋（齋）

"齐"字原本写作"齊"，与"文"并没有什么关系，但简化后的字形中用"文"做了主要造字部件。于是，将其归入"文字家族"，不再单独分类。

"齐"的古文字"齊"有好几种解说，甲骨文、金文像三个并排的菱形，一说似多个箭镞，下面部分表箭杆，指万箭齐发；一说似多个麦穗，下面部分表示麦秆，指麦田一片整齐的样子。无论哪种说法，均表示整齐的意思。小篆时，加入两横，"二"为古"上"字，表地面之上，并以地面的水平为参照。隶书时，变图形为笔画，书写为"齊"，今简化为"齐"。

简化的"齐"字也有一定的字理，并非随

意简化而得。字形中的"文"表示错乱的文理，可认为是"紊"之省，下面是个"刀"字，表示整理混乱的丝线时，一刀切掉混乱的部分，使其整齐。

文字的单独解说，不论说是整齐的箭镞，还是整齐的麦田都是可以的。但一旦涉及文化的渊源和文明的发展，其原本的字义就体现出来了，所以，"双法字理"常说要带大家回到生活中去认识汉字，即在生活实践中去发现汉字的本源，"齐"字便有一个很好的例子。

麦子在夏朝就已存在，山东在夏朝时的地图上被标注为"来夷"。也就是说，夏朝时的山东半岛便有一群以种植麦子为生的"外来人"。一直到汉代，黄河下游的山东都是麦子的主产地。其因麦地整齐辽阔被称为"齐地"，后成为"齐国"。此处后来又有了鲁国，其名则跟山东靠海的地理位置和生活方式有关，详见《双法字理·动物·鱼字家族》。

所以，认识汉字不光要记住书写的"横竖撇捺"——认其形，更要把汉字背后的文化继承和传承下来，识其意，做到内外兼修。

"剂"字加了立刀旁（刂），繁体为"劑"，表示用刀将物体切割或修剪整齐。

古人为什么要把物品切割整齐呢？除了储存和使用时方便以外，也是为了控制好用量，这就是剂量。尤其是在草药的抓取上，各种草药被切割整齐存放起来，便是一剂剂的草药。

劑	
	石文 诅楚文
	小篆 說文刀部
	隶书 華山庙碑
	行书 董其昌

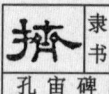

古人取药时，每次的抓取只要保证每种药材数量的统一，便可很好地控制一副草药的药效，方便取药，这就是药剂。

"挤"字加了提手旁（扌），繁体为"擠"，表示用手推搡将散乱的物品拥在一起、整理整齐——拥挤。

济南的"济"，繁体为"濟"，加三点水（氵）表示与水有关，指水名济水，济南便是指济水之南。其特点是独成一脉，三隐三现，好似被整齐地切成三段，使其可以穿黄河而不与其浊，独自清流。

人们一说到济南，便会想到山东，但事实上济水的发源地在河南，河南省济源市王屋山上的太乙池为其源头，流经河南、山东两省入海。

在古代，济水地位非常煊赫。古人把有独立源头，并能入海的河流称为"渎"。《尔雅》中提到的"四渎"便是指江、河、淮、济，是古代四条独流入海的河流，分别是长江、黄河、淮河、济水，合称四渎。

唐代，济水通而复枯，唐太宗李世民问大臣许敬："天下洪流巨谷不载祀典，济水甚细而尊四渎，何也？"许敬宗答曰："渎之为言独也，不因余水独能赴海也，济潜流屡绝，状虽微细，独而尊也。"济水虽然细微，却能独流入海，济水这种不达于海誓不罢休的顽强精

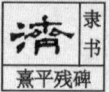

神，就是它始终位列四渎的原因。

济水位尊四渎，其波澜不惊、至清远浊、温文尔雅，这种润泽万物，泽被百世的品德，正是中国古代文人士子们毕生追求的境界——君子恩泽天地，不求闻达。于是，中国古代通常把品德高尚、不慕荣华的知识分子称为"清流"。正如白居易在河南做官时来济的感叹：

"济源山水好，老尹知之久。

常日听人言，今秋入吾手。"

但在今天，"济河"似乎淡出了人们的视野，我们可以找它的源头与上游，但其却以黄河之流的面貌呈现给我们，已经找不到它的中游和下游了。济水作为一条完整的河流，在今人的印象中已经消失了，在大河大江中已经没有它的地位了。这都要怪黄河，古老的黄河在历史上多次改道南侵，逐渐冲入济水河床，千百年来一步步地挤掉了济河的河道。正如古人所言，"其因河而生，又因河而亡"。

虽然这条逐渐消失的河流已被今人所遗忘，但它所承载的文化却始终流淌在中华大地上。

"自今称一字，高洁与谁求；

惟独是清济，万古同悠悠。"

为了这种文化的承载，古人曾试图不断地从黄河水道中救下济河，这就是"救济"，后引申为对他人的帮助与救助。

"经济"一词源于"经世济民"，其意思是经营国家使安定繁荣，救助百姓使安居乐业。经济之术自古便是历代知识分子必学之术，以报效国家。

《晋书·殷浩传简文答书》："足下沈识淹长，思综通练，起而明之，足以经济。"

"脐"字加肉月旁，指肚脐，指胎儿生下来以后，医生给胎儿切断肚子上与母体连接的供给带，并包扎整齐。肚子上留下伤疤便是肚脐，原本肚脐处连接母体的供给带，便是脐带。

肚脐在中医上称为"神阙"，是人体的一大要穴，古人认为此处是生命降临时所居住的地方，即先天神灵所居之处，故称为"神阙"。自古，人们对肚脐的保健就很重视，不能受损、受凉。如果经常对神阙穴进行锻炼，可使人体真气充盈、精神饱满、体力充沛、腰肌强壮、面色红润、耳聪目明、轻身延年。

"荠"字加草字头（艹），指一种草本植物——荠菜。

荠菜为茎直立、叶丛生，叶片上部呈分裂状如三角形，于是造字时便取"齐"字之古形"𠱠"加草字头，金文、小篆后，隶书书写为"薺"。

荸荠也是一种草本植物，生水田中，其根茎扁圆似脖子，中有一凹陷如肚脐，呈褐色，像肚脐结痂，去皮后肉白同皮肤。古人依其形、色，称其为荸荠。

"斋"字繁体为"齋"，读音为"zhāi"，

脐

金文

古鈢

小篆

說文肉部

隶书

蝎道人

与"齊"字形十分相似。古时二字通用，且在经诗典籍中，"齋"字多写作"齊"。

在金文中，"齋"是在"齊"字下面多了一手（爪）、一脚（止），表示手脚的干净和衣着的整齐，即摘掉身上的饰品和除掉身上的泥垢，以备祭祀敬神。所以，石文中便有"齊"下一个"示"的字形，书写为"齋"。祭祀敬神必择良辰吉日，故变音与"择"之古音相同，使表意明确。

汉字简化时，书写为"斋"，依旧能看到"齐"字的影子，表示干净整齐的意思。

古人认为文字通鬼神，于是书简便成了人与神交流的最好工具，所以书房往往十分干净整洁，这就是"书斋"。

祭祀就更不用说了，必须沐浴更衣，除了外表的干净整洁，内在也不可有污浊之气，于是肉、蒜等皆不可食用，杀戮生灵之戾气更是一点都不能沾惹。所以，祭祀神灵之前人们要沐浴、戒饮食、戒杀生，这就是"斋戒"。

"文字家族"我们就介绍这些，此外还有一些字，今天简化后也以"文"为造字部件，如"刘—劉""这—這"等字，将分别在其读音符号的家族中介绍。

齋

齋 金文 齐侯鏄

齋 石文 诅楚文

齋 小篆 说文示部

齋 隶书 华山亭碑

乌 草书 王羲之

五、大字家族

1. 大→达（達）、挞（撻）、鞑（韃）

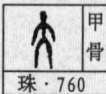

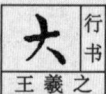

"大"字是一个正面的人形，其甲骨文、金文、小篆字形统一，一横是伸展的双臂，横上一点是人的头部，横下一撇一捺是分开站立的双腿，组成一个人伸展四肢、正面站立的样子。

古人造字时，近取诸身，远取诸物，即从自己身体和周围环境的变化来取"象"，进行大小的对比，来表达"意"，即判断和结果。其中，最著名的代表就是"八卦"，后注文成书曰《易经》。

"大"字便是古人近取其身所画的"象"，和所表达的结果。

用"大"再造的字，除了用其音意、形意的意思外，还有一些因书写类似，在笔画规范和汉字简化时皆书写为"大"。如尤、矢、因、"牵—牽""庆—慶""类—類"等字，它们分别有各自的家族，不在此处介绍。

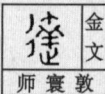
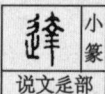

"达"字是个简化字，繁体为"達"，读音为"dá"，表畅通无阻之意，如四通八达。汉字简化时用"大"表音表意，大道之上来往畅通，书写简明，是一个很好的简化字。

繁体的"達"字为"辵（辶）"与"牵"

字的组合，古释为"行不相遇"，无阻也。

金文中，可以看到一只带有犄角的山羊往前走，符号"十"表示目标明确，一人（彳）步行（止）跟在后面，表示放羊。古人放羊于山坡，山坡上小路繁多，但不管怎么走，总能走上去走回来，故引申有畅通无阻之意。

"挞"繁体为"撻"，常用作"鞭挞"，原本就是鞭打的意思。后来书写为"鞭挞"，进一步表示没有任何劝阻、阻拦的无情鞭打。

"鞑靼"指草原游牧民族的泛称，是"Tatar"的音译词，始于唐朝，泛指蒙古帝国的诸民族与国家。但不同的时期书写不同，如还写作"塔坦、达打、达达"等。历史上，辽金时蒙古高原东边有塔塔尔部，明朝指蒙古高原东部的鞑靼政权。

因蒙古民族为马背上的民族，放牧牛羊，生活物资多以皮革为主，故此以"革"做偏旁，书写为"鞑靼"。字形中的"达"字也表现了骏马通畅无阻地在草原上奔跑。

在中国历史上，曾有一段蒙古鞑靼部落对中原汉室的统治时期——元朝。鞑靼的蒙古铁骑无论是对中原政权，还是对中原百姓都曾无情地鞭挞过。即使到了明朝，蒙古铁骑依旧是鞑靼部落对中原最具威胁的军团。

2. 大→夺（奪）、奋（奮）、畚

"夺"字和"奋"字都是今天的简化字，字形中的"大"是古文字书写的变形，但也有"大"的意思。

"夺"字繁体为"奪"，为"奞"下一手（寸）。"奞"字读音为"xùn"，表示飞鸟展翅起飞时变大的样子。于是"奪"字的意思便是，一只（隻）被捕获的鸟，展翅振飞试图夺命飞走的样子。这也是一次鸟与人之间的博弈，鸟振翅啄喙只为求取性命，人紧抓不放只为求取食物，二者互为夺取。

汉字简化时，用"大"表示鸟展开翅膀时的样子，书写为"夺"。

"奋"字繁体为"奮"，为"奞"下一田，此田为田猎，人们最初围猎之地，里面有各种飞禽走兽。"奮"就表示飞鸟在猎田上展翅振飞，迅速飞走，以免被猎手捕获，捕捉之时必互有争斗，谓之奋斗。

此外，还有一说为猎鹰飞于猎田上，展翅振飞迅速捕猎，一副十分精神、兴致盎然的样子——兴奋。

有趣的是，与"奋"同音的"愤"字，也能体现出一个人亢奋时的状态。二者音同义近，一个表高兴时的状态，一个表发怒时的状态。一阴一阳，正是中国文化的特点，中庸平和。

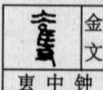

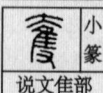

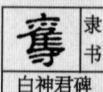

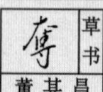

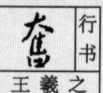

左栏字形图：
奪 金文 㠱中钟／小篆 说文隹部／隶书 白神君碑／草书 董其昌
奮 金文 㠱田鼎／小篆 说文隹部／隶书 杨叔恭碑／行书 王羲之

"畚"字读音为"běn"，指畚斗、畚箕，北方多称为簸箕。

"畚"为"弁"下一个"田"，弁为古代的一种帽子，古代贵族子弟行加冠礼时用弁束住头发，礼成后把弁去掉不用，后引申指没用的物品——弃物；此处的"田"为古"其"字，表示簸箕。二者合在一起的"畚"，便表示将没用的东西装起来倒掉。

虽然读音上"畚"与"奋"相近，但造字上并没有什么关系，简化后仅仅是字形相似罢了。但在字理文化上，我们依旧可以将二者联系起来，便于人们的理解与认识。"畚"的字理便是，人们奋力将无用的弃物扔掉，以表示对保持新环境和学习新事物的决心，如断舍离。

在《双法字理》中，我们不仅要讲述原本的造字字理，从而认识和继承古人的价值观和世界观，学习古人的经验以便走好未来的路，同时更要有所发展，有所创新。因为时代的不同，文明、文化的不同，文字的字形、字义、字音也会有所不同和侧重。这就需要今天的我们来不断完善，让汉字的文化性跟上时代的脚步。

因为文字是有生命的，所以不能只具有历史性，而更要具有时代性。

3. 大→夯、尖（櫼）、夳、奔、奇

"夯"为宋朝时才造的字，表示用大力扛起重物，以肩举物也。人们举起的大石砸向地

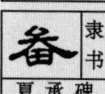

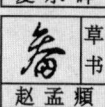

小篆 说文田部

隶书 夏承碑

草书 赵孟頫

面，可将地面打得紧实坚硬，这便是古人建房子时打地基的方法——打夯。

打夯时，往往需要两人用肩膀扛起大石，再让其自由落下砸打地面，使地基的土层坚实——夯实。今天我们在建筑工地依旧可以看到打夯的场景，但不再是用人力，而多用打夯机。

"尖"字书写始于隶书，小篆时书写为"韱"，并非今天的简化。

"韱"为一种小草——山韭，也称山葱，其叶纤细。《本草纲目》记载："韱，山韭也。形性亦与家韭相类，但根白，叶如灯芯苗耳。"字形旁的"戈"字，表其尖可扎人。

"韱"字加了木字旁，表示将木头削成山韭状，用以镶入缝隙使衔接紧密。隶书时，为书写方便，依形会意造字书写为"尖"。

"夲"读音为"tāo"，也是古人依形会意对"鼗"字的简化，即拨浪鼓。

"奔"字上面还是一个"大"字，是一个人振臂飞跑的样子，下面是一个"卉"字，合在一起表草上飞，说明一个人跑得很快。

但"奔"字的金文字形中，人的下面是三个脚（止），表示一个人快步如飞、脚影重重的样子。小篆时追求书写上的对称性，将"止"书写为"中"。这种书写上的改变，也在其他

尖 小篆 说文木部
夹 隶书 曹全碑
尖 行书 苏轼

奔 金文 孟鼎
奔 小篆 说文大部
奔 隶书 魏元丕碑

字形中出现过，例如"岁—歲""前—歬"等字。隶书、楷书时便依照小篆书写为"奔"。

　　"奇"字的甲骨文是一个人骑在一匹马上的样子，中国古人很早就有驯化野兽进行狩猎和农耕的记载。后因"马"字的书写烦琐，金文时便将"馬"字依形省略，刻画为"可"，即表示简笔的马，也表示人们驱马的吆喝声。远古时期，最初能骑马驾驭者，多为有异常能力者，这就是奇异。今天人们依旧称奇于别人能做到、而自己做不到的事情。

　　后来，当"奇"字引申为"奇异"时，人们便另造了"骑"字，专表骑马、骑乘之意。

　　此外，"夸""奢""奖""奈"等字形中也有"大"字，但这些字或是有它们的读音符号，或是字形的书写变化。它们有各自的家族，将在其家族中介绍，这里不再赘述。

4. 大➜太、态（態）、汰、钛

　　"太"字比"大"多了一点，最初二者就是一个字。当表示进一步的、更大的时，人们往往便用两个大字"大大"来表示，在书写上使用重文号，也称叠字符"二"，如其金文、小篆所书"夳"或"夳"。

　　隶书后书写为"太"，楷书与之同，沿用至今。同时，原本的叠字符"二"也有连笔书

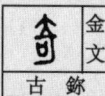

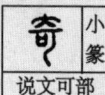

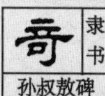

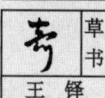

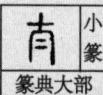

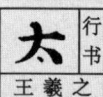

奇

金文
古鉨

小篆
说文可部

隶书
孙叔敖碑

草书
王铎

太

金文
周明公敦

小篆
篆典大部

隶书
白神君碑

行书
王羲之

写，写为"夂"。

"太"字读音为"tài"，为其古音，"四书五经"中的《大（tài）学》，今泛读为"大（dà）学"。如今，在北京的国子监里依然可以看到"太学堂"的牌子。"太学"就是指最高的学问，大学之道就是最高学问的学习之法——"在明明德、在亲民、在止于至善"。

在中国文化中，还有一个"太极"文化，那么何为太极——☯？其本义就是一件事物越来越大，分化出两个极端，即"一生二"。天地就是两极，地球也是两极——南极、北极，人也是两极——内敛、外向，其实任何事物都有两端，简单地说就是"头、尾"两极。但不管两级如何分化，最终还是要融为一体，相互包容，达到平衡与统一。此时，两个极端又慢慢融合，浑然一体——圆，这就回到了"无极"，等待下次太极，不断发展。

态度的"态"原本写作"態"，表一个人内心之所能，表现于外使人知其意——表态。"心"字指明由内心而生出的表象，又如心态、姿态。

汉字简化时，用同音替代法，将"態"书写为"态"，但依旧很好地表现了汉字的字理。

"汏"字也写作"汰"，甲骨文为上下结构，书写为一人站在水中，表示一人在水中洗澡，洗去身上的污垢。小篆时书写为左右结构，

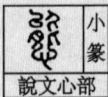

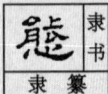

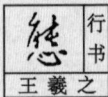

態
小篆
說文心部

態
隸书
隸篆

態
行书
王羲之

表明水旁，与洗涤、洗漱有关，书写为"汰"或"汰"。

"汰"字用一人在水中洗澡的样子，表示洗去尘埃，后引申为除去脏污，进而表示污物。于是，人们把淘洗去掉污物称为"淘汰"，如淘米。

"钛"字主要指钛合金，是一个化学元素专用字，用金字旁表其为金属元素。

钛是一种稀有金属，化学符号为 Ti，原子序数 22，在化学元素周期表中位于第 4 周期、第 IVB 族。它是一种银白色的过渡金属，其特征为重量轻、强度高、耐热、耐腐蚀、抗酸碱腐蚀。在 1791 年，由格雷戈尔（William Gregor）于英国康沃尔郡发现，并由克拉普罗特（Martin Heinrich Klaproth）用希腊神话的泰坦（Titans）为其命名为"Ti"。

化学符号以音译翻译时，造"钛"字，表音的同时，取意为一种比一般金属更强大的金属——钛金属。今天这种高强度的稀有金属，主要用在航空、航天领域。

5. 大→屰、逆、朔、溯、塑

"屰"字读音为"nì"，其甲骨文是一个人头下脚上的样子，也就是一个颠倒的"大"字。古人画一个颠倒的人形，表示与原本正立的意思相反，如屰反，今写作"逆反"。

其实"屰"就是"逆"的本字，当其表示相反的意思之后，人们便加了表示行走的"彳"或"辶"，表示向相反的方向行走——逆行。隶书时书写为"逆"，沿用至今。

"朔"字读音为"shuò"，在"屰"字上加了月字旁，表明与月亮有关，指朔月。

朔月的日子为农历每月初一，也称朔日。这一天看不到月亮，是月亮新一轮的开始。随后至初四，月亮逐渐开始在右边呈现出月牙，如细弯眉毛称为蛾眉；初八月牙近半月，称为上弦；十二时半月盈满而凸，称为盈凸；十五、十六时月满，称为满月，也称霸月（详见《双法字理·动物·革字》）。

月满之后开始月缺，农历二十依旧自右开始由盈转亏，称为亏凸；二十三日亏为半月，称为下弦；二十六日月亏为眉，称为亏眉；至月末，为月之行。

古人以月行变化之长标记时间，定为一月，周而复始十或十二月为一年。每月初一之朔月，便是月周而复始之初始。

"溯"字的意思是逆流而上，字形以"水"字做偏旁，表示与水有关，"朔"有周而复始之初意，二者合在一起表示回到水之源头。

人们要回到水流之源头，必然要沿着流水逆行而上，方能找到源头之所在，此谓溯源。人们追寻、回顾事物发展之源头，便是追溯。

朔
金文
日癸教
小篆
说文月部
隶书
史晨奏铭
草书
王羲之

溯
小篆
篆典水部

"塑"字，我们最先想到的是"塑料"，人们每天都要接触大量的塑料用品。

塑料是一种酚醛合成树脂，经过化学手段由人工合成的有机高分子化合物，可任意捏成各种形状，最后能保持形状不变的一种材料。这句话的重点就是"可任意捏成各种形状"，这就是"塑"的意思。

"塑"字最初写作"塐"，由"素"字表音表意，指用泥块捏出来的素色人像或物形。隶书时书写为"塑"，用"朔"字表音表意，指捏泥的过程就像月亮由"朔"到"满"的过程；也好似追本溯源，只有到了最后才知道到底捏的是什么人物。

从"塐"字到"塑"字的变化中，我们可以看到，除了直观的书写变化以外，也体现了古人造字、用字时，在最初的直观性中加入更多的文化性，使文字更有内涵、更显文明。

塑料是由美国化学家贝克兰在1905年的一次实验当中，在完全无意中发现的。它质轻，化学性稳定，透明性好，且加工成本低，近百年来在制造业中被极为广泛地应用。当然，在其塑造巨大历史成就的同时，也造成了今天的"白色污染"。

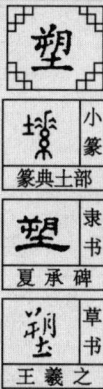

43

六、天字家族

1. 天→忝、添、舔

"天"字的古文字与"大"字很像，但侧重表现了人的头部，表人之首，本义为头。也有人认为，字形上方刻画的不是头，而是一片天空，这种说法似乎也可以。

在金文时，表示头部的书写更加明显，小篆中书写为一横，就是今天的"天"字，读音为"tiān"。与"巅diān"字读音相似，意思相近，顶也。头顶之上、山巅之上便是天，后逐渐引申为人头顶上的空间、大气，这就是天空、天气。

中国人一般把头顶骨叫天灵盖，明朝著名医药家李时珍写道："人之头圆如盖，穹窿象天，泥丸之宫，神灵所集。修炼家取坎补离，复其纯乾，圣胎圆成，乃开颅囟而出入之，故有天灵盖诸名也。"

汉字最大的特点在于可以"以实表虚"，古人把各种物品或事件画下来，在本义的基础上不断引申，这种引申随着文化、文明的进步而不断扩大。所以几千年来，历朝历代更替，文字却始终是汉字，使用至今从不落伍。

"忝"字读音为"tiǎn"，字形中以"心"对"天"，正如俗话所说"人心不足蛇吞象"，

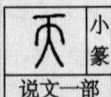

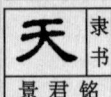

44

便很好地体现了这个字——心比天大。后引申为"忝",即人因后生之贪心,而辱没了天性,愧对神灵,即有愧于天。

"添"字被认为与"忝"是古今字,加了三点水(氵),表示加水使满出之意。

中国人自古好客,有朋自远方来不亦乐乎!请酒是最好的礼节,倒酒自然要又多又满,此时自然要加满酒杯以表心意,不断地增加酒水、不断地添满酒杯,表示真诚之心。

"舔"字为"添"字之省"氵"加了"舌"做偏旁,表示吃完食物后,用舌头将嘴巴外面残留的食物吃回去,有添加之意。后来泛指用舌头舔吃食物,称为舔舐。

"舐"字与"舔"略有不同,其表示用舌头卷食入口,原本写作"趴",表示像蜥蜴一样卷舌取物。后改写为"舐",以"氏"表音表意,详见《双法字理·植物·氏字家族》。"舔"字则侧重于舌面蘸取,二者连称为"舔舐",统表以舌取物。

2. 天→吞、吴(吳)、误(誤)、娱(娛)、虞、昊

"吞"字很形象,口大如天,表示嘴巴张得很大,把东西吃在口中,有存物在口中的意思。其读音为"tūn",与"存 cún、屯 tún"

45

相仿，意思相近，然后才是咽下去，合在一起称为"吞咽"。

成语"囫囵吞枣"便是一个关于"吞"的故事，但有时如果东西很大，往往嘴里吞的东西却咽不下去，简称"吞不下去"。后引申指贪图了很多东西，却没有能力解决。

"吴"字读音为"wú"，今天我们习惯称其为"口天吴"，但其本应写作"吴"。

"吴"字的古文字像一人头顶陶罐的样子，为了保持稳定，人们一手上举扶陶罐，一手伸展保平衡，这便是一人头顶陶罐一扭一扭行走的样子。此时人的姿态像一人跳舞的样子，所以读音与"舞"相同。

"吴"在地理位置上是中国长江下游南岸一带的地域总称，后来有人以地名为国名，自创基业建立"勾吴古国"，随后又分为"虞国"与"吴国"。"虞国"在春秋战国时期被晋国所灭，而"吴国"则通习中原礼乐文明，并得到了长足的发展，在春秋中后期成为最强大的诸侯国之一，在吴王阖闾、夫差时达到鼎盛。"吴王夫差矛"便是对那段历史的见证，与之相对应的另一件兵器，便是大家更为熟悉的"中华第一剑"——"越王勾践剑"。"吴国"后来在战国时期被楚国所灭，直到三国时期，由孙权在中国东南部建立的政权，再定国号为"吴"，史学界称之为"孙吴"。由于与曹魏、蜀汉呈鼎立之势，所统治地区又居于三国之东，

左侧字形栏：
吴
甲骨 錄·622
金文 南宫鼎
小篆 说文天部
隶书 孔宙碑
行书 王羲之

故亦称"东吴"。

今天的苏州古称为"吴",是"良渚文化"的代表地,也是"吴文化"的发源地,此地人们多讲方言——吴语,即苏州话。

当古吴人与中原进行文化交流时,由于语言不通,往往彼此都会出现错的理解与会意,这就是错误、误会。但由于中原文明的强大,吴人不得不开始学习中原文化。这种文化上的劣势,后来也被体现在了文字上——误(誤),即用吴人的语言表示语言信息时的差错——错误。

"娱"字加个女字旁,表示一女子在跳舞、跳跃。古代宾宴之上以女子跳舞助兴为乐,此谓娱乐,故此引申有快乐或使快乐的意思。其读音为"yú",古音也,与"越yuè"音相近。

吴地即是吴越之地,居住着吴越民族,战国时期楚国打败越国,尽取吴越之地。自此,吴越人们开始流亡南方,并分化成众多支系,史称"百越"。

"虞"字读音也为"yú",与"娱"相对,指男子身披虎皮假扮老虎的样子,在围猎前进中行祭祀表演,随后假扮老虎在树林中驱赶猎物进行围捕。后成为部落名,进而成为国名——古虞国。

在夏王朝之前有一个新兴王朝,被后人称为古唐,由尧帝管理,其中包括唐国和虞国,

誤

娱 陶文
古匋

誤 小篆
說文言部

誤 隶书
蛰道人

误 草书
王羲之

娱

娱 金文
蛟篆钟

娱 小篆
说文女部

娱 隶书
李翊碑

虞国的部落首领就是舜，有驯化野兽的本领，与古唐国并称唐虞，故有"唐尧与虞舜"之称。尧与舜的时代，一直被古人视为太平盛世。《论语·泰伯》中写道："唐虞之际，于斯为盛。"春秋时期，人们在此地重建了"虞国"，今山西省运城市平陆、夏县一带。

在唐虞之际，"虞"便是一个管理山林的官职，披着虎皮的人假扮森林之老虎，来管理山林。因其有假扮之意，故引申有欺诈的意思，如成语"尔虞我诈"。

"昊"字读音为"hào"，其原本写作"昦"，隶书时追求书写的方便，写作"昊"。

"昦"字由"昊"或"晃"之省，为"日"与"夰"字的组合。"夰"读音为"gǎo"，为"大"字下面一个"八"字，表高空中分散的大气，即高空的云层。《通典·礼典》中记载："盖元气广大则称昊天。"

所以，"昊"字表示十分广阔的天空——昊天。

3. 天→无、無、舞、抚（撫）、芜（蕪）

"无"字与"天"字十分相似，所以我们放在"天字家族"中介绍。但其原本的字理与天没有关系，《说文解字》中定其为古文奇字，为"無"字之省。

"無"的甲骨文可以看到是一个人双手持

48

树枝的样子，表示一人在跳舞祭祀，挥舞法杖。其读音"wú"，一般是人们挥舞法杖时发出的挥舞声。甲骨卜辞中经常可以看到"無"字表"祈雨之祭"，古人挥动树枝发出呼呼的风声，以此模拟大风来召唤雨水，这就是呼风唤雨。

　　呼风唤雨之术十分神奇，在没有风的空中变出有形的雨来，即无中生有，于是"無"便引申出没有的意思。就如今天的魔术一般，挥挥手就变出了想要的东西。

　　金文时改为双手持毛（一种挂有兽皮的法杖），依旧是挥舞祭祀。小篆时汉字归类，再次加入人形区分字义，指明与人有关，指人的挥舞。隶书时书写为"無"，依旧侧重于手部的舞动，下面部分略写为四点（灬），代表篝火。

　　金文时还有一个加了"辵"字的字形，原来人们发现跳舞祭祀时，既有手的挥舞，又有脚的跳动，为了有所区别，便加入表示行走的"辵"字，专表跳舞，以此与原本有挥舞意思的"無"字有所区别。小篆时改"辵"字为专指双脚的"舛"字，书写为"舞"。

　　"无"字是秦隶时才有的字，秦隶是皂隶们为了书写方便而对小篆的简化改造，后系统整理为隶书，是汉朝的官方文字，也称汉隶。"无"字便是秦朝皂隶对"無"字的省略书写，去掉了手中挥舞的法杖（木），侧重腿部的扭摆。

　　因"无"字书写简单，也确实没有了手中

49

的法杖，所以后世的宋元刻本中多采用此字，代替"無"表示没有的意思。汉字简化时，沿用此法，定二者为繁简关系。于是原本专指跳舞的"舞"字，便兼顾了挥舞的意思。

此外，"无"字还有一个神话般的解说——天倾西北，是古人对中国地理走势的一种解读。中国古代神话中，共工怒触不周山，天柱折，地维绝，女娲故此炼五色石补天，此后天塌西北，地陷东南。"无"字便是画了"天倾西北"之形，指西北天柱折断而没有了支撑，引申为"没有"的意思。

《淮南子·天文训》："昔者共工与颛顼争为帝，怒而触不周之山，天柱折，地维绝。天倾西北，故日月星辰移焉，地不满东南，故水潦尘埃归焉。"

"抚"字繁体为"撫"，表安抚之意，取"無"字表祭祀舞动以求安定、安宁之意，再配手部专表用手摸之使其安静、安宁——抚摸。

汉字简化时，人们用"无"字同音替代书写繁杂的"無"，写作"抚"。

"芜"字繁体为"蕪"，表茫茫草原一片荒凉无他物，野草随风摇曳之状——荒芜。

荒原的野草有多高、多密呢？见《乐府诗集·敕勒歌》："天苍苍，野茫茫。风吹草低见牛羊。"

撫
石文 碣石颂
小篆 說文手部
隶书 刘熊碑
行书 董其昌

蕪
小篆 说文艸部
隶书 蛰道人

七、夫字家族

1. 夫➙芙、扶、肤（膚）、麸（麵）、规（規）、窥（窺）

　　"夫"字指成年人，人长大之后的样子，头顶挽有发髻。甲骨文为"大"字上一横，表示头顶簪发之相，金文、小篆皆如此。

　　"夫"字便是古人对成年男子的称呼，男子二十岁时束发而加冠，行"加冠之礼"以示长大成人，身高八尺有丈，尊称"大丈夫"，年老之后便称为老夫。依其职业分别称呼为大夫、农夫、樵夫、渔夫等。

　　"芙"为花名指芙蓉，是古人最初对荷花的称呼。《长物志》写道："芙蓉宜植池岸，临水为佳。"荷花盛开之时，花开之形大如冠，花色之容美如艳，故称"夫容"。古人便常以此花指代美女，后加草字头以归类，写为"芙蓉"。

　　制芰荷以为衣兮，集芙蓉以为裳。

　　　　　　　　　　　　——《离骚》

　　后来，有一种灌木花容艳丽如"芙蓉"，便被称为"木芙蓉"，又名"木莲"。今芙蓉之称便是指此灌木，多种于庭院、园林，用于绿化增色。

51

扶
扶 金文 扶鼎
林 小篆 說文手部
扶 隶书 曹全碑

膚
金文 弘尊
小篆 說文肉部
膚 隶书 白神君碑

　　"扶"的古文字为"夫"字旁边一个"攴"字，即一成年男子手持木棍的样子，表示持杖而立——扶持。同时，亦有"夫"旁加"又"的字形，表示一人伸手帮助而立——帮扶。

　　小篆时统一文字的书写，皆作提手旁书写为"扶"，表帮扶、扶持之意。

　　"肤"字指人的皮肤，是肉体的表皮，所以配有肉月旁。人们在汉字简化时，把"膚"定为"肤"的繁体字，其实二者在小篆时便开始分化了。

　　"膚"字的古文字为虎字头（虍）下一"田"一"月"，其中"田"为"胃"的古文字，此处表内脏，"月"指肉月，表肉体，三者合在一起表示虎皮覆盖在肉上，里面包裹着内脏，专指虎皮，后泛指表皮。小篆、隶书字形不变。

　　直到小篆时，人们才另造了"肤"字，以"夫"字表音、表意，专指人的表皮——皮肤。

　　"麸"字就是麦子的表皮——麦麸、麸皮。

　　人们一般不吃麦麸，因为它含粗纤维较多，难以消化，且营养少。但麦皮中含有大量的维生素 B 类和蛋白质，可用于入药、饲料原料、酿酒等。早前国人贫穷时多有食用，如参于白面中做成麦麸饼。今天人们在饭食中也会时常加入麦麸，称为全麦，但此时则是为了养生。

52

"规"字在今天是"夫"字旁边一个"见"，字义为成年男子之所见合乎法度也，引指法规、规则。

其实，"规"字最初并没有法度的意思，而是表示一个圆形。其字在金文时为上下结构，像一人抬头看着这屋顶。古人最初的房屋并不是今天立于地面上的四方形建筑，而是半地窖式的圆形构建，如半坡遗址的房屋皆如此。人们此时在室内抬头看到的屋顶全貌就是一个圆形，此为"规"，画圆之器便是圆规。小篆时汉字统一归类，为了与表示方形的"矩"相匹配，书写为"规"，沿用至今。

"矩"字表方形，其原本指巨尺，人们以手持之测量距离来丈量田地，田地为四方形，于是用"矩"表示方形。其字形本为"夫"与"巨"之合，小篆、隶书皆如此，楷书时因草书连笔之形，误写为"矢"与"巨"之合，沿用至今。

格言警语"没有规矩，不成方圆"，出自孟子的《离娄章句上》："离娄之明、公输子之巧，不以规矩，不能成方圆……故曰，徒善不足以为政，徒法不能以自行。"强调实施仁政需"法先王"。此处"方圆"指代天圆地方，即天地间自然法则的运行——自行；"规矩"便指政策与法度，保证其自然的运行，后引申出法规、规则之意。

"槻"字是"规"的异体字，专指圆规。

53

"窥"字指小视，即自空隙处向外看去，窥看、窥视之意，空隙之形多为小孔如洞，于是以"规"代之，表圆孔之意。

成语"管中窥豹，可见一斑"出自《世说新语·方正》："王子敬（王献之）数岁时，尝看诸门生樗蒱，见有胜负，因曰：'南风不竞。'门生辈轻其小儿，乃曰：'此郎亦管中窥豹，时见一斑。'"此句可做贬义，也可做褒义。

做贬义为：从竹管的小孔里看豹，只看到豹身上的一块斑纹，比喻只看到事物的一部分，却能知道全部；指所见不全面，仅略有所得。

做褒义为：从竹管的小孔里看到一块斑点，便能知道是一只豹。比喻看到的只是一部分，或比喻可以从观察的部分推测到全貌，亦可写作"窥一斑而知全豹"。

2. 夫→替（朁、暜）、潜（潜、潛）、堃（堇）、撵（撵）、赞（赞、贊）

"替"是今天的简化字，最初写作"暜"，其古文字像一大一小前后两个人张口说话，下面一个"甘"字，表示后来者呼唤前者回去吃饭，前者回复后者有所交代以换之，这就是交替、替代、替换的意思。"无"便是一人张着大嘴的样子，读音为"jì"。

篆书依照金文，书写时将"无"改写为"先"，以表先后之别，引申有替换之意，写作"暜"。李斯书同文时，整理小篆标音、标意进行归类，便将"先"改写为"立"以表读音，书写为"暜"。隶书时简化小篆，书写为"替"。

字形中的"甘"字早已变形书写为"曰"，于是可重塑字理为两人交谈，轮换说话，相互轮替。

"潜"字在"替"字旁加了三点水（氵），表一人在水中替换气息——换气，这就是潜水。

"辇"字的金文为"车"前两人并行于车辕处，表两人背着车辕并行拉车。

古时最早的车用的便是人力，驯化动物后才有了马车、牛车等。这种人力车通体华贵，多为王室、贵族所用，等级不同，拉车的人数也不同，如龙辇、凤辇等。

"撵"字加了提手旁（扌），表驱逐之意。

古时，王室、贵族皆乘坐车辇出行，为显尊贵和保证安全都要肃清街道，以便通行。这时贵族往往以锣鼓、蟒鞭开道，驱赶、推搡路上的行人和摊贩，使其走开留出通道，这就是撵走、撵开。

"赞"字小篆、隶书时皆写作"贊"，指两人相见，一人进献礼物（贝）予另一人，表持礼进见。《说文》释："赞，见也。"

然而，俗话说得好，无事不登三宝殿，送

55

礼、美言于他人，必是有求于人，使其相助、辅佐之意——赞助。《小尔雅·广诂》释："赞，佐也。"

赠人礼物之时，必加以美言，扬其长、避其短，故又引申有赞美、赞扬之意。

于是，隶书时便书写有"讚"字，专指赞美、赞扬之意，以便与原本求助之意区分。

随着文字数量的不断增加，无论是发展字形来应对字义的表达，还是集中字义来应对字形的体现，文字的表意性已是越来越准确了，一字多义的现象也是越来越少了。于是，"赞"字便集中字义于"赞美、赞扬"之上。如此一来，"讚"字的使用越来越少了，今称其为异体字。

八、夭字家族

1. 夭➡妖、袄（襖）、跃（躍）、笑、沃

"夭"字的甲骨文，像一个人跳跃摇摆的样子。金文、小篆侧重于头部的摇摆，隶书时书写为"夭"，本义摇摆也，没有跳舞那样的大动作。

"桃之夭夭"出自《诗经·周南·桃夭》，是一首新婚时贺新娘的诗。"桃之夭夭，灼灼其华"，以桃花之美丽、摇曳比兴新娘的容貌与身形。

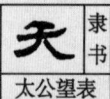

天

甲骨
甲·2810

金文
天鼎

小篆
说文夭部

隶书
太公望表

56

　　"逃之夭夭"取"桃之夭夭"之谐音，形容一个人仓皇逃跑时摇摇摆摆、狼狈的样子。

　　此外，"夭"还常用于"夭折"一词，此时为"殀"字的简化替代。"歹"表死亡之意，与"夭"合在一起表示人死后躯干失去气血，瘫软无力，可随意摇晃。又因"夭"与"舞"相比幅度较小，时间较短，所以"殀"专指短命，未成年而亡——夭折。

　　"妖"字原本为女字旁一个"芺"字，指面带笑容、跳舞的女子，其衣着艳丽，故有妖艳一词。后隶变书写为"妖"，沿用至今。

　　妖艳的女子，多妆容精致，自然十分吸引男子的注意，于是人们将美丽的女子称为妖精。后贬义为一些不检点的女子，专以容貌或妆容涉猎男子，黑化后为鬼怪之意，即妖怪。

　　"袄"字，今天主要指棉袄，繁体为"襖"，指有衬里的衣服，衬里之中可放入棉花或芦花，使衣服厚重保暖，也可藏匿秘密。当人们穿衣厚重时便看不出胖瘦，似藏有奥秘在衣服之下。

　　简化时书写为"袄"，取"妖"之省表意为精制的妆容之下似藏有秘密，取代"奥"字，简化为"袄"。

　　"跃"字读音为"yuè"，北方方言中念"yào"，其繁体为"躍"。字形中"翟"为

妖

小篆
说文女部

隶书
刘宽碑

行书
祝允明

襖

小篆
说文衣部

隶书
蛰道人

躍

躍 小篆
说文足部

躍 隶书
张公神碑

躍 行书
柳公权

笑

笑 小篆
说文竹部

咲 隶书
隶辨

笑 草书
颜真卿

沃

沃 小篆
说文水部

沃 隶书
司马整碑

沃 草书
王羲之

"耀"之省，"翟"字见《双法字理·动物·佳字家族》，为一种大体形的野鸡，羽毛华丽富有光泽。此鸟善舞，光照之下华光闪烁，这就是"耀"字——光耀。

古人歌舞时多手持翟羽，模仿其姿态，再现其华光闪耀，于是加足字旁造"躍"，表歌舞时的跳动——跳跃。这种跳跃伴随着音乐，体现喜悦之情，于是变音与"乐、悦"同音寓意。汉字简化时，便使用音近义同的"夭"简化书写为"跃"。

"笑"字的金文是一人举起双手摇摆欢笑的样子，今天人们表示欢笑、嬉笑时的手势依旧如此。小篆时将原本伸出的双手之形（屮）讹变为草字头（艹）或竹字头（⺮），下面一个摇摆的人形（夭），隶书时为了与"哭"对称，曾将"夭"字隶变为"犬"，因有失字义和读音而废止，依旧书写为"笑"。

今之字形，人们解说为"竹得风其体夭屈，如人之笑"，亦可。

"沃"字原本为三点水一个"芺"字，"芺"指一种草，味苦可食用，以下气，合而表示水下行、下渗之意，后省草字头书写为"沃"。其主要指灌溉田地，使水渗入土层之中，让土地水分充沛便于种植，称为沃土。如再施加肥料，那土地就会更加肥沃。

此外，"沃"可认为是"祅"之省加三点

58

水，表土地水分充足且土层肥厚之意——肥沃。

2. 天→乔（喬）、桥（橋）、荞（蕎）、侨（僑）、娇（嬌）、骄（驕）、轿（轎）

"乔"字为简化字，指一种主干很高的树木——乔木。其繁体为"喬"，字形下面是一个"高"字表音表意，上面一个"夭"字表树干的顶部枝叶摇摆，引申有高的意思。

"乔装打扮"是个成语，意思是改变装束来隐藏自己。乔装就是指套上高大的衣服，把自己藏在里面，以使别人认不出来，进而引申出假装、虚假的意思。

"桥"字加了木字旁，表示人们伐取高大的乔木，似房梁般横架在水面上以便通行，称为"水梁"，因取材乔木，又称"桥梁"。其实最早的桥就是一根长木——独木桥。

今天的中国桥梁建设是开启了"超级桥梁"的新时代，"港珠澳大桥"更是今天中国桥梁的最高代表，让世界所惊叹——厉害了，中国桥。

"荞"指荞麦，繁体为"蕎"，另有异体字写作"䔆"。

荞是一种草本，易生长、茎直立、叶三角、开白花、结三棱状暗褐色果实。因其为植株草本，开花结果而不秀穗，所以茎直立高挺不垂，故以"乔"字表意表音，写作"蕎"，简化为"荞"。

人们发现其果实可如麦子般磨面食之，于是称其为荞麦。公元前5世纪的《神农书》中，就有关于荞麦是当时栽培的八谷之一的记载，后在唐朝时期荞麦开始普及。

在民间有"立秋种荞麦"一说，农俗道："立秋花开花不开，立秋百草打籽儿。"也就是说，此时不管草木开不开花，它们都要结下种子，准备熬过冬天后在春天发展新机，所以"立秋"是一个十分重要的节气。然而，此时只有荞麦还可以种植，其生长期短，大约为两个月，霜降前后便能收获，可作为粮食的补给，供人们过冬。

关于荞麦还有一个民间传说。据说有一年，古人突然连遇旱灾、洪涝，秋收之麦少之又少，生活面临巨大的考验。然而一夜风过，田地里长出了新的植物，短短的时间里开白花、结棱果，且可食用，这就是荞。因其如麦子一样，天赐而来，所以称为荞麦。

今天，荞麦已经成为一种北方的特色饮食，可做面、粥、饼、酥等，但不宜多食，可入药。

"侨"字加人字旁，指乔迁之人，即远走他乡之人。

"乔迁"一词出自《诗经·小雅·伐木》："伐木丁丁，鸟鸣嘤嘤。出自幽谷，迁于乔木。"乔迁，指山林被砍伐，鸟儿远飞离开深

侨

侨 金文

古鉨

僑 小篆
說文人部

僑 隶书
刘熊碑

侨 草书
王铎

谷，迁到高大的树上去。后借指人们迁居新宅或官职升迁之贺词。

"侨"便指的是乔迁远方之人，"华侨"便是乔迁远方、侨居海外的中华人士。

"娇"字加了女字旁，指美艳的女子，字义取荞麦集绿茎、红叶、白花等色彩于一身，且有花香。

古人亦有诗句形容荞麦开花之美："棠梨叶落胭脂色，荞麦花开白雪香。"

"骄"字配以马字旁，指高头大马，身形高大者以上视下，总透着一股傲气——骄傲。

古有伯乐相马，必先看的就是马的体格，前胸是否高挺、后胯的宽窄，再看马的相貌，是否是削竹耳、铃铛眼，后看腿的长短、蹄的软硬、毛色的整洁与光色等。所以体格是否高大挺拔、身形是否宽窄有度，是给人的第一印象。

"轿"字配以车字旁，指轿子、花轿，是古代一种乘坐工具，以人力高高抬举而前行。轿子很像另一种乘坐工具——舆，不过轿子有帷与帘，有一定的私密性。当配以车轮后，便成了轿车。

古时代的车辆如现在的车辆一样，除了是一种交通工具，也是一种身份的象征。像孔子这样的圣人，也要在出门时使用车辆，以表礼节与身份。

娇
嬌 小篆 說文女部
嫶 隶书 郙閣頌
娇 草书 唐寅

驕
驕 石文 会稽刻石
驕 小篆 说文马部
驕 隶书 石经残碑
驕 行书 祝允明

轿
轎 小篆 六书统
轿 隶书 蛰道人

颜渊死，颜路请子之车以为之椁。

子曰："才不才，亦各言其子也。鲤也死，有棺而无椁；吾不徒行以为之椁；以吾从大夫之后，不可徒行也。"

————《论语·先进第十一》

九、夹字家族

1. 夹（夾）→挟（挾）、浃（浹）、荚（莢）、峡（峽）、颊（頰）、侠（俠）、狭（狹）、惬（愜）

"夹"的繁体字"夾"很形象地表达了它的字义，其甲骨文便是如此，一个大个子人的腋下两边各有一个小个子的人，表示一个大人胳膊下分别架有一个小孩子，表夹住，读音为"jiā"。后泛指各种夹子、夹板，用来从左右两边固定物体之用。

此外，"夾"还被作为"挟"字的古文字，甲骨文被认为是两个人从左右扶持中间一人，为了避免字形与古"众"字——"似"混淆，于是放大了中间的人形，故书写为"夾"。小篆时整理和统一文字，加提手旁（扌）造"挟"字，隶书时书写为"挟"，专指用手臂、胳膊夹持——挟持。

"挟"字今天的读音为"xié"，古音也

甲骨 錄·672

金文 盂鼎

小篆 说文夫部

隶书 刘曜碑

小篆 說文手部

隶书 夏承碑

草书 苏轼

为"jiā"，其读音受"胁 xié"字的影响，胁持。二者字义近似，都有外力的加入与夹持，但又有所不同。挟持有扶持之意，而胁持有迫害之意，如胁迫。

"浃"字加了三点水（氵），指汗水从身体两边流了下来。因人的腋下有大量的汗腺，所以出汗时汗水较多，似夹持了大量的汗水，以示用"夹"字表音、表意。

成语"汗流浃背"出自《后汉书·献帝伏皇后纪》："操出，顾左右，汗流浃背，自后不敢复朝请。"该词用于形容一个人浑身是汗，都渗透了后背的衣服。

"荚"字加草字头（艹），指皂荚、豆荚等，俗称豆角。豆荚呈扁长形，好似一个长夹子把一颗颗的豆子夹在里面，用手掰开豆子就掉出来了。

"峡"字就指两山相夹之处的低谷——峡谷。

长江三峡又名峡江，全长 193 千米，西起重庆市奉节县白帝城，东至湖北宜昌市南津关。其沿途两岸奇峰陡立、峭壁对峙，自西向东依次由瞿塘峡、巫峡、西陵峡共同构造了一幅壮观瑰丽的画卷，故名三峡。这里建有迄今为止中国最大的水利工程，三峡大坝、三峡水电站和三峡水库。

63

颊

頰

頰

侠

俠

侠

　　三门峡位于河南西部，是黄河进入平原以前最后一段峡谷中最险要的一座山峡。这里地势险峻，水流湍急，两岸石壁陡峭，河中两座石岛把急流分为三股。相传大禹在此治水时，凿龙门，开砥柱，造"人门""神门""鬼门"三道峡谷分散水流，远看如三座大门，故名"三门峡"。这里建有三门峡大坝，被称为"万里黄河第一坝"。

　　三门峡古时还被称为"陕州"，"陕"字我们随后就会遇到。

　　"颊"字中的"页"表示头部，即鼻子被左右的脸面夹着，整个面部称为面颊。

　　"侠"字加人字旁"亻"，我们最常说的就是大侠。

　　这种人本身能力很高，总是见义勇为，游走在法律、法规之外，但不失正义。人们把这种夹在情义与理义之间的第三种价值观称为侠义，有侠义心的人物被称作侠客，俗称大侠。

　　"侠义"是中国文化中特有的文化，武侠精神也一直是人们所崇敬的精神追求。因为那种既尊重法律，又能游离于法律之外而伸张正义的能人，总是被人们所敬仰和向往。

　　我国古代就有很多伸张正义的武林人士被称为侠士、侠客，金庸老先生的武侠小说更是受到世界人民的喜爱。甚至连欧美的漫画都开始塑造这种有侠义精神的人物，如蝙蝠侠、蜘蛛侠、钢铁侠等。

"狭"字常用于"狭隘"一词，是人们对
"陕隘"一词中"陕"的替代。

"陕"字读音为"xiá"，与"峡"字的
造字相仿，两山相夹之地，"阝"为"阜"之
简化，此处强调地势而非水势，地势窄而长如
谷，于是有陕长、陕隘之称。后因字形与"陕
shǎn"字极为相似，为避免混淆而用"狭"字
替代。

"狭"字配以犬字旁（犭），原本指动物
本性——掠食性，俗称兽性。动物的掠食性是
其与生俱来的本性，关乎生死的生存法则，即
使圈养驯化的野兽也依旧保持着强烈的护食性。
养过猫狗的人都知道，再熟悉的宠物，主人都
不会在它吃食的时候去与它戏弄，以免被其不
可磨灭的本性所伤。

所以，"狭"就指野兽固有的夹在"生死
之间"的求生本性。这种本性人类也有，但人
懂得奉献，有侠义精神，为了正义或帮助他人
往往会舍生取义。这也是人与野兽的本质区别，
当一个人因一己私利而伤害他人时，便称其为
没有人性，禽兽也。

"狭"字后来也被用来形容他人不愿与人
分享食物、物品等，表示不大方、心眼小等小
气的意思，故被用来替代表示细、窄地貌的
"陕"字。

狭

狭 小篆

六书统

狭 隶书

魏尊號碑

65

惬意的"惬",小篆时为上"匧"与下"心"组成,隶书时改左右结构,为竖心旁。

"匧"字由"匣"(见《双法字理·动物》)与"夹"组合,读音为"qiè",是一种好似由两个长匣夹在一起组成,多呈方形,放自己喜欢的东西。后又加竹字头,写作"篋(箧)",另指用竹条所编。

"惬"字就表示这个大方盒中装了满满的心意,表心满意足、恰到好处的意思。

2. 夹(夾)→陕(陝)、郏(郟)

"陕"字读音为"shǎn",主要指陕西,与之造字相似的是"郏"字,读音为"jiá",主要指河南郏县。

"陕"字繁体为"陝","郏"字繁体为"郟",仔细来看会发现二者尚留有区别。"陝"字为"大下两入","郟"字为"大下两人"。

"陝"字为阜字旁(阝),配"大"字下面两个"入"字。

"大下两入"之字今已废弃,入表示插入,合在一起表示偷物入怀的意思,就是藏在腋下夹起来的意思,所以字形与"夾"十分相似,后有异体字为"亦"字下面一个"夾"字。偷东西不能慢慢悠悠、明目张胆,而是速度很快地藏在腋下,一闪而过,所以其读音为"shǎn",与"闪"字读音相同,字义相连。

　　"陕西"之名始于西周初年，据《国语》记载，西周初年，周王朝以"陕原"（今河南陕县境内）为界，陕原以东曰"陕东"，由周公管辖；陕原以西曰"陕西"，由召公管辖，陕西因此得名。此处上古时为雍州所在，是中华民族和中华文明的发祥地之一，早在 80 万年前，蓝田猿人就生活在这里，距今 6000 年前母系氏族社会的半坡村遗址也在此处，更是先秦文化发源地，秦始皇陵、兵马俑的所在地。

　　"陕原"也写作"陕塬"，周朝初期在豫西和渭河平原间有一山岭要塞，古人称其"据关河之肘腋，扼四方之噤要"，周公与召公便以此处为界分而治之，谓"分陕而治"。以此地为界，周召二公各入其境一闪而过，分而治之互不干涉，故称此地为陕原。今天，陕县依然保留在河南省三门峡市之下，此地以东叫陕东。

　　"陕"字便是周公与召公在平原上的一处大山坡上（阜大），对天盟誓以东西为界划分天下，以后二人亦敌亦友也，各入其境（入入）一闪而过，分而治之。于是造"陕"字，表明此处之地貌，其东西之境为陕东、陕西。

　　因"陕"的字形与"陜（陝）"字几乎一致，后被混淆替代，进而又有了"狭（狹）"字对"陜（陝）"替代。

　　陕西社科院成立汉字研究中心之时，我曾与他们聊过这个"陕"字。

　　"陕"这个字，陕西人用着，但是这个地

方却不在陕西，在哪儿呢？在河南。但这个字却又是陕西人的专用。所以陕西人不能只知道"陕"字横竖撇捺的书写，而不知道是什么意思，那还不如拼音"shǎn"就好。所以，要能说清楚，讲出缘由，汉字才有意义，这些意义都由字形和读音承载着，它是一种文化，而不只是个读音符号，只是给个声音而已。

"郏"字指郏县，也在今河南省内，读音为"jiá"，繁体为"郟"，配以耳朵旁"阝"。"阝"分左耳与右耳，其中左边耳朵为"阜"表山坡，右边耳朵为"邑"表城池。

郏县位于河南省中西部，隶属平顶山市，是仰韶文化、龙山文化、裴李岗文化的发祥地之一，周设邑，秦置县。其名源于其地貌结构，地势呈马鞍形，东南、西北高，中部低，似被夹在中间一般，所以取"夹"字，配表城池的"邑"，造"郟"字表城池，简化作"郏"。

今天人们对其地貌的地质考察发现，其地质结构为区内断裂发育，且有北西和北东两组，并以北西向断裂为主，于是促成了其特有的构造，景家洼向斜、王英沟背斜、西长桥向斜和襄郏背斜等，呈现其为马鞍形。可见古人造字之准确，字理之通达，乃天地之明察也。

十、央字家族

1. 央➔殃、泱、秧、鞅、鸯

"央"字中间是个人——"大"，符号"冂"表示刑具桎梏，合在一起表示一人脖子上套着枷锁，其金文就像一个人在脖子处带上夹板的样子。因头被夹在中间，双手铐在两边，故而引申有中央的意思。

《水浒传》中豹子头林冲因得罪高太尉，而被发配充军时就带着这种刑具。戏曲《苏三起解》中，苏三出场时的装扮也是如此。

"殃"字配以表示死亡的"歹"字，自然与死亡、灾祸有关，即带有枷锁的罪人因遭受应有的惩罚而死亡——遭殃。今天人们常以"遭殃"一词表示遇到不好的事情，糟糕、遭殃。

成语"殃及鱼池"出自《吕氏春秋·必己》："宋桓司马有宝珠，抵罪出亡，王使人问珠之所在，曰：'投之池中。'于是竭池而求之，无得，鱼死焉。此言祸福之相及也。"

后人加以附会作寓言故事"城门失火，殃及池鱼"，出自北齐杜弼的《檄梁文》："但恐楚国亡猿，祸延林木，城门失火，殃及池鱼。"寓意无端受祸尔。

"央"与"殃"二字在古文中常被定位为通假字，表示受刑、破败之意，其实二者也是

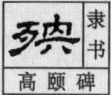

央

金文
虢季子盘

小篆
說文大部

隶书
张公神碑

殃

金文
卯嫞敦

石文
会稽刻石

小篆
說文歹部

隶书
高颐碑

一对古今字。

"泱"字加三点水（氵），我们常说中华为"泱泱大国"，那什么是"泱"呢？

"泱"会意水之中央深广也。实际上，"泱"字最初指水之深广可使人沉溺，溺水之人困于水中，奋力探出头来，好似以水为枷锁铐在人的脖子上，是人溺水之貌。"泱"字与"溺"字相比，侧重于水的广与深，使人无能为力，而"溺"字则侧重于本身能力的弱，而不得救。《诗经·小雅·瞻彼洛矣》中"瞻彼洛矣，维水泱泱"，以"泱泱"表水深广之貌。

公元前544年，吴王派季札到鲁国访问，季札曾要求欣赏一下周朝廷的音乐。随即由鲁国乐工演奏了《齐风》，季札听罢称赞道："美哉！泱泱乎！大风也哉！表东海者，其大公乎！国未可量也。"此事记载于《左传·襄公二十九年》。后来人们便以"泱泱大风"表气魄宏大的大国风范，进而为"泱泱大国"。

邹韬奋《萍踪忆语·弁言》："世界上有三个泱泱大国：一个是美国，一个是苏联，一个是中国。"

"秧"指秧苗，由"殃"字省略配禾木旁，指人们种植水稻时在田地里培育的水稻苗。育苗的时候稻苗比较密集，不利于生长，当二十天左右的育苗完成后则需经人工移植到稻田中，让水稻有更大的生存空间，插秧便是将水稻秧苗从秧田移植插到稻田中。"移"字便出于此处，见《双法字理·天文》。

谚语云："人挪活，树挪死。"所以植被的移栽都是一次遭殃的过程，幼小的禾苗经历移栽更是如此。禾苗原本在苗床长得绿油油的，结果被人们拔下来移植到稻田里，因其幼小难免会受损，所以会有一定的存活率，即倒秧，也称返青。如果大面积倒秧返青，那可就遭殃了，会影响一年的收成。

今天随着农业技术的发达和现代化技术的应用，插秧也逐渐采用了机械化，秧苗的成活率也大大提高了。这应该是古人不曾想到的。

"鞅"字配了革字旁，这个字不常用，但却跟中国历史上一个十分重要的人物与事件有关——商鞅与商鞅变法。商鞅后来惨遭五马分尸，也够遭殃的。

"鞅"本义为牛马拉套时的套板夹——牲口套项，套在牛、马、驴、骡等牲口脖子上的辖具，牵引时对牲口的肌肉起到保护作用，也称牛鞅、马鞅等。在纪录片《即将消失的老手艺》中，收录了制作牲口套项的这门手艺。

商鞅是战国时期的政治家、改革家、思想家，法家的代表人物。他是卫国国君的后裔，姬姓公孙氏，故又称卫鞅、公孙鞅。后因在河西之战中立功获封商于十五邑，号商君，故称之为商鞅。

商鞅年轻时喜欢刑名法术之学，后入秦

国，在秦孝公的支持下推行变法，史称"商鞅变法"，由此促成了秦国的崛起。其主张"当时而立法，因事而制礼"，驳斥了旧贵族"法古""循礼"的复古主张，损害了旧贵族的利益，这也为他的惨死埋下祸根。

鸳鸯是一种水鸟，属雁类，鸳为雄鸟、鸯为雌鸟，也释为匹鸟。

"鸳"字由"夗"表音表意，配以鸟字旁。"夗"本义为身体侧外弯曲的样子，表雌雄双鸟常"交颈玄（旋）卧"，似情侣间挽着脖子不愿分离。故又造"鸯"字表"交颈"，合而为"鸳鸯"。

人们见到鸳鸯都是出双入对地活动，所以被视为爱情的象征，经常出现在中国古代文学作品中，比喻男女之间的爱情。

2. 央→英、映

"英"字读音为"yīng"，本义指花，《尔雅·释草》中写道"荣而不实谓之英"，指开放艳丽但不结果实的花——雄花。雄花专为雌花提供花粉，花朵中只有雄蕊而无雌蕊，花朵本身没有花房，不能发育为果实，如玉米的雄花。

玉米最上面部分的雄穗就是英，俗称英子，起风时洒下花粉使下面的雌花授粉结出玉米。因为在植株顶部中央的最高处，所以叫天花，

鸳

小篆
说文鸟部

隶书
蝥道人

行书
申时行

英

小篆
說文艸部

隶书
楊君碑

72

"英"后来引申指中央最高的那个尖端。

"英雄"一词常用，人人都想当英雄，那么"英雄"一词是如何而来的呢？其实"英是英，雄是雄"，"英"说的是植物，"雄"说的是动物。

"英雄"一词在今天指品质与勇武有过人之处者，这是一个概念性的解说。其实，当你弄清楚"英"与"雄"这两个字后，合在一起你就明白了。"英"指植物中长在最高处、最美丽，且能奉献自己的花；"雄"则指动物中能飞上天空最高处、最华丽，且能保护雌性的大鸟。古人将植物与动物中最高、最强的两个合在一起，用来形容自身，寓意最有能力者——英雄。

所以，"双法字理"一直强调，人们学汉语一定要先识文认字，认识了字，再合而为词，再组词成句，意思就一目了然了。

"映"指日光的照射，配以日字旁，表由高处照下来的光线，照射在物体上，如日月在水中央的倒影。其虽是倒影，但有光可见——光的影子，所以读音与"影 yǐng"相同，字义相近，如映照、映射。

此外，"映"还有一个异体字，写作"暎"，见于《千字文》。

杜鹃花还有一个名字为"映山红"，就是指此花开放时漫山红色，光照之下反射的红色将整个山都映红了，所以又名映山红。

映

暎 小篆
说文日部

映 隶书
夏承碑

映 行书
黄庭坚

3. 夬（叏）→块（塊）、缺、决（決）、抉、诀（訣）、玦

"夬"字读音为"guài"，字形与"央"近似，仅缺了一笔，所以放在一起对比学习与记忆。

"夬"的古文字为符号"〇"下一手（又），表示在拇指上带有一环——扳指，多为骨角所制，是古人射箭时钩弦挂矢所用。小篆时书写为"叏"，隶变为"夬"。

在这里我们把它当作"央"字之缺为"夬"，即原本的圆形现在少了一块，出现一个缺口，字理更加简单、明了。且其所造的字也多与缺少、缺口有关。

这个字在哪里用呢？《易经》六十四卦中第四十三卦为夬卦，阐明以阳决阴，果断解决问题的道理——决断之意。

夬卦怎么画呢？它泽上乾下，泽为兑上缺，乾为三联，决断是其卦象。伏羲最早画八卦四象图，后人怕不清楚将卦象起了名称。文王时给每个卦象加了一个辞说，便于人们解说卦象、推算使用，即卦辞，每一爻有爻辞，所表现出来的象还有象辞。孔子时又对其进行了整理，作《十翼》传于后世。

今天我们所能看到的就是《周易》，其中对"象数理"的研究，如果没有文字学功底，是会十分辛苦的，象辞一关你就很难过去。

"块"字就指土块，古文字写作"由"，表从地面上挖出一块土。小篆时另作"塊"，以"鬼"字表音表意，暗指土块像骨头一样一块块的。今简化为"块"，表示地面上挖掉一块土，缺了一块。

"缺"字右边是个"缶"，表瓦器，如瓦制的水盆、水缸、饭鬲等，后也泛指陶器。瓦器与陶器二者尚不同，瓦为泥土烧制，陶器则在泥胎上多了一层釉，且烧制的温度更高。配以"夬"字表示瓦器有所破损而少了一块——缺少、缺失。

"决"字是今天的简化字，原本为三点水，写作"決"，汉字简化时变为"决"。这样的简化还有很多，如"沖—冲""治—治""准—準""凉—涼"等字。

"決"的本义是指人们挖土掘地，使水流走，乃治水之法。水的流向由人为确定，于是引申有决定之意。当水势巨大之时，水的流向往往不遂人意，会自行掘堤破口而出，谓之决堤、决口。

汉字简化时，将三点水的"氵（水）"省略为两点水的"冫（仌—冰）"，看似少写了一笔，字义却偏差了很多，并不可取。

"抉"指挑选之意，就是下定决心后的选择——抉择。

訣

訣 <small>小篆
说文言部</small>

訣 <small>隶书
蛰道人</small>

诀 <small>草书
王羲之</small>

玦

玦 <small>小篆
說文玉部</small>

玦 <small>隶书
孙叔敖碑</small>

快

快 <small>小篆
说文心部</small>

快 <small>隶书
张迁碑</small>

快 <small>草书
王羲之</small>

　　"诀"字繁体为"訣"，言字旁表言语之口诀、秘诀。

　　当人们有一件事不会处理时，怎么办？悄悄地告诉你它的秘钥之所在，必破之，这就是秘诀、口诀。

　　"玦"字配有玉字旁，指一块圆形有缺的玉璧或玉环。"鸿门宴"上，项庄舞剑，意在沛公，范增曾三次拿出玉玦，就暗示项王应当即决断斩杀刘邦。玉玦在此处暗表决断之意，专门留有缺口也便于系绳佩戴。

　　佩玉是古人的一种习惯，玉佩除了表尊贵之外，也是一个人品德的体现，一个人佩怎样的玉就体现出一个人怎样的品质，同时也提醒自己做怎样的人。且玉是十分宝贵的，佩戴于身要小心呵护，行为举止不可莽撞，锻炼人的心性，使其稳重有礼，不同的形制与颜色寓意不同。玉玦便是一块提醒人们做事要果断、决断的玉佩。

　　此外，"玦"还指玉制的扳指。《字汇·玉部》中写道："玦，射者着于右手大拇指以钩弦者亦谓之玦。"

4. 夬（叏）→ 快、筷、袂

　　"快"字为"决"字之省加竖心旁（忄），是人们见到决堤之水时的心惊之情，形容水势——快也。水决堤而无阻，畅通而快，故引申为畅快，后用以形容通畅之心情，如愉快、快乐等。

"筷子"是中国特有的餐具，今天已经成为中国文化的符号之一，所以"筷"这个字我们要认识下。

"筷"配有竹字头，原本指行船助力所用的长竹竿，异体字写作"篊"。因"箸"字的读音为"zhù"，与"住"字同音，行船者因避讳其音有停留之意、使行船不快，而另造"筷"字，寓意行船快速。

"箸"字才是最早表示筷子的汉字，为"竹"下一"煮"，一说为烧火棍，是古人烧火做饭时用来拨弄柴火和吹火的竹棍。另有一说为，煮饭时用于搅拌饭食或取食所用的竹棍，即最初的筷子。同样，因船家的避讳而以"筷"替代。

"筷"本为方言用字，直到明朝才开始在官场兴起，后成为通行语，这与明王朝统治者的个人语言习惯有很大的关系。在此之前"箸"字已经用了上千年，古籍《韩非子·喻老》中记载有"昔者纣为象箸"之句，可见早在公元前11世纪的商朝末期，纣王就使用着以象牙精制的箸。

"筷"之字理，今重新定义为取"快乐"之意。民以食为天，有饭食可吃自然心情愉快，取快乐之意造"筷"字，做其字理最为合适。今天人们还经常以"筷子"为礼物赠予亲朋、好友，寄寓快乐、愉快之意。

"袂"（mèi）字，读音变化很大，有联袂一词。衣字旁表示与衣服有关。"夬"为"决"之省，表决断之意，与"衣"字合而表示衣服的断口处，即缝袖子的断口，进而指袖子。

"袖"为衣字旁加一个"由"字，指衣服上手由此出之意——衣袖。

人们最初穿戴的就是兽皮，取孔套头而穿，本就没有袖子，于是这衣服上原本就没有的部件就取名为"mèi"，与"没méi"同音，暗指本就没有，是后来才有的。

联袂一词，指两人衣袖相连，即手拉着手在一起，比喻携手同行一起到来。

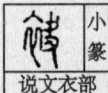
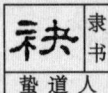
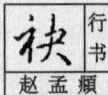

他日更仆语不浅，明公论兵气益振。

倾壶箫管黑白发，舞剑霜雪吹青春。

宴筵曾语苏季子，后来杰出云孙比。

茅斋定王城郭门，药物楚老渔商市。

市北肩舆每联袂，郭南抱瓮亦隐几。

——唐·杜甫《暮秋枉裴道州手札，率尔遣兴，寄近呈苏涣侍御》

第二节 女

一、女字家族

1. 女→奻、姦（奸）

"女"字是个象形字，就是一个女子盘坐的样子，在做手工活计。"人"字是站立劳作的男子，二者阴阳相合互成一对。随后用"女"再造字时，用其表音与义和形与义两种，分别是音意字和形意字，此外还有一些用女字旁归类表与女性有关的字，如妇、嫁、妆、她；姑、娘、姨、妈、婶、妗、妯娌；妃、姬、婢、妾、妓；妙、娇、媚等。

"奻"字表两女相伴相随，如孪生一般。其读音为"nuán"，与"女"同声，受"孪luán"字的影响。

"姦"字读音为"jiān"，表三女聚集。俗话说三个女人一台戏，相见必生事端，所以有不好的意思——邪、恶也。后加"干"字书写为"奸"，为俗体字，指所生事端必有干戈。
俗体字，是异体字的一种，指流行于民间的文字书写为俗字，别于官方正字而言。

历史上因女人而发动的战争和灭亡的国家不在少数，最典型的要数周幽王为见褒姒一笑的"烽火戏诸侯"，最浪漫的则莫过于《长恨歌》中的唐明皇与杨贵妃之相见。

汉字简化时，将"姦"简化书写为"奸"，指奸邪、奸恶之意。

"奸"字很早就有，但读音为"gān"，本义表犯罪。金文时其女字旁原本为一个跪坐的人形——有罪之人，旁边一个"干"字，表示被绑在木桩上。如《淮南子·主术》中："各守其职，不得相奸。"

小篆时跪坐的人形书写为"女"字，也体现了那个时代女性的地位十分低下。此时因字形讹变为"女"字的缘故，于是指与女子有关的罪行——淫也，即犯女淫之罪。如《睡虎地秦墓竹简·法律答问》第172："同母异父相与奸，可（何）论？弃市。"

今之"奸"字为古"姦"字与古"奸"字之合，指邪恶、奸淫之意，读音为"jiān"，暗表见色起意之邪念、淫念。

2. 奴 → 努、驽（駑）、弩、怒、汝、如、絮

"奴"字为"女"旁加一个手（又），指战争中俘获的女子——女俘，后泛称奴隶。

古时部落间的交战多为获取生活资料和繁衍族群，胜者往往会屠杀战败一方的男子和老者，并掠走粮食和年轻女子，使战败方难以再

次繁荣。

"奴隶"一词中的"奴",就指这些在战争中被俘获的女子,后被分配给贵族作为奖赏,用于服侍,如奴婢。而"隶"则指被俘获的男子,他们则多被关在监牢里,充当苦力,且都要被注册登记在案以防其逃跑,如罪隶。二者合在一起为奴隶,皆表有罪之人,地位极为低下。

"努"字以"奴"表音表意,加了一个"力"字,表示用力之意,乃竭尽全力也。

奴隶为被俘获的敌人,后泛指有罪责的人,将其充当劳役。奴隶们为求生存而尽力劳作以免皮肉之苦,保全性命,其竭尽之程度可想而知。后引申为竭力、尽力之意——努力。

中医中有"努伤"一说,指不正确用力,或过于勉强地用力而导致的身体伤害,多为胸廓肌肉小关节的错位和损伤,多发于重体力活的人群。

北方方言中,人们就把做事过于勉强称为"努"。

"驽"繁体为"駑",指一种马,驽马。

这种马怎么跑都跑不快,不管人们怎样鞭打它,让它努力,它都快不起来。字形中"奴"即暗指被主人像奴隶般抽打,又暗指其努力奔跑而不快之意,加"马"字,特指这种天生跑不快的马——驽马。

努

努 小篆 篆典刀部

努 隶书 张迁碑

努 草书 赵孟頫

駑

駑 小篆 篆典马部

駑 隶书 蛋道人

駑 草书 董其昌

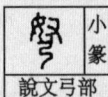

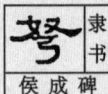

"弩"字表古代一种远程车技武器，是在弓的基础上发展而来的，所以字形下面一个"弓"字，表意归类。二者最大区别就是强度不同，弩的杀伤力要远远大于弓，往往可穿透铠甲，也正是因如此，二者在使用时存在一定的区别。

弓为一人单臂拉弦，弩则往往需要双人双臂，因用力之大，故有努力的意思，故造"弩"字专表。

弩很早就有，是冷兵器时代兵车战法中的重要组成部分，可使步兵有效地克制骑兵。弩由弩臂、弩弓、弓弦和弩机组成，造型呈十字形，也称"十字弓"。虽然弩的装填费力，但是它比弓的射程更远，杀伤力更强，命中率更高，对使用者除了力量之外要求较低。其中强弩的射程可达 600 米，特大型床弩的射程可达千米。按张弦的方法不同，可分为臂张弩、踏张弩和腰张弩等，还有能数箭齐射或连射的连弩和装有数把弩弓的床弩。

三国时期，诸葛亮发明的诸葛连弩便是世人最为熟悉的一种弩。

"怒"字是心字底，指奴隶们被鞭打时压制在心中的愤恨之情，不敢言表——愤怒。

"愤"字在《双法字理·动物》中有过解说，就是敢于言表的怒火，有喷发之势。

"汝"字读音为"rǔ"，尔、你的意思，

表第二人称。

其实"汝"字原本指水名——汝水，古汝河的称谓。《水经注》记载，"汝水出河南汝州梁县勉乡西天息山"，即今河南北汝河。历史上早在夏朝就在此处设有汝州，属九州之一的豫州管辖。中国瓷器史上最为珍贵的"汝瓷"便出自这里的汝窑，传世罕见，为国之瑰宝。

此地名"汝"，也许跟它的地貌有关。此处少高山而多丘陵，河川相间约占总面积的78%，水资源十分丰富。丘陵因其地貌的特点，也被称为乳山，此处水系发达，山势平缓，是人们休养生息的好地方，至今这里还生活着汉、回、满、蒙等20多个民族。故造"汝"字既表水名，又暗指女子的乳汁，读音取"乳"之音，寓意生养之意。

"汝"表第二人称指你，则源于"奴"字。人们最初使奴唤婢时称对方为奴，久而久之成为对身份低微者的惯称，为了与"奴"字区别开来，变音为"rǔ"，以"汝"字代之。

"如"是个常见的高频字，比如、假如、如果等。其字形中"女"字为"奴"之省表音表意，配以"口"字，表示发号口令指挥奴隶，本义为听从口令，相比而做、相仿而为之意——比如、仿如。进而引申出假如、如果等用词，皆有相比照之意。

"絮"字读音变为"xù"，"糸"字底表

83

絮

小篆
说文系部

隶书
螯道人

草书
米芾

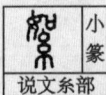

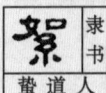

明与丝线有关，指稀松破败之丝缕，虽如丝线但不能用于织帛，常见如柳絮、棉絮等。

3. 妻→凄、萋、好

"妻"字就是指妻子，与成年男子成家后，举案齐眉者。

甲骨文中"妻"的字形是一个女子抬手束发的样子，表示女子成熟待嫁。其造字之字理与"夫"字相同，只不过女子的头饰更加复杂一些，装扮更多。金文中，字形上的饰品就更加丰富了。小篆时饰品的样子整理为"屮"，这一装饰性标志在"壴（鼓）"字的文字演变中最为突出，此时字形书写为"妻"。隶书延续小篆，流传至今。

讲到"妻"字，就再次涉及古老的婚姻制度——抢婚，这是氏族部落最初繁衍生息的一种方法。随着文明的发展，进而有了婚媒之约，再到今天的自由恋爱。在不同的时代背景下，才会出现不同的婚姻制度，并非先进与落后之别。抢婚、媒妁之约自然有其弊端，但自由恋爱的今天，婚姻的美好似乎也不比古人幸福多少，逐年增高的离婚率似乎也在说明这点。

"妻"字读音为"qī"，《说文》道"妻者，妇于夫齐者也"，即男子主外，女子主内，举案齐眉共治于家——齐家。夫妻和睦方能家庭美满，才有国之繁荣，方有世界大同。《大学》中云"齐家、治国、平天下"，几千年前

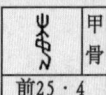

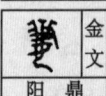

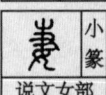

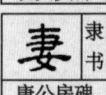

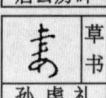

妻

甲骨
前25·4

金文
阳鼎

小篆
说文女部

隶书
唐公房碑

草书
孙虔礼

的中国古人就说出了这样的大学问。

"凄"字由"淒"字省略，左边配两点水"仌（冰）"，有寒凉之意，如凄凉。

"淒"字的石文为"水旁一个妻"，《说文》释为"云雨起也"，即要下雨的时候，风云齐聚、布满天空——乌云密布。《汉书·食货志上》："其《诗》曰：'有渰淒淒，兴云祁祁。'"

风为动，云为静，风卷云而行雨，似男子抢女子而婚，故以"妻"字表音表意。其实，"淒"字以三点水表"泪水"，指女子被抢婚之后悲惨的哭泣，更为形象，容易理解。被抢之人远离家人，饱受迫害与摧残，过着十分悲惨的生活，一生悲凉，于是引申出淒惨、淒凉（凉）之意。

小篆时以另取"仌（冰）"归类表意，造"凄"字专表寒凉之意，以便与风云行雨之"淒"，区别开来。然而，寒凉除了指温度的变化，也指人的内心变化，于是又有了"悽"字。

"悽"字左边竖心旁（忄），指内心的凄凉与悲惨，如悽惨。

今汉字简化时三者皆由"凄"替代，写作凄凉、凄惨。

"萋"字配以草字头（艹），表示芳草茂盛，连绵不绝的意思，常连用为"萋萋"。字理取"凄"字之省略，借风云密布之意，表示草木的繁茂与连绵——芳草萋萋。

昔人已乘黄鹤去，此地空余黄鹤楼。

黄鹤一去不复返，白云千载空悠悠。

晴川历历汉阳树，芳草萋萋鹦鹉洲。

日暮乡关何处是，烟波江上使人愁。

——唐·崔颢《黄鹤楼》

且，古时一夫多妻制，以便家族人丁兴旺、宗室繁茂，故"妻"亦引申有繁茂、繁盛之意。

"好"字是一个高频字，大家很熟悉这个字。俗话说得好，有儿有女就有美好生活。甲骨文便是"女"字旁边一个"子"字，像一个女子在照顾一个孩子，此时的女子正是其最美的时候——母性之美，后会意为美，连作美好。

母亲对孩子的好与爱，是最真实、最真挚的，后引申为对某件事情的专注与热爱——爱好、喜爱。

二、安字家族

1. 安→按、案、桉、鞍（鞌）、氨

"安"字为表示房屋的"宀"下一个"女"字，即女子在家中纺线织布。古时女子多不外出，静居家中料理家务，故引申有安居、安静

之意。

女子也正是因其不常从事外出活动，其所遇到的危险就少了很多，可保全性命于家中，于是又引申出安全的意思。

"按"字加提手旁，金文为"宀"下一"女"一"手"，表示女子在家整理家务，用手按压整理空间，如整理衣物和床铺。

"案"字指案几，最初是女子在家劳作时，用于摆放器具的长方形木板，也称案板，架起支架便是几案。后泛指几案、案几，案卷就是放在桌案上的公文卷轴。

《拍案惊奇》是明代凌濛初所著的拟话本小说集，有《初刻拍案惊奇》《二刻拍案惊奇》，与冯梦龙的《喻世明言》《警世通言》《醒世恒言》并称为"三言二拍"。

"桉"指一种树，桉树。桉树耐性好，生长速度快，古人认为它是一种容易安居的树，且其枝叶可药用，有安神定脑之效，故造字为"桉"。

澳洲大陆的原住民，对桉树有深厚的情感，桉树所体现出的艰苦耐劳、勇往直前、奋力拼搏、顽强发展的文化精神，已成为今天澳大利亚人的精神追求和象征。

"鞍"字主要指马鞍，是一种用于骑马的

安
甲骨
京1·4

安父彝
金文

小篆
说文宀部

隶书
曹全碑

按
金文
按鼎

小篆
说文手部

隶书
衡方碑

案
小篆
说文木部

隶书
孔龢碑

草书
王羲之

器具，多用皮革制作，配有肚带。马鞍搭在马背上，以肚带固定方便骑乘，好似一个稳定的几案固定在马背上，使骑乘稳定、安稳。

"鞍"还有个异体字，如其小篆写作"鞌"，上下结构正是马鞍的使用方法，由上往下安装在马背上。

"氨"指氨气，音译字，英文作"Ammonia"，化学元素符号为"NH_3"，是一种无色的、有强烈刺激性气味的有害气体。氨气的使用、运输和贮存要多多注意安全，可用于制作尿素、制冷剂等。

所以，"氨"字除了音译之外，也暗指一种使用时需注意安全的气体。

"铵"字也是化学用字，是一种阳离子，化学式为"NH_4^+"，是由氨分子衍生出的阳离子。由于其化学性质类似于金属离子，故配以金字旁，命名为"铵"。

2. 安→晏、宴、黶（黶）

"晏"字读音为"yàn"，"日"字下面一个"安"，表艳阳高照、晴空万里，大地一片安详之意。其组词有晏安、晏宁、晏然，表安然宁静、泰然处之的意思。

"晏子"人名也，是春秋时期齐国著名的政治家、思想家、外交家，名婴，字仲，谥号平。《晏子使楚》是我国古代历史上，一段关于两国"外交"斗争的著名史话。

《晏子使楚》中，楚王三次侮辱晏子，想显示楚国的威风，却被晏子巧妙回击，维护了自己和国家的尊严。故事赞扬了晏子爱国、机智勇敢、善于辞令、灵活善辩的外交才能，与不惧大国、不畏强暴的斗争精神，讽刺了狂妄自大、傲慢无理、自作聪明的人。

此外，还有"晏驾"一词，专指帝王之刚死。"驾"表示帝王驾车出游，尚未回来，引申有不在之意，暗指升天西去。帝王刚死之时，其帝王之威尚存于天地之间，高照天下保全国之安逸。待其死讯昭告天下后，国家必将有一时之动乱，所以称帝王刚死为"晏驾"。

"宴"字中"日"在"安"中，表示房间里灯蜡高悬，一片明亮安逸、祥和之貌。房间里挂起明亮的灯蜡，自然是到了晚上，与"晏"字互为一对，一指白天的安宁，一指夜晚的安逸，故此"晏""宴"二字常混用。

夜晚时分，人们相聚一堂，高点灯烛，开怀畅饮，这一派祥和之气象就是"宴"，进而引申为晚宴、宴会之意。

"鼹"字指一种鼠类——鼹鼠，其原本写作"鼴"。这是一种只在地下生活的鼠类，主要在夜间活动，以昆虫和蚯蚓为食，有不同寻常的嗅觉。

鼹鼠极善于挖土，其拉丁文"Mole"就是

宴
金文
宴敦

小篆
说文宀部

隶书
袁良碑

行书
李卓吾

鼹
小篆
六书统

鼴
小篆
六书统

隶书
古隶

隶书
古隶

掘土的意思，它的隧道四通八达，泥土潮湿很容易滋生蚯蚓、蜗牛等虫类，便于它经常在自己的地下"餐厅"里进行晚宴。

3. 妟→匽、郾、堰、偃、揠

"妟"字读音为"yàn"，《说文》释"安也"，亦表安静、安宁，只不过这次家中的女主人不在房间里了，而是在屋外院子里。

"匽"字配以方框做旁，"匚"为匿之省，也好似一道篱笆墙将院子里阳光下安逸的女人隐匿起来，使其不为外人所见，故此为隐匿使之安然、安全的意思，引申有隐藏、藏匿的意思。

"匽"还是古燕国之名，在周朝时期被分封为其诸侯国——匽国，取其安保王室之意，其城邑为郾，后为战国七雄之一。古燕国的疆域范围大致为今天的北京、天津、辽宁的全部，朝鲜、韩国、河北、吉林、山西、内蒙古的一部分，是周王朝北方的重要屏藩，使周王室能安逸百年在屏藩之内。

"燕国"取名于"燕山之野"，燕山之名相传为古商之后裔在此定居后，以"燕"为图腾，定此山为"燕山"。战国后期，秦统一六国时，匽国便是其中之一，此后改古称为"燕国"，以避讳灭国之难。所以，在秦之前皆为"匽国"或"郾国"，如出土的"郾王喜铜矛"

与"郾王喜铜剑";秦之后皆为"燕国",读
音为"yān",一声。

商之后裔取"燕"为图腾,源于"简狄吞
玄鸟蛋,生商"的传说。《诗经·商颂·玄鸟》
曰:"天命玄鸟,降而生商。"玄鸟,燕子也。

"堰"字不常用,土字旁归类,指一种土
石结构的围挡,多指挡水的堤坝。人们较为熟
悉的是"都江堰"水利工程。

"都江堰"始建于秦昭王末年,由秦蜀郡
太守李冰父子建堰于都江之上,防范水患,以
护成都平原。历朝历代的人们都对都江堰进行
了有效的管理,保证其整个工程历经两千多年
依然能够发挥重要的作用,使其成为一个奇迹。
现在,它已经成为一项世界文化遗产。

同时,在"汶川大地震"抢险中,震区多
处形成"堰塞湖",十分危险。

堰塞湖是由火山熔岩流、冰碛物,或由地
震活动使山体岩石崩塌下来等原因,引起山崩
滑坡等堵截山谷,河谷或河床后贮水而形成的
湖泊。堰塞湖一旦决口会对下游形成洪峰,处
置不当会引发重大灾害,是一种险情中的险情。

"偃"字加单立人(亻),指人仰卧、卧
倒以便藏匿之意,且卧倒之人亦有围挡、阻拦
之意。

成语"偃旗息鼓"指放倒旗子,停止敲鼓,
用以隐匿行军时的行踪,不让敌人注意和觉察。

堰

堰 小篆
篆典土部

堰 隶书
曹全碑

偃

偃 金文
古鉥

偃 小篆
說文人部

偃 隶书
馀阮祠碑

偃 草书
王宠

揠

揠 小篆
說文手部

揠 隶书
尹宙碑

揠 草书
米芾

《三国志·赵云传》中："而云入营，更大门，偃旗息鼓，公（曹操）军疑云有伏兵，引去。"

"揠"字读音稍变为"yà"，为"偃"字之省，再加提手旁，指用手拔起的意思，如揠苗。"偃旗"必先将旗子拔出来，方可藏匿，于是此处便借其表拔出、拔起的意思，读音也受了"拔bá"字的影响，而有所变音。

天下之不助苗长者寡矣。以为无益而舍之者，不耘苗者也；助之长者，揠苗者也；非徒无益，而又害之。

——《孟子·公孙丑上》

宋代吕本中的《紫微杂说》中就记载了一个"揠苗助长"的故事，比喻不管事物的发展规律，强求速成，反而把事情弄糟——急于求成而适得其反。

"妟→匽、郾、堰、偃、揠"这一连串汉字，再次体现了汉字的家族性，以及其衍生性。同时也正是这种衍生性，使"匽、郾、堰、偃"等字在小篆之前互通、互用，尤其是战国时期政权纷争与文字天权神授之间的特殊纽带关系，导致了各个诸侯国之间文字的混乱，此时期的文字被称为"战国文字"。

三、娄字家族

1. 娄（婁）→搂（摟）、篓（簍）、楼（樓）、镂（鏤）、偻（僂）、髅（髏）、蝼（螻）

"娄"字繁体为"婁"，其石文像一个女子环抱双手将一个婴儿拢入怀中的样子，表环抱、搂抱之意。其读音为"lóu"，与"拢lǒng"音近、意连。

其实"娄"与"搂"为古今字，小篆时书写连笔使双手相合为"毌"，整体写作"婁"，后据其草书简化为"娄"。

小篆是汉字发展的一个分水岭，此时李斯实行书同文，对汉字进行分类标识以明字义。于是"婁"字加提手旁，表示与手部动作有关，写作"摟"专指搂抱。

"篓"字繁体为"簍"，竹字头归类，指一种用竹条、竹篾编织的容器，如竹篓、鱼篓等。器形可环抱，且编织时正如女子怀抱之形，故以"娄"表音、表意。

"楼"字繁体为"樓"，指重屋，古时用木头搭建起来的两层或多层房子——重楼。房子中空用于居住，开有门窗似篓之网眼，整体像一个高大的篓子，取"篓"中空之意，造字为"楼"。

婁

鼻 石文 泽山碑

婁 小篆 说文女部

婁 隶书 史晨奏铭

婁 行书 邢侗

摟

攇 小篆 说文手部

摟 隶书 樊敏碑

摟 草书 王铎

簍

簍 小篆 说文竹部

篓 隶书 隶辨

樓

樓 小篆 说文木部

樓 隶书 东海庙碑

樓 草书 王羲之

"镂"字繁体为"鏤",本义为一种金属工具用于镌刻、雕刻时的打穿、挖孔，使其通透如篓。其硬度很高，可以雕刻金属材料，古也为刻金所用。

镂空就是指一种雕刻工艺，除了表面雕刻图案以外，还要用镂来打空内部，使其可透过光线，散发幻彩。

"偻"字繁体为"僂"，指人曲背弯身的样子，好似怀中抱物，然空空也。小篆时配以单人旁（亻）归类，指人体佝偻之态。

"佝"字以"勾（句）"表音表意，指人体如钩般呈弯曲之态。

"佝"字侧重弯曲，"偻"字侧重怀空，合为佝偻，指人体因发育不良或年老骨松，而导致的腿部和脊椎的弯曲不直。

"岣嵝"指衡山山峰。因其远望若俯背，似佝偻之状，故名岣嵝，古时被认为是衡山主峰，又借指衡山。山峰之上有一处古老的碑文，古篆文镌刻 9 行 77 字，相传为歌颂大禹所刻，被视为南岳衡山"镇山之宝"，颇具神秘色彩。

"髅"指骷髅，是人死后肌肉和内脏腐烂后剩下的一副骨头架子。骨架的四肢似枯枝，胸骨呈镂空状，合称为骷髅。

"蝼"指蝼蛄，一种直翅目昆虫，其头、爪皆为硬壳，似枯骨之架，故此名"蝼"。又因其善于掘空土层，居住土层深处之中，啃食草木根部为食，使植株枯死，故称"蝼蛄"。

蝼蛄成虫，若虫秋末时深入土层越冬，第二年春天开始活动危害庄稼春播，秋季盛行，再次危害秋播作物，使苗木根断枯死。

2. 娄→缕（縷）、褛（褸）、屡（屢）、数（數）

"娄"字还有一个读音为"lǚ"，取音、取意于编篓之时抽取的一绺绺竹篾，读音与"绺liǔ"相似，字义相近。"娄"与"缕"亦为古今字，后加绞丝旁，指一根根的丝线，造字为"缕"。

"褛"字配了布衣旁，表示衣服破败，原本的布面破败成一缕缕的布条。

成语"衣衫褴褛"指衣服破旧，布料破烂不堪。语出先秦·左丘明的《左传·宣公十二年》："筚路蓝缕，以启山林。"后人注："蓝缕，敝衣也。"这是《左传》中记述的古楚先民艰难创业的过程。当年的楚国先民，就是穿着朴素的破衣，拉着柴车，开垦了山坡林地，创建了楚国，建立了积极进取、革故鼎新、开放融合、至死不屈的楚文化精髓。

"蓝"在此处原指色彩单一的蓝色衣服，古之楚地盛产植物染料如蓝草、茜草，故其蓝色布衣最为普遍，后书写为"褴"。"褴"字古释"无缘衣",即朴素没有边饰的衣服。

"褴褛"一词,就指朴素而又破旧的衣服。

"屡"字为"缕"字之省,配以表示人体的"尸"(见《双法字理·文部》),表意为人手持丝缕计数、算次也,如屡次。字形在小篆时以"尸"字表人归类,是为了与"偻"字和"搂"字区别开来。

"数"字读音为"shù",便是"屡"字的省略,配以表示敲击的"攴"或"殳"表音表意,指敲击计数、报数也。"攴"字读音为"pū",手持木棒噗噗敲打之意,今书写为"攵",俗称反文旁。"殳"字读音为"shū",一种带有锤头的打击性武器,此处表敲击用的木槌。

"数"字便是手持木槌敲击计数,以算多少,算数也。读音取"殳"之音,表以木槌敲击而计,如隶书的书写。后书写为"数",乃"攴"与"殳"意义相近,且书写简单而为之。

计数、算数在古代可是一门大学问,古人称为算经,涉及天文运算、历法明察等重大记事和事件的运算。

《九章算术》便是中国古代数学专著的典型代表,是算经十书中最重要的一种,该书系统总结了战国、秦、汉时期的数学成就。全书采用问题集的形式,收有246个与生产、生活实践有联系的应用问题,其中每道题有问、答、术（解题的步骤），有的是一题一术，有的是多题一术或一题多术，充分展现了古人的数学天赋。

四、母字家族

1. 母➜姆、拇（胟）

"母"字在"女"字基础上再造，突出了女性的乳房，指女子成为母亲后胸部变大进行哺乳的生理变化，一个进入哺乳期的女子——母亲。这字十分象形，其甲骨文与"女"字的写法几乎一致，两点特指，其后的金文、小篆、隶书变化不大。

古人造字时用"母"再造的字，基本上都跟母亲的特性有关，用"母"字做声音符号。最常见的字中，一个加女字旁为"姆"，一个加提手旁为"拇"，异体写作"胟"。

"姆"字在小篆时写作"娒"，隶变为"姆"，多用作"保姆"一词，指如母亲一样照顾幼儿的女子，多为年长且经验丰富者。

"保姆"一词古已有之，《礼记·内则》云："择于诸母与可者，使为子师，其次为慈母，其次为保母，此其明文。"乃为贵族子弟家学所用，师以授业、慈以疼爱、保以照料，

甲骨
前28·1

金文
王作母角

小篆
说文母部

隶书
史晨後碑

行书
张绅

姆

小篆
说文女部

隶书
孔宙碑

草书
王铎

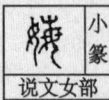

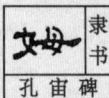

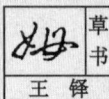

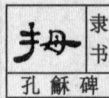

各司其职。穷苦人家是请不起保姆的，即使在今天请保姆也不是件容易的事，除了薪资的考虑，人员的挑选也不容易，如若要兼顾古之明文"师、慈、保"，更是可遇不可求。

可见古人在家庭教育方面早已十分重视，此为"家教"，今天人们形容一个人的不良行为，亦说其"没有家教"。所以，"姆"字为教授幼儿者。

拇

小篆
說文手部

隶书
孔龢碑

草书
赵孟頫

"拇"字即手之大指，手有五指，分别是拇指、食指、中指、无名指、小指。拇指是五指中最为粗大、灵活的一个手指，它使人类拥有了准确的抓握能力。

拇指与其他四指相比，大而粗壮，对手的使用起主导地位。《说文》释为："拇，将指也。"其他四指较之细长，似为其所生，故又称大指为"母指"或"大母指"。

小篆时加提手旁，书写为"拇"，表手的大指——大拇指；加足字旁便表示脚的大指，后由"拇"字统一表示。其另有异体字取肉月旁归类，写作"胟"。

"阴阳"是中国古老的文化命脉，阴阳相合才能中庸平和。手的五指能够帮人类创造出无数的奇迹，也隐藏着阴阳相合的能量。

古人定单数为阳，双数为阴，于是拇指为阳、四指为阴；又拇指关节为二，使其阳中有阴，四指关节为三，阴中有阳；再又拇指与四指合一为阳、展而为阴。手的活动就是一个阴阳不断变化的过程，阴阳相合则变化无穷，即手指灵巧，作品自然巧夺天工；阴阳不合则变化受阻，即手脚笨拙。

2. 每➔莓、梅、霉、酶、敏、繁

"每"字在今天就指每天，其最初指美丽的女子，与表示美男子的"美"相对应，阴阳相合。字形上的一撇一横原本写作"屮"，甲骨文、金文、小篆皆如此，表女子头上的装饰，也是女子成为母亲后的头饰标志。隶书时隶变为"亠"，草书、行书时笔画顺连，楷书时写作"每"。

美指男子阳刚之美，每指女子阴柔之美，二者读音相同。详见《双法字理·动物·羊字家族》。

"莓"字配以草字头，为草名——草莓，其所结果实如女子为人母后发髻的样子，呈红色，可食用。其另有异体字写作"苺"，为小篆时的书写，隶书后写作"莓"，使读音标准。

"莓"字古时还表苔藓，苔藓多生于台阶背阴潮湿处，如霉变之状，因其属于草本，所以最初亦用"莓"字表示。后被表意更加准确的"苔""藓"取代，便转去与"莓"字合并，专指草莓，一种结有漂亮果实的草本。

"梅"字配以木字旁，为树名——梅子树，

甲骨	
掇续·1003	

金文	金文
晋鼎	杞伯鼎

小篆	
说文母部	

隶书	
费凤碑	

行书	
王羲之	

隶书	
螳道人	

行书	
赵孟頫	

99

原本写作"楳"，古字形写作"楳"。

楳树所结果实为"某"，因其味道是介于酸甜之间的一种混合型味道，且每个味道都稍有差别，或偏于甜，或偏于酸，很难说清楚。后"某"字被人们用来表示一种说不清的情况，即某种。（详见《双法字理·植物·木字家族》）

当"某"字的意思由实转虚后，原本表示树名的"楳"字也逐渐远离了人们的视线，人们便在小篆时另造"梅"替代，称其果实为"梅子"，可食用，亦可入药。南朝宋刘义庆在《世说新语·假谲》中就写了一个"望梅止渴"的故事。

魏武行役，失汲道，军皆渴，乃令曰："前有大梅林，饶子，甘酸可以解渴。"士卒闻之，口皆出水，乘此得及前源。

梅花十分漂亮，作为观赏性植物大致兴起于汉初，并被后世作为观赏树木用于园林设计之中。如宋人张功甫便撰写过《梅品》，专门介绍如何欣赏梅花。随着古人对梅花的喜爱愈加深厚，各朝各代也有大量的诗人作"咏梅"诗。

驿外断桥边，寂寞开无主。
已是黄昏独自愁，更著风和雨。
无意苦争春，一任群芳妒。
零落成泥碾作尘，只有香如故。

——陆游《卜算子·咏梅》

风雨送春归，飞雪迎春到。

已是悬崖百丈冰，犹有花枝俏。

俏也不争春，只把春来报。

待到山花烂漫时，她在丛中笑。

——毛泽东《卜算子·咏梅》

于是，"梅"因需要的不同，在栽培上便逐渐有所分化，分为果梅和花梅两种。

"霉"字配了雨字头，那就应该与雨水有关，即与梅雨季节有关，指衣服、物件因长期处于潮湿天气下所发生的变质——霉变。

梅雨季节是指我国长江中下游地区，在每年6、7月份都会因东南季风带来的太平洋暖湿气流，而出现持续天阴有雨的气候现象，由于此时正是江南梅子的成熟期，故称其为"梅雨"，也写作"霉雨"，该时段便被称作梅雨季节。

霉变其实是产生一种菌——丝状菌，如衣物上生了"莓（苔藓）"，加之其发生在梅雨天气，于是配了雨字头。

霉变产生霉菌，使食物变质不能食用。但这期间也有好的霉菌，我们最熟悉的就是"豆腐乳"。"豆腐乳"就是通过使豆腐霉变，产生有益菌丝再加工而来。

"酶"是一种有机的胶状物质，由蛋白质组成，对于生物化学变化起催化作用，发酵就是靠它的作用。字形中左边一个"酉（酒坛）"，右边一个"每"，合而表示发酵霉变的分解衍生。

酶的作用很大，我们每天都要依靠它来生存。今天化学上的注解为，酶是由活细胞产生的具有催化活性和高度选择性的特殊有机物（蛋白质，RNA），其中绝大部分酶是蛋白质。

在生物体内，酶发挥着非常广泛的功能。信号转导和细胞活动的调控都离不开酶，特别是激酶和磷酸酶的参与。在人体基因学上，"酶"是十分重要的研究对象，如 DNA 连接酶、DNA 聚合酶、消旋酶、引物酶等。

当一个人的身体出现什么问题时，往往都跟相关的"酶"有关，从而引起身体机能转化的不畅，导致病变。

"敏"字读音为"mǐn"，与"母"声母相同，其甲骨文为"手（又）"在"每"上，即女子伸手整理发饰的样子。古时女子头饰烦琐，每日整理但又不能占用太多时间，需快速整理，这就是敏，有快速的意思。金文、小篆把表示手的"又"书写为"攴"，即手拿发簪快速整理发饰，楷书书写为"敏"。

后来，"敏"引申表速度之快、反应之快的意思，如身手敏捷、才思敏捷等。当一个人对某件事反应过快时，便是"过敏"，取"过犹不及"之意，如神经过敏。

"繁"字原本金文之时写作"緐"，读音为"fán"，取音于"烦"字，指女子整理如丝

敏	
甲骨 后下·10	
金文 孟鼎	
小篆 说文支部	
隶书 逢盛碑	
草书 王羲之	

般的长发，十分麻烦。小篆时亦书写为"繁"，字义表达准确，以别女子整理丝线的误解。隶书、楷书顺延，书写至今，表烦琐、繁杂之意。

"繁"字还念"pó"，为姓氏，今河南省开封市东南禹王台处有一古台名"繁（pó）台"。相传此台为春秋时师旷吹奏古乐的地方，后来汉梁孝王增筑，名"吹台"，又因有繁姓居其侧，乡里之人便称其为"繁台"。

"婆"字繁体为"嬰"，此处读音乃因与"繁"字形相近而误。"敏"字古体亦作"每殳"。

3. 每→悔、诲（誨）、晦、海

后悔的"悔"配竖心旁，指事后对所做错事的不能重返的懊恼心情——反悔、后悔、追悔莫及等，读音为"huǐ"，是受毁坏的"毁"的影响。字形以"每"表音表意，因其最初为母亲教子之心情。

古时男子外出，女子在家中对孩子进行教育。孩子既要疼爱，又要管教，管教之下每每打了孩子，事后总是内疚，此时母亲的心情就是"悔"；然一味地疼爱，缺乏管教，当孩子无所成就时，母亲每每想起亦是恨不该当初，也是"悔"。

造字之时取表示母亲的"每"，也是捕捉到了女性娇柔、怜悯的本性，有别于男性的强硬、无畏。

103

教诲的"诲",配言字旁,指父母对孩子的说教,望其有悔改之意——教诲。

"诲人不倦"指教诲别人而不知疲倦,出自孔子的《论语·述而》:"学而不厌,诲人不倦,何有于我哉!"

"晦"字在《释名·释天》中释为"月尽之名也",即农历(阴历)每月的最后一天,朔日的前一天,此时夜晚的月亮已经看不见了。日字旁之名与日光有关,古人很早就知道月光是来自于日光的反射,而非月亮本身的光亮。

晦日的傍晚,没有月光一片黑暗,好似天空将月亮隐藏了起来——隐晦。后又因与黑暗有关,被借指不祥之夜、不祥之气息——晦气。晦之次日为朔日,即月之源头,月之时日以月光的运转头尾衔接循环不止,至十二个月为一年。

"海"字指大海,天下百川汇于海,似百水回流。《说文》释:"天池也,以纳百川者。"天池比喻海之大,故此又引申出四方广大之意——四海。

海纳百川,犹如母亲般的胸怀包容孩子;百川回海,犹如孩子们回到母亲的怀中。故此以表示母亲的"每"加三点水,造"海"字指水域宽广能容百川。读音为"hǎi"与"怀huái"相近,意相关,指胸怀宽广之意。今天人们在求取他人原谅时,依旧以"海涵"一词表示他人胸襟之宽广。

今天，北京有个"海淀区"，这归结于元朝时期蒙人入关后对大片水域的称呼，因其未见过海，故以为这一片大水为海。如北京的中南海、什刹海、海淀等地名皆由此而来。

4. 毋→侮、毐、毒、碡

"毋"字是个分化字，在最初的时期"女""母""毋"同为一字，战国时期方分化而出，字形为"女、母"二者之合并，指女子没有成为母亲之前，禁止裸露胸部。故引申出无、没有、禁止的意思，读音与"无 wú"相同，意思相近。

随后，人们用"毋"又造了一些字，都与没有、禁止有关，书写上也时有与"母、每"混用的情况，如侮辱的"侮"字。

侮辱的"侮"字读音为"wǔ"，古体为单立人旁一个"母"或"毋"字，小篆时统一文字的书写，以正战国时期文字之乱象，定书写为"侮"。

"侮"字加单立人归类，本义为女子没成为母亲时，被他人辱没清白，玷污名誉——侮辱。

"毐"字读音为"ǎi"，字形为"士"字下面一个"毋"。"士"在典籍中常指未婚的

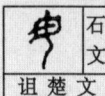

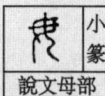

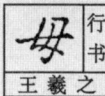

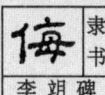

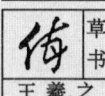

毋

毋 金文 兮田盘

申 石文 诅楚文

𠇍 小篆 說文母部

母 隶书 孔宙碑

母 行书 王羲之

侮

𠈃 小篆 說文人部

侮 隶书 李翊碑

侮 草书 王羲之

105

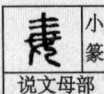

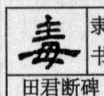

青年男子，为男子的美称，与"毋"组合，表男子未婚而涉猎或侮辱女子，指品行不端正也。

青年男子本是风华正茂时，却因品行不端而被放逐，难免令人惋惜，发出一声哀叹。

"毒"字读音为"dú"，一说为"中"与"毒"之合；一说为"生"与"毋"之合。

"中毒"可释为草之生性不正，青草本可食用，而此草却不能食用，必为生性不端正之草本——毒草。

"生毋"可释为此草生而禁用，乃是不能食用的草本——毒草。后泛指有害之物，进而引申为毒害、恶毒之意。

"碡"字读音为"zhóu"，专指一种石制田器，用以碾压田间土块和场上谷物的器具——碌碡（碌碡）。唐代《耒耜经》记载："碌碡觚棱而已，咸以木为之，坚而重者良。"所以碌碡多以石制，取石字旁。因其所到之处土石皆碎，秸秆皆裂，有恶毒之意，故取"毒"字表意。

又因其形与用皆如滚轴，故此也写作"碌轴"，所以读音与"轴"同音、义近。

五、身字家族

1. 身→射、麝、谢（謝）、榭

"身"字在今天我们主要指身体，但其原本指女子的身孕，所以在"女字家族"之列。

"身"字的金文正是一个人大着肚子的样子，中间一个圆圈里面一点，表示圆圆的肚子里面有个生命。小篆比金文更加形象，连孕妇挺着肚子、扶着腰、又开腿站立的姿态都画了出来。隶书依照小篆，书写为"身"，楷书依旧。

今天人们依旧以"有身子了"来委婉地道出女子怀孕。随后，用"身"所造的字有一部分用它表音表意，如射、殷等字；另一部分则以它归类表意，如躹躬、躺、躲、躯、躶等字。

"射"字就指射箭，甲骨文就刻画了"箭在弦上"之形，金文时加了表示手的"又"字，指手拉弓弦，随时可发。

小篆时字形变化加大，改"又"为"寸"，虽都表示手，但"寸"字有法度之意，进一步强调射箭要有分寸，不要盲目乱射以免伤人；其次变弓矢之形为"身"，除了二者字形确实相仿之外，也体现了射箭之人的姿态，又腿站立，挺胸抬头、展臂拉弓的样子，需协调全身，也正如"身"的样子。同时，"射"另有异体

身	金文 叔向敦
身	小篆 說文身部
身	隶书 衡方碑
身	行书 苏轼

射	甲骨 前32·3
射	金文 静敦
射	小篆 说文寸部
射寸	隶书 帝尧碑
射	行书 王羲之

字为"躲"。

射箭在中国有着久远的历史，在山西峙峪人文化遗址，曾经发现了一件距今两万八千年的石箭头，这表明当时人类已经在开始用石头磨制箭头，绑在木杆上作为当时射箭的用具。摩尔根在《古代社会》一书中，把弓箭的发明使用，作为由中级蒙昧社会向高级蒙昧社会开始过渡的一个重要标志。

《太平御览》记载，夏朝已经有了教授射箭的专职教员，同时还有了习射机构——"序"，夏之大学称"序"。在公元前1046年的周王朝，官学便要求学生掌握六种基本技能：礼、乐、射、御、书、数。

《周礼·保氏》："养国子以道，乃教之六艺：一曰五礼，二曰六乐，三曰五射，四曰五御，五曰六书，六曰九数。"

"麝"字配以鹿字头，指一种鹿，一种小兽，似鹿无角而有异香。这种异香就是麝所发出来的香气，人们称为麝香，可入药。

麝之名便源于其所散发的异香，其香浓重，具有异常的穿透力，似箭矢般射入人的鼻腔，故取"射"字表意，以"鹿"归类，造"麝"字。

麝香是雄麝分泌的淡黄色、油膏状的分泌液，存积于脐部香囊中的干燥物，可由中央小孔排出体外。中国古人很早就发现并学会使用麝香，它可以入药，也是一种极为高级的香料。

"谢"字读音为"xiè"，古音中"sh"与"x"音近似，今天划分为一个舌尖前音，一个舌尖后音，确实相似。

"谢"字以"射"表音表意，加言字旁与说话、言语有关。其本义为言语的直达，即所说言语十分真情，使对方感受到、接收到自己的真诚——感谢。多用于临别时，客人对主人表达感激、感谢之情，故有辞别之意。

"谢罪"一词中，以"谢"表示真诚之意，暗指希望对方可以接受自己的歉意，原谅自己犯下的罪过。

"凋谢"一词中的"谢"原本写作"榭"，表花之残，辞别也。因"讠"与"冫"的书写十分相似，汉字简化时便取常用之字"谢"统一替代。

"榭"字指一种木质建筑，建于高台之上，搭有楹柱而无围墙的房子，是用于讲军习武的场所，取六艺之"射"表意造字，所以其本义为"讲武堂"。

榭因多建于高台之上，以便人们观看讲习，后泛指高处的房子。《说文》释"榭，台有屋也"，如层台累榭高如楼，如临高山。

《水经注》："台榭高广，超出云间。"

2. 身→月、殳

"月"今天只做偏旁，不独立使用，是

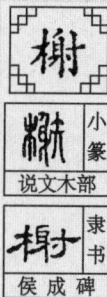

"身"字之反向，指反身欲藏，隐匿也。《说文》训为"归也"，读音为"yīn"，归隐、归顺之意。

"殷"字古释为"乐之盛大，内容充实"，引申殷实富足之意。

金文为一人反身（月）持"攴"或"殳"，表意为敲击钟、磬者皆反身背向，持木槌敲击演奏，表声音之意，读音为"yīn"。钟指编钟，磬指石磬，皆为古代大型乐器，曾侯乙编钟沉睡于地下 2400 多年后出土，重达 2567 公斤，由 65 个大小编钟组成一套，整齐地挂在木质钟架上，足见其作乐之盛况。

钟磬曾一度构筑起先秦时期金石之乐的辉煌，成为那时历朝历代统治阶级贵族身份地位的象征，彰显繁华富力。

"殷"字还被解说为"月"与"役"之省，表打了败仗之后，反身背隐之意。古代亦有很多贵族或忠良，在战乱或政治斗争中败北后，为保全家族而背井离乡，隐姓埋名。

商王朝也称殷商王朝，河南安阳为古殷地之所在，此处盛产龙骨，因龙骨有文而被考古重视，经考古发现此处有一古代废墟，为古代商王朝在此的王朝废墟，故称殷墟。并在此处揭开了一段传说中的历史——夏、商古国。

夏朝时，方国商之君主商汤率众方国于鸣条之战灭夏，后以"商"为国名，在亳（今商丘）建立商朝。随后，商朝国都频繁迁移，直至后

殷

金文
虢仲簋

小篆
說文殳部

隶书
白君神碑

行书
祝允明

裔商王盘庚迁殷（今安阳）后才稳定下来，在殷建都达273年，因此商朝又被后世称为"殷"或"殷商"。商朝经历了三个大的阶段，先商、早商、晚商，前后传世约500余年。末代君主帝辛于牧野之战被周武王击败后自焚而亡，至此商亡，周起。

　　郭沫若先生曾考证过一段历史，认为古商之人并不自称为殷。在商王朝被周朝灭国之后，商王后裔背井离乡逃出王城，此后不敢自称为商，而称自己为殷，为保全性命过着隐匿的生活，归顺于周朝之下。

第三节 老

汉字中关于"男、女"的造字讲完了，接下来是关于"老、少"的造字，其中"老"除了指老年人，也指年长者，这就是"长"字。

一、长字家族

1. 长（長）→张（張）、涨（漲）、胀（賬）、帐（帳）、账（賬）

"长"字有两个读音，分别是长度的"长 cháng"和生长的"长 zhǎng"。

甲骨文中的"长"便是一个人头顶长发飘飘的样子，强调头发的长，随后金文、石文亦如此。小篆时字形变化较大，字形受小篆时期"老"字的影响，加了"匕（止的略写）"，表示年长者之意。隶书时，整理笔画写作"長"，表长短、年长之意。

我们很多次提到，古人不剪须发，这不是古人不讲卫生，而是"孝"文化的一种，不损伤自己以免使父母担心。所以随着年龄的增长，头发便会越来越长，故泛指年长、成长之意。

繁体的"長"字，依旧可以看出长发飘飘的样子，下面部分隶书时隶变为"衣"字，指

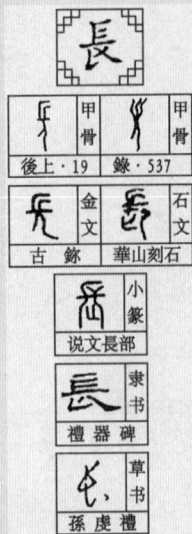

<table>
<tr><td>長</td><td></td></tr>
<tr><td>甲骨
後上·19</td><td>甲骨
鑠·537</td></tr>
<tr><td>金文
古 鉨</td><td>石文
華山刻石</td></tr>
<tr><td colspan="2">小篆
说文長部</td></tr>
<tr><td colspan="2">隶书
禮器碑</td></tr>
<tr><td colspan="2">草书
孫虔禮</td></tr>
</table>

一人穿有衣服，且古人着长衣也。汉字简化时，简化为"长"。

随后，用"长"所造的字，皆与生长、长度有关系。

汉字中一个字两个音、多个音的情况并不少见，我们称之为多音字。它是同一件事物的不同表现，意义相近相连，表达相互关联，使用起来又可相互提醒，读音、音调稍有变化以示区别。这种以融合为主的思想，体现在中国文化上就是阴阳相合的表达，即承认事物一分为二的现象，又继承万物一以贯之的古老智慧——融合。

"张"字是今天中国人的一个大姓——张姓，俗语为"弓长张"，以别于"立早章"。这种区别性也是汉字拼音化时不可逾越的鸿沟。汉字不仅仅是字形与读音，几千年来它所承载的内容，有着你我都不可忽视、也忽视不了的力量，这就是文化和文化的力量——文明。

"张"字之造"弓长"也，指制作弓箭的长者，即擅长制弓、射箭者。黄帝的第六个儿子叫作挥，据说此人臂力无穷，可举木挥之。在一次狩猎中，挥无意间以掰弯的树干弹射而击倒了猎物，突觉此举甚有意思，夜间时常思考，最终观天狼星而受到启发，继而制弓。

天狼星属于二十八星宿之井宿，中国古人将天狼星与今船尾座和大犬座结合，想象成横跨在南天的一把大弓，在这种组合下，箭头正

张

<table>
<tr><td>张</td><td></td></tr>
<tr><td>张</td><td>金文</td></tr>
<tr><td></td><td>古 鉨</td></tr>
<tr><td>张</td><td>小篆</td></tr>
<tr><td></td><td>说文弓部</td></tr>
<tr><td>张</td><td>隶书</td></tr>
<tr><td></td><td>曹全碑</td></tr>
<tr><td>张</td><td>草书</td></tr>
<tr><td></td><td>孙虔礼</td></tr>
</table>

对着天狼星。文献记载，天狼为全天最亮之星；弧矢九星，居天狼之东南，八星如弓弧，外一星如矢，故称弧矢。

挥制造出了弓，黄帝便让六子挥来专门负责制作弓箭，并由此设立官职为"张"——制弓之长。后来人们世袭官职为姓氏，称张氏。

张氏在晋国时期就有专门的张氏二十一个望族，最后在晋地太原地区成为二十六个名门望族，并由晋地走向四方各地成立家业、开办门市，谓之开张。今各行各业的开门经营，皆沿袭"开张"一词。

其实，由汉字所能引出的文化内容还很多，此处仅仅稍做提及，更多的文化内容与内涵还需人们平时多多了解。随后，方能融会贯通，领悟到文字与文化、与文明的联系，感叹汉字的魅力。

"涨"字配三点水，另有异体字写作"漲"，指水面不断扩大，似张弓般体积不断扩大之意，同时水面也不断上升，亦有长高之意。

"胀"字配肉月旁，指肉体的不断扩大，如肚子吃饱时变大的样子，肌肉充血时撑涨的样子。

"帐"字配巾字旁，指用巾布制作的长帷幔——帷帐、幔帐。且帐是一种由上而下的长

左侧图注：
涨
小篆 说文水部
隶书 张迁碑
草书 王羲之

胀
隶书 螯道人
行书 米芾

帐
小篆 說文巾部
隶书 張遷碑
草书 怀素

帷幔，张于床榻之上，似床帷长长、涨起之状。

"账"字配贝字旁，表示与钱财有关，指记录钱财使用的长卷——计簿也。且门店的开张、关张也遵从账目的开始与结束。

2. 长（镸）→套、髟

"长"字还有一个字形写作"镸"，今天不再单独使用，只作为造字的部件，表长的意思，如套、髟等字。

"套"字很明显，"大"字下面一个"长"，就指一种又大又长的绳具或罩子。套在牲口上的用于牵引车辆的就是牲口套、车套，套在手上的就是手套，套于被褥的就是被套，等等。

牲口套又长又大，套于牲口成为一体往往很难摆脱，如困在牢中，故引申出套牢之意。

牲口、车套、车辆三部分由套而组合在一起，成为一个整体，称为一套，侧重于套的功能性。后泛指多件组合在一起的整体为一套。

今流行"套路"一词，就指被蒙蔽了双眼，掉进别人的圈套，一步扣一步地走上设计好的陷阱之路。也以此形容人们明晓办事方法和规律，好似自己设计的规律一般，老套、老一套。

"髟"字还是长发的意思，不过加了表

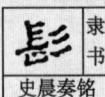

示光影的"彡"，是飘动的长发，读音为"biāo"。其所组成的字多表示长发的造型。如髦、髻、鬉、鬣、鬃、髯、鬈、鬒、髪等字，皆随其读音符号之列。

成长、长者的"长"字我们就介绍这些，接下来就是长者之后的老者，"老"字和其家族。

二、老字家族

1. 老→姥、佬

"老"字的甲骨文像一人垂发、持杖也，垂发之形指人年老气衰之相，持杖之形指人年老腿脚不便，合在一起表现年老之人的体貌。

金文时，字形似发长而无发髻，显凌乱之意，长杖之形"丨"与脚之形"止"相合，指明腿脚的不便，俗话说"人老先老腿"。小篆与金文相同，依旧表一年老者的样子。

隶书时隶变为"老"，且取长发之形为"耂"，称为老字头。"耂"字也有一定的文化内涵，字形为"土中一撇（丿——半人也）"，暗指年过半百，入土一半也，开始步入晚年。此时的汉字，除了继承原始的图形文字以外，也继承发扬了小篆以来的人文化，使汉字的文化意义更加丰富和完善。

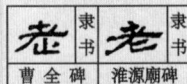

"姥"字加了个女字，指年老的女性——姥姥，如大观园里的刘姥姥。

"姥"字在小篆时字形与"姆"重文，指女子的母亲，隶书时方书写为"姥"，指女子的老母，以便与"姆"隶变为"姆"字后有所区别，同时也泛指年老的女人。

在北方的称呼上，小孩一般称呼母亲的妈妈为姥姥，即外婆；称呼母亲的爸爸为姥爷，即外公。

福建省东北部的福鼎市有一座太姥（mǔ）山，现为国家地质公园。相传尧时老母种蓝草于山中，逢道士而羽化仙去，故名"太母"，后又改称"太姥"。此乃汉武帝时期，命东方朔校天下名山，改"母"为"姥"。

"佬"字指一人有老年之貌，年少者老气横生，有轻蔑、嫌弃之意。如口语中的乡下佬、阔佬等词。

但今天，"佬"字成为我国少数民族仡佬族和仫佬族的专用字，用以替代"狫"字，以改古时中原贵族对边域少数民族的歧视。

耄耋、耆，我们也在这里一起介绍，因都是指老年之人。

"耄耋"指年纪很大、八九十岁之人。"耄"字指年纪很老之人，发尤长也。《左传·隐公四年》："老夫耄矣，无能为也。""耋"字亦指年纪很老之人，腿脚不便易跌倒也，"至"

117

便是一只头朝下的箭——"矢"字。二字合为"耆耋"，专指年老，尤指高龄者。

"耆"读音为"qí"，"老"字下面为"旨zhǐ"字之省。《礼记·曲礼》曰："六十曰耆。"即年纪六十以上的老者。"旨"表甘美之意，此处与"老"字合并，指年老高寿为人所好、乐也。后引申为嗜好，指人们所喜好、追求之意，读音为"shì(sh舌尖前音、q舌尖后音，音相近)"。

"蓍"指蓍草，古人多取其杆用于卜卦演算之用，卜卦之人多为年老者。

蓍草是一种蒿草，喜温暖、湿润、水源良好之地，常伴有灵龟活动，于是古人视其为灵草，用于卜卦算筹。

2. 孝→教、酵、哮

"孝"的古文字上面是"老"字，下面一个"子"字，一老一少组成这个字。古人造"孝"字是双向的，既有老者对幼者的爱护，又有幼者对老者的照顾，是一种相互的关系，而不是单一的付出。

今天，人们窄化"孝"的理解，只要求孩子们对长辈的照料与服从，而忘却长辈对晚辈的关爱与指引。这种单方面的"孝"，很难有所成效，反而成了一种精神上的桎梏，使人们对古老文化产生了质疑。所以我们有必要重新来认识一次"孝"字的双向性，来真正懂得中

118

国文化的"孝",以及中国教育之"教"。

"教"字主要指教育,今天我们的教育都是教知识,各种科学知识、文化知识,而中国古老的教育则是教"做人",以孝为先。《弟子规》写道,行有余力则以学文,指人们身体力行于孝道外,还有精力便可以学习文化,提高自我。所以,古人的教育比我们今天的教育更具内涵与文化。文化知识、科学技术都是为了更好地做人,使自己更有能力以成"仁"者。

《孝经》是中国古代儒家的伦理著作,儒家十三经之一,传为孔子所作,成书于秦汉之际。全书以孝为中心——"夫孝,天之经也,地之义也,人之行也",指出孝是诸德之本,认为"人之行,莫大于孝",国君可以用孝治理国家,臣民能够用孝立身理家。

天子之"孝"要求"爱敬尽于其事亲,而德教加于百姓,刑于四海";

诸侯之"孝"要求"在上不骄,高而不危,制节谨度,满而不溢";

卿大夫之"孝"要求"非法不言,非道不行,口无择言,身无择行";

士阶层的"孝"要求"忠顺事上,保禄位,守祭祀";

庶人之"孝"要求"用天之道,分地之利,谨身节用,以养父母"。

体现了"孝"上下通达之意,而非只有"下"之意。

酵

酵 隶书
蛰道人

"酵"字读音为"jiào"，方言也念"xiào"音，指酒母、酒曲，酿酒所用，俗称酵子。

酒母由小麦、大豆、麸皮等混合物制成，含有大量活微生物和酶类，面团状。酿酒时混入麦子中用于引发真菌和酶的分解作用，伴有温度的升高。故此以"酉"做旁，表示归类属性。字形中的"孝"，取长幼授受之意，即酵子的引发作用，和引发后麦、面的更新变化。

北方面食就要用到酵子发面，使面食的口感更加松软。

哮

嘐 小篆
说文口部

哮 隶书
武荣碑

"哮"字指急促地喘气，以"孝"表音，且多为老年人因呼吸道肌肉松弛而引发的呼吸急促的现象。后也引申指人们或野兽受到惊吓时，急促地喘气。

"喘"字指呼吸的气流直进直出，没有任何舒缓的机会，详见《双法字理·植物》。

"哮喘"二字常连用成一词，表急促地呼吸，今也指一种呼吸道疾病，分为遗传因素导致的先天哮喘，和受环境、精神因素诱发的后天哮喘。

3. 考→拷、铐、烤

"考"字也是表示老，从文字学的角度出发，二者相通，只是表现手法不同。甲骨文中"考"为一老者持杖的样子，金文与甲骨文相同，字形标准化了一些，手杖的样子更加清晰。

小篆时手杖的样子书写为弯曲的"丂"，表音表意，拐杖也，且暗指年老之人气息不畅之意，抑或是"朽"字的省略，老朽也。

还有一种常见的说法，认为"老"字最初指女性（母系社会），后泛指老年人，而"考"字最初指男性。古代碑文上常出现"考""妣"二字，如"显考""显妣""先考""先妣"等，是古人对已亡父母的称呼。二字本也用以称在世的父母，《尔雅·释亲》："父曰考，母曰妣。"后因多出现在碑文上，便惯用为父死后称"考"，母死后称"妣"了。"如丧考妣"就指好像死了父母那样悲痛，形容非常伤心和着急。

最初的人类社会群体为母系社会，公有制集群，但随着男性对生产资料获取越来越多，逐渐进入到父系社会，于是生产资料需要一定的继承性，即最初的父系继承。在众多的人群中，谁有资格继承，和继承多少那就要出示你的父系关系，即需要证明已故之人是否与你是父系关系，也就是拿出"考"的证据，这就是最初的考证。今天的考古，便是寻求古代文明与我们今日文明的一种继承关系。

"拷"字本义就指拷打，拷打的目的自然是证明、印证某种判断。

"铐"字指一种刑具镣铐，由金属打造，戴在犯人手上、脚上、脖子上，以便押解拷打。

121

　　"烤"字是一个后起字，是齐白石先生在
20世纪30年代应北京一家"清真烤肉苑"之
请的题字，并在这五个字和署名之间夹注了一
行小字云："诸书无烤字，应人所请，自我作
古。"于是"烤"字留于世间。

　　其实，"烤"在民间口头语中已有百年说
法，也许取靠近火边烧肉、灼肉之意，但取何
字书写没有考究。白石老人取形声造字法，造
了这个"烤"字，得到了广泛的认可和应用，
后被收录在各种字典当中。

第四节 少

一、子字家族

1. 子→籽、仔、字、孖、季、李

　　"子"字的甲骨文与今天的字形差异很大，主要是头部的书写变化，古文字强调刻画了孩子的囟门，下面一个爬行的幼小人形"儿"。金文重整字形似"♀"，依旧是一个大头宝宝的样子，小篆与金文相同，头、手臂、身体和足于襁褓之中的样子。隶书时，笔画的书写不再有圆弧形，于是书写隶变为"子"，指婴儿、小儿的意思。

　　孩子天真无邪，所以古人也常用"子"形容品质高洁、纯真之人，如老子、孔子、庄子、墨子等人，并代表春秋、战国、秦汉时期各种学术派别，世称诸子百家。

　　用"子"再造的字仍旧分为两类，表音表意与归类表意两种。比如说孤儿的"孤"，由"瓜"字做声音符号，"子"字归类表意与人有关；孩子的"孩"也是如此，归"亥字家族"，等等。

　　然后，由"子"字直接做声音并表示意义的才是"子字家族"，我们逐一介绍。

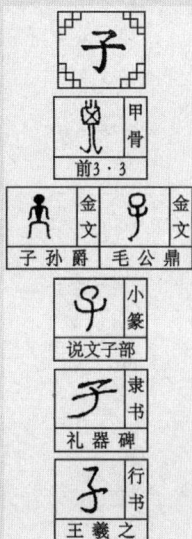

"籽"字加个米字旁，表示谷子、高粱的籽儿，是植物成熟后结下的种子，用于生长繁殖，就像人们生下的孩子一样。人们把植物的种子去谷剥壳后称为米，所以加米字旁，专表植物的种子——籽儿。

籽儿除了是植物种子，也是植物的果实，如坚果类，所以也有籽实之称。

"仔"字配了单立人，再取"子"字纯真之意，表示一个人做事纯净细心，有认真之意——仔细。

此外，"仔"还变音为"zǎi"，读音受"崽"字的影响，专指年少、年轻的人，还有着孩子般的童真和稚嫩的皮肤。

"崽"字的小篆中可以看出，"山田"原本为"囟"，即"子"的古文字，"心"为"北（乖省）儿"的合并书写，所以其本义指调皮捣乱的小孩。读音受"乖guāi"字的影响，变音为"zǎi"。

"字"我们天天写，天天见，宝盖头"宀"表房子，下面是个"子"表孩子，其金文也似大写的"人"字下面一个"子"，所以本义为"人生子"，后扩展为人在房中生子，有诞生之意。

"文字"一词中，借"字"为文所衍生、繁衍而来，越生越多才称为文字。

最初人们称书写为文，"书同文"是秦始皇统一六国后颁布的法令。那么汉字中的

仔

仔 小篆 說文人部

仔 隶书 尹宙碑

仔 草书 王铎

字

字 金文 仆兒鐘

字 小篆 说文子部

字 隶书 景北海碑

字 草书 王羲之

"文"有多少呢？"双法字理"中大体规划为99对文，约300个，那么字有多少呢？汉代《说文解字》收字9353个，另有"重文（异体字）"1163个，共10516字。而今天的汉字则大约12万字左右，可见数千年来"文"所衍生、繁衍的"字"，真的是不少啊！

孜孜不倦的"孜"，反文旁"攵（攴）"表示手拿着小棍，指教导孩子之意，叠词连用表时时刻刻的教导，不曾倦怠以求其才——孜孜不倦、孜孜以求。

"子"除了表示小子，也还表示有成就的人，小子需要长者的督导，那么成年人则需要自勉、自律，正所谓君子独善其身。

所以"孜"既有他人勤勤劝勉之意，又有自己勤勤勉励之意，后引申为时时勤勉之意。

"季"字上面是个"禾"字，自然跟庄稼有关，指庄稼结籽儿之时，为季节。又因籽实幼小，故此又引申有幼小、稚嫩之意。

最初古人只有两个季节，春季和秋季，春天种下种子，秋天结果再收获种子，待到下一个春天再播种，此为一年即一个春秋。所以中国历史就叫春秋，多少个春秋就是多少年，如编年体史书《春秋》《吕氏春秋》等。后来发现两季与半年计算时长度一样，于是把两季又分一下，变成四季，每季三个月，便于记录年时。于是有了夏季与冬季，和之前的春季、秋

孜
小篆
说文攴部

孜
隶书
刘熊碑

孜
草书
孙虔礼

季

甲骨
前40·5

金文
季良父盉

小篆
说文子部

季
隶书
孔龢碑

季
草书
颜真卿

125

季平分。

"李"字上面是个"木"字，指一种果木，其所结果实众多，为木中多子者，其果实便是李子。李子除了是一种可口的水果外，还具有补中益气、养阴生津、润肠通便的功效，但也不可多吃。药王孙思邈对李子的评价为"不可多食，令人虚"。

"李"还是今天中国的一个姓氏，古时同"理"，百家姓第一句"赵钱孙李"，可见其为一大姓。

老子叫李耳，是有文字可考的李姓第一人，被尊为李姓始祖，然在此之前只有"理"姓。"理"最初是官职名称，理官是刑法制定和监督司法公正的最高长官，后沿袭为姓，是"李"姓最早的根源。

远古时期，有一个人名叫"皋陶"，其养有一兽名"獬豸"，可辨是非曲直，被尧帝聘为大理，即尧舜时期的理管，后世沿袭官职并以"理"为姓直至商代。第六世孙理利贞在商朝末期做理官，因其公正刚毅而得罪商之纣王，便举家逃亡，隐姓埋名。此后，宗族皆改用"李"字为姓。

"行李"一词指出行时整理的东西，本为"行理"，受历史事件的影响，被书写为"行李"，后世沿用便不再更改了。

"李"字还有很多文化形式，如我们常说的"桃李满天下"，出于《资治通鉴·唐纪·武

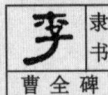

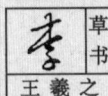

后久视元年》中的"天下桃李，悉在公门矣"，指所培养的后辈、门生众多之意，亦取桃、李美味多子之意。此外，桃花、李花也很美丽，《诗·召南·何彼襛矣》作"何彼襛矣，华如桃李。"于是后人也曾以"桃李"形容貌美。

李树开白花，优雅而美丽，于是有一人名李白，字太白。此人气质非凡，集风雅浪漫、豪情侠义于一身，更是一身文采遮天华，是唐代伟大的浪漫主义诗人，被后人誉为"诗仙"。

2. 子→学（學）、觉（覺）、搅（攪）

"学"字繁体为"學"，上面部分为两只手呈举状（臼）捧着一些数筹（爻），中间一个表示房子的符号（冖），下面一个"子"，合在一起表示一个小孩子在房里举着双手摆弄数筹，即学习数数——六爻数术。

小孩子还在懵懂时期，大人们便带着孩子做简单的游戏——数数，即数筹算爻，所以"学"字古音也读"xiáo"，以"爻 yáo"表音，今北方方言中还有此音。

汉字简化时，将"學"简化为"学"，因其十分常用，且意义深远，于是将其定为字形部首的代表，称为"学字头"。《双法字理》以此为契机，将"学"归入"子字家族"，并以"学"为字首引出一个小家族。

"學"字从其古文字字形和读音上本应归于"爻字家族"，但因其简化后的字形"学"

127

与"字"近似，且意义连贯很强，故放在此处，归于"子字家族"。

"觉"字繁体为"覺"，也有两个读音分别是"jué"——觉悟、觉醒，"jiào"——睡觉。字形上面部分是"学"字之省，下面一个"见"字，表示学习、学会之后，你就好像能看得更远，看见不一样的东西，有了新的感悟，如大梦方醒，这就是觉悟、觉醒。

觉悟、觉醒之前，人还处于学习的过程，尚未悟出道理，如在云梦之中，故引申为睡梦之意，即睡觉。

"搅"字加个提手旁，表示一人正在悟道，中途却被闯入者打乱了思绪，干扰了学习，这就是搅乱、打搅的意思。

3. 子→孖、孨、孱、潺、子子

"孖"字表示两个孩子，即双生、成对之意，读音为"zī"。

"孨"字读音为"zhuǎn"，由三个"子"组成，表一胎三子，其子必弱，固有弱小之意。后引申为柔弱、怯弱、懦弱之意。后加"尸"表示女子一生三子时的疲惫与虚弱，书写为"孱"，读音为"chán"。

"潺"字加水字旁，指细微、平缓的水流声。如魏明帝在《步出夏门行》中所写"弱水潺潺"。

"孑孓"二字读音为"jié-jué"，指蚊子的幼虫，是蚊子在水中的孵化阶段，相对头部或腹部而言，身体细长。其游动时身体一屈一伸，扭来扭去像小孩子撒娇一般，两个胳膊一起左、一起右相顺而甩。

古释"孑"字为"子"无右臂，引申为单、独之意。汉朝张衡的《思玄赋》中写道："何孤行之茕茕兮，孑不群而介立。"后来晋朝李密《陈情表》中的"茕茕孑立，形影相吊"，都是这个意思。

古释"孓"字为"子"无左臂，引申为短、缺之意。

4. 了→亟、极（極）

"了"字比"子"字少一笔，读音为"le"，也读"liǎo"，是小孩子包于襁褓之中的样子，手臂也包在里面不能乱动——勒住，这就是"了"字。于是，又引申有束、结的意思——了结。

一件事了结了，自然就明白了，故此又引申出明白、明晰的意思，如"了然于心""一目了然"等。汉字简化时，用同音替代法替代了原本书写烦琐的"瞭"字，简化类推后便有

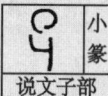

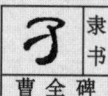

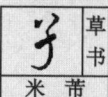

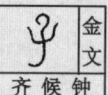

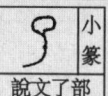

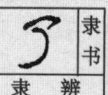

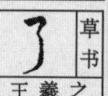

了今天简化的"辽、疗"等字，后又恢复"瞭"字于"瞭望"一词中。（详见《双法字理·天文·火字家族》）

"亟"字读音为"jí"，其甲骨文为一人在天地间的样子，即一人顶天立地的样子，表示身材之高，天空触手可及也，表极限之意。后在金文中又加了口和手（又），或口和支，指语言能力和行动力的极限发展，即全能，小篆时写作"亟"。

如果一件事要做到极致，那就需要不断地重复练习，于是又引申出多次、屡次的意思，此时读音为"qì"。

《左传·隐公元年》云："（姜氏）爱共叔段，欲立之。亟请于武公，公弗许。"

"極"字加了木字旁，指房屋正中最高、最大的一根房梁，即最高的一根大梁。今天还有个简化字写作"极"。

"极"字古已有之，指放在驴、马、骡背上的木制托架，用于负载，为人力所不及之用，即超过人力背负限度——极限后，而改由牲畜负载的托架。

人力所及之负载为笈，"笈"字为竹字头表示用竹条编制，是古代学士所背负的书箱，自己背着书箱便是负笈、自负。自负一词后引申为自己对自己的过高评价，成为一个贬义词。

汉字简化时，人们以"极"同音替代了书

写繁杂的"極",表极限之意。

5. 了→承、丞、拯、烝、蒸、函（凾）、涵（涵）

"承"字甲骨文为"人下双手",像双手托起一人之形,表双手受重之意——承受。

金文时书写与甲骨文同,小篆改双手为三手,表托重物而举（舉）起之意,隶书时字形隶变,双手分"又又"在"人"左右,其下一"手"与"人"连笔,书写为"承",字义不变,表承重、承担、承受之意。

"丞"字在今天字形与"承"字相似,但其古文字却正好颠倒,如其甲骨文为"人上双手",且字形下面有一"凵（古文坎）"字,像一人被拉出陷阱之形,表出手相救、相助之意。

石文、小篆时字形下部写为"山",乃是古"人"字与"凵"字的连笔,亦可表山中陷阱、地陷,隶书时将其书写为一横"一"表示,字形为"丞"。

"丞"字本义为出手相助、相救,于是也引申为辅助之意,如丞相之名。

丞相是中国古代官名,三国以后一般指皇帝之下的最高行政官,辅佐皇帝总理百政的官员之长。在先秦时期有相、相邦等之名,取"相"字看木之生长变化以决定取用之意,相邦、相国便是看城邦、国家之变，以决断政策，后成为辅助皇帝管理国家的高级官员之名。丞相便是辅助相国的大臣，即相国的副手，在秦国便增设有左右丞相作为相邦的副手，后世沿用设左右丞相，至明朝初年朱元璋时（大约1600年间）废丞相之名与职务。

"拯"字加了提手旁（扌），便是当"丞"字表丞相之名、辅助之意后，另造以专表出手救助之意——拯救。

"烝"字甲骨文为"双手持豆"之形，豆器之中有一个"禾"字，金文时改"禾"为"米"，表盛饭高举，进献之意，特指冬天的祭祀，取十月初稻煮饭以祭祀。

小篆时为了避免与"丞"字混淆，另加火字底表蒸煮饭食之意，隶书时写作"烝"。

"蒸"字加了草字头（艹），草字头指蒸煮饭食时盖在容器上的盖子，多为草竹编制，故以草字头表示，小篆时另造此字便是为了区分"烝"字表示祭祀之用后的蒸煮之意。

"蒸汽"便是蒸煮饭食之时所产生的水气，也称水蒸气。

"函"字指古代的箭囊，甲骨文为一个"袋中一矢"，即用来装弓箭的皮袋子，还在袋子上画了一个便于携带的挂钩或挂环，读音为

左侧栏：

拯
拼（小篆）／ 檽（小篆）
六书统 ／ 篆典手部
拯（隶书）
耿勋碑
拯（行书）
王羲之

烝
（甲骨）前20·4
（金文）太师虘豆
（小篆）说文火部
烝（隶书）蒋君碑
烝（行书）苏轼

蒸
（小篆）說文艸部
蒸（隶书）校官碑

"hán"，表含有之意。后泛指装物品的袋子或盒子，如石函、剑函、公函。

　　金文与甲骨文大同小异，仅仅是袋中的箭颠倒书写为"至"，更符合箭囊中箭矢的样子。小篆随金文书写作"圅"，隶书时隶变为"函"，今另有异体字为"凾"。

　　"涵"字加三点水，指水流汇集之地，似将众水收入囊中，即水涵、涵潭，亦有包含、包容之意，后又引申有储蓄、蓄养之意，如包涵、涵养等词。

　　"海涵"便是指容纳海水的大涵潭，后用以形容一个人胸襟之豁达、包容之宽广、修养之深厚。

6. 孚→俘、孵、乳、浮、桴、莩

　　"孚"字归于"子字家族"，其实与之相似的"采"我们则归在动物部分的"爪字家族"，二者确实造字相似，但根据其侧重的不同而又有所区别。"采"除了指人们采摘果实，还有动物的采集，如鸟类采集树叶、细枝做鸟窝。而"孚"则是侧重一人被他人所擒获，"子"在这里表示一人被抓住头发，耷拉着双手被捕获的样子。

　　"孚"字的金文字形十分清楚，上面是只手（爪），下面是个"子"，小篆、隶书皆如此，本义为抓住、掳掠一人，即最初的"俘"

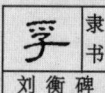

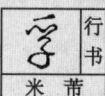

<table>
<tr><td colspan="2" align="center">俘</td></tr>
<tr><td>甲骨
甲·2048</td><td>甲骨
粹·393</td></tr>
<tr><td>金文
师寰敦</td><td>金文
季子白盘</td></tr>
<tr><td colspan="2">小篆
说文人部</td></tr>
<tr><td colspan="2">隶书
隶辨</td></tr>
</table>

<table>
<tr><td colspan="2" align="center">乳</td></tr>
<tr><td colspan="2">甲骨
徵38·1</td></tr>
<tr><td colspan="2">金文
史頵父鼎</td></tr>
<tr><td colspan="2">小篆
说文乙部</td></tr>
<tr><td colspan="2">隶书
张公神碑</td></tr>
<tr><td colspan="2">草书
王羲之</td></tr>
</table>

<table>
<tr><td colspan="2" align="center">浮</td></tr>
<tr><td colspan="2">金文
古鉨</td></tr>
<tr><td colspan="2">小篆
说文水部</td></tr>
<tr><td colspan="2">隶书
衡方碑</td></tr>
</table>

字——俘虏。还有一说为"鸟之孵化",即鸟爪之下孵化卵蛋而出幼子。

于是,古人为了区别字义,便加单立人为"俘",表示与人有关的俘虏;又加卵字边为"孵",表鸟类的孵化。

"乳"字的甲骨文十分形象,一个跪坐的母亲,怀中抱着一个孩子在哺乳。金文字形像"泉"字,侧重表现母亲的乳房,并画出了流下的乳汁,表示滋养孩子的源泉。

小篆时沿用甲骨文的字形,以便与古"泉"字区分开,笔画"乚"表示哺乳时跪坐弯曲的身体。今天,"乳"字依旧既可以表示动词,又可以表示名词。

漂浮的"浮"也用"孚"字表音表意,是取人们在水中露出头来,好似头被抓出水面的样子。如船舶在水面上漂流,也称为漂浮,后与漂泊、漂流一同引申指游子的流浪。如鲁迅在《书信集·致母亲》中写道:"男为生活计,只能漂浮在外。"

随后,"浮"字因其表浮于水面之意,又引申有轻、飘之意,即轻浮也。《黄帝四经·行守》曰:"气者,心之浮也。"

"桴"字不常用,指一种可以浮在水面的小木筏,为"浮"字之省加木字旁。

《论语·公冶长》中,子曰:"道不行,

乘桴浮于海。"直译为主张行不通了，就坐木排到海上去漂流，即孔子周游列国以寻找合适的机会与国家，也可以理解为这个思路行不通了，就换一个方法。

"桴"字后来还指房屋的次梁，在大梁之下，借意桥梁之下、水面之上。于是另有"艀"字专表木筏、小船之意。

7. 孚→妥、馁（餒）、绥

"妥"字读音为"tuǒ"，甲骨文、金文将下面部分改"子"为"女"，表跪坐之形，上面一手表捉拿、安抚之意，即将抓来的女子安抚下来，使其安定、稳定以作奴婢服侍左右，故有稳妥、安妥之意。小篆、隶书依照金文，妥妥当当用到现在没有变化。

"妥"后来又加个提手旁（扌），写作"捼"，表女子的反抗柔弱无力，读音为"ruó"，与"弱ruò"相同略有变调，有软弱之意。这种反抗除了体力上的柔弱，也体现了心智上的稚嫩，以求安稳为主，而非独立之意。所以"妥"字还有一个"něi"音，与"嫩nèn"读音相近，意义相连，有柔嫩、不成熟之意。

"馁"字读音为"něi"，加了食字旁（食简化为饣），表示与饭食有关，指如奴隶、奴婢般吃不饱饭食，即饥饿之意。

135

古时奴隶、奴婢地位十分低下，且多为掳掠而来。奴隶主为了使其听话和降低危险性，往往使其处在饥饿的边缘，以便能听从奴隶主的使唤，并以此来换取食物。奴隶们为了生存不得不忍气吞声、委曲求全，这就是气馁。

如今的年代，奴隶制度早已不复存在，饭食的温饱问题也已经不再是主要问题了，但"馁"字依然无处不在。国际市场上的粮食风云，依旧影响着一个国家的命运。其次石油作为机械的粮食，也已成为各国相互维持、彼此制约的政治工具。同时，芯片作为科技的核心，也正在成为一种新的国际化"饮食"，用于扼制他国的咽喉。只有我们自己抓稳了这些"粮食"，掌握了它们的生产，才能让自己在国际大家庭中不会受制于人，稳妥地生存。

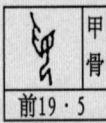

"绥"字加绞丝旁（糸简化为纟），指古代车辆上用于手抓的绳索，使身体稳定、稳妥。古人上车时，一脚踩踏板，一手抓吊绳，方便上车以免摔倒；坐车时也可抓住吊绳随车而行，调整重心以免晃动摔倒，读音受"随"字的影响，变音为"suí"。今天的各种车辆也有类似这样的把手，以公交车的吊把最为常见。

"绥"字因指车辆上用于抓扶使身体稳定的绳把，于是引申指安稳、稳妥的意思。如"绥靖"一词，便是指以安抚的手段使局势安定，又称为姑息主义。

绥远是个地名，远在北方。在今天中华人

绥

甲骨
前19·5

金文
曾伯霖簠

民共和国内蒙古自治区中部，在清朝为归绥道，属山西省。早在清康熙中叶，清朝虽确立了在中原内地的统治，但边疆形势仍然十分严峻。康熙十七年，朝廷发动了平定噶尔部的战争，其间山西归化城具有很高的战略地位，是中国北方的经济重心，便在此筑城屯兵以安抚边域，命名为归绥道。（"道"作为一种行政区划在汉朝开始出现，起初跟县同级别，专门使用于少数民族聚居的偏远地区。到了隋唐时代，出兵征战经常以方位路向加以命名，为"某某道"。）后因战略需求，城市发展不断扩大成为绥远省，省会归绥（今呼和浩特市）。

8. 子→育、㐬、毓

"育"字，今天看似乎跟"子"没什么关系，但它的甲骨文很明显地刻画了一个"人"与一个"子"的关系——人后一子，且"子"字颠倒呈"ㄊ"形，书写为"ㄊ"，表示一个人生孩子时，孩子是头朝下先生出头来。金文时改为"女"字下面一个"㐬"，表示女子生孩子的情景，好似孩子是从母亲体内流出来的一般，并伴随着羊水，字形为"毓"，表母亲产子之意，引申为幸福、美好。

后来，"毓"又引申出孕育、教育之意，于是在小篆时分为二字，一表产子为"毓"，一表孕育、教育为"育"。

"育"字加肉月旁归类，表示与肉体有关，

育	
	甲骨 前30·1
	金文 吕仲仆彝
	小篆 说文肉部
	隶书 白神君碑

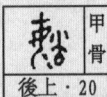

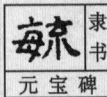

孕而生养之意。一个孩子的生长除了肉体的生长，精神、思想的教养也是十分必要的，所以又有"教育"之意。

"育、充、流"三字上面部分很像今天的"云"字，其书写为"云"，是"子"字的颠倒书写，读音为"tū"，此处特指孩子出生时的样子，头朝下突出的样子。

孩子正常出生的情况下，都是头先出来，当然也有特殊的情况，如逆生、寤生等。"郑伯克段于鄢"的故事中，郑庄公就是难产倒生而出，吓坏了母亲武姜，所以其母不喜爱庄公，而独爱公子段。最后因溺爱无度而导致了段的谋逆，致使兄弟相残，公子段死于鄢。

除了人出生时头先出来，古人发现很多动物也是如此，最典型的就是鸟类。鸟类是蛋生，破壳必须用喙啄破蛋才可露出头来。于是世界上第一个拼音文字出现了——A、α，希腊文与拉丁文皆如此。西方人取鸟类破壳而出的第一时间表"第一"的概念，画鸟嘴为"A"，字母表第一个字母为"A"。这与中国人取种子破壳而出的第一时间表"第一"的概念有异曲同工之处，画种子破壳而出的样子为"甲"，是天干第一。二者皆为象形而出，所以《双法字理·理部》中曾说过，西方文字的起源也是象形文字，只是后期的发展因历史的原因中断了，成为单纯的读音文字而不再承载意义。

甲骨
後上·20

金文
吕中侯彝

小篆
说文母部

隶书
元宝碑

138

9. 充→统、铳、弃

"充"字为"𠫓"字下面一个"儿"字，（儿，人形异体也，《说文》释"古今奇字，人也"），此处表示胎儿足月以成人形，另指孕妇怀胎足月，人体异形腿不能并也。

小篆字形便写作"充"，指怀胎足月之时，腹部被羊水和胎儿填满，羊水随时可破而冲之欲出，有强烈的充实感，故引申有填充、充实之意。

"统"字读音为"tǒng"，用绞丝旁（糸—纟）归类，用"充"字做读音符号兼表意义，指古人编绳子时，将三根或多根绳子拧在一起成为一根，为统一。

古代最初结丝而用，总持谓之纲，是古代生活中常见的一种劳动。

此外还有一个"纪"字，众丝合而束之，与"统"相较，众丝散持相互间没有拧结之力。"统"则因拧结之力，而相互缠绕充斥其间，总在一起没有空隙，所以用"充"字表音表意。

"铳"原本指"斧穿"，是用来将斧头绑在斧柄上的孔。早期的青铜武器都有"穿"以便捆绑在长杆上，即像拧绳子一样，通过穿将斧、戈、刀、戊绑在长杆上进行固定。

随着武器的发展和冶金术的提高，穿绳绑斧、绑戈便不再使用。"铳"便另指一种铁器——火铳、铁铳，是我国早期的一种火药武器。将火药、铁珠填充到铁制圆筒中，筒上有导火索用于引火，火药燃烧并发出"chòng"的一声，激发铁珠射出，以此打击敌人。

明朝时期，火铳的使用已经相当成熟了，甚至发明了三眼火铳，可用于连续发射。后来，火炮的使用，更让明王朝有了强大的军事保障。

"弃"字繁体为"棄"，上面是一个"士"，中间一个"世"字是"其"的古文字，表示簸箕，下面"木"是表示双手的"廾"与表示长杆的"丨"合并书写，其本义为手持长柄簸箕将逆子抛出、扔掉的意思，即抛弃、扔弃。

于是，"弃"字由"其"做读音符号，兼表意义，读音为"qì"。今天简化后的字形与"充"接近，故归类于此。

10. 充→流、鎏、琉、硫、疏、蔬、梳

"充"字读音为"liú"，为"士"字下面一个"水"字，此处的水指羊水，合在一起表示女子生产时伴随胎儿流出的羊水。

羊水是胎儿在母体内的生长环境，一旦孕妇羊水破水，就要抓紧进行生产，以确保胎儿的安全。如果未能及时采取措施，胎儿会有生命危险，因此而导致的不良后果被称为流产，即因羊水流失而导致的生产失败。

弃
甲骨
後下·21

金文
散盘

小篆
说文弃部

隶书
老子铭

草书
王羲之

"流"字则专指流水——水流下行，加水字旁归类表意。其古文字为"㳇"中一"㐬"，专表流水，小篆时书写为"流"，沿用至今。

"鎏"字下面加了一个"金"字，表示与金属有关，指在青铜器表面用金水流过一遍，形成一层镀金表面，使其流光溢彩——鎏金。

鎏金术是中国古代匠人的一次工艺开发，最初源于道家炼丹中的发现，这种金属工艺技术早在春秋时期就已出现。古人将金和水银合成金汞剂，再将金水流过青铜器表面，使其均匀覆盖，然后加热使水银蒸发，金就附着在器面而不脱。

金汞剂镀金法近代称之为"火镀金"，是一种镀金工艺。

琉璃的"琉"虽配有玉石旁，但并不是玉石，而是古人冶炼青铜时从矿石中分离出来的副产品。

琉璃在高温下从矿石中分离流出来时，因其含有不同程度的金属含量，于是在冷却后呈现出不同的颜色，古人称为"五色石"。其色彩流云漓彩；其品质晶莹剔透、光彩夺目，深得古人喜爱，于是配以玉石做旁，造了"琉璃"二字。

硫黄的"硫"则确确实实配了石字旁，是一种带有黄色的结晶体矿石。这种矿石多为火山口流出的矿液结晶而成，且加热后便成流质，故从"流"省。

硫黄可入药，采挖后，加热熔化，除去杂质作为一味中药，表药名。

"疏"字左边为"疋"即"足"字，右边为"流"字之省，表示行走如流水般通畅、久远，走去远方，有通、远之意，如疏通、疏远。

"蔬"字很常用，加草字头（艹）指草本类——蔬菜。"蔬"字下面是个"疏"，指疏散、疏开的意思，本义为人们自己种植的菜。

人们所种的菜要疏密有致，尤其是挂果之时更要合理疏果，以便果实有足够的营养可以长得更大。如此需要人工行走其间进行疏密处理的菜，才是蔬，与采摘的野菜合称蔬菜。

简言之，菜指野外采摘的野菜，蔬指家中种植的青菜。

"梳"字指用木头制作的用于疏通头发的器物，如木梳子。

梳子的梳齿较稀疏，相较之下，另一种古人用于梳发的器物——"篦"，其齿较紧密。古人做了篦子来刮掉头发上的污垢，如虱子、皮屑、油腻等，起到清理的作用。梳子和篦子，二者虽都用于整理头发，但功能并不一样。

如今，篦子已经很少使用了，它随着时代进步而退出了历史的舞台，"篦"字也就逐渐淡出人们的视线。

11. 育→彻（徹）、撤、澈

"彻"字是今天的简化字，繁体为"徹"，甲骨文与今天的字形差异很大，但表意却很清楚。一个表示锅的"鬲"字旁边有一只手（又），表示饭食过后人们来收走食器，即撤走、撤下之意。金文时左边加了表示行走的"彳"指拿走、撤走；右边改"又"为"攴"，表手持器物清理残渣，并加"入"字表外来之力；中间部分给鬲加上了盖子，表示吃完之意，鬲变形书写为"育"。

小篆时书写为"徹"，字形中的"厶"为"盖"字，即繁体"蓋"字的省略。其本义为吃完饭食后撤去食器，清理底盘使桌案干净的意思，故引申有彻底的意思。

"徹"的字形中"彳"与行走有关，于是表示撤走之意时与手的关系便不够明显，古人便在小篆时另加"力"字在底部，表示用力使之撤离、推掉之意，书写为"𢿘"。后在隶书时隶变写作"撤"，沿用至今。

"澈"字加三点水，指水的清洁，谓之清澈。其意为人们彻底清除水中杂质，使水质清洁，水底可见。

143

二、呆字家族

1. 呆➝保、褓、褒、葆、堡、煲

"呆"字也是指一个小孩子，不过这个小孩儿是背在大人身上，即"子（♀）"在"背（北）"上之形，小篆时书写为"呆"，表示小孩子乖乖地待在父母背上，不敢乱动。常用来形容小孩儿幼稚懵懂、表情木讷的样子。

"呆"字读音为"dāi"，但其古音为"bǎo"，它是从"保"字中分离而来的，经历过战国文字，后在小篆时确立字形并沿用至今。

"保"字的古文字如一人背负一子的侧面刻画，字形如"人（亻）"旁一"子（♀）"。后来侧身的"亻"逐渐成为偏旁单立人，表示人之属，于是背负之意则另加"北"字表示，籀文时书写为"保"，也便于与"仔"字有所区别。

《尚书·召诰》曰"保抱携持厥妇子"，意思是男子背着、抱着、牵着、扶着他们的妻儿。后引申为男子对家庭的保护、保养之意，即对家庭所背负的责任。今泛指一人对他人、他事所背负的责任。

"褓"字加了布衣旁（衤），表示人们是用包裹孩子的衣布背负孩子。其最初写作

"緥"，绞丝旁表示用于包裹孩子的大布，后改布衣旁写作"褓"，专指包裹小孩儿的抱被。

今天我们依旧可以在乡村中看到妇女们背负孩子的情形，一块大布折成三角巧妙地将孩子背在身后。在中国福建地区，这块背负孩子用的大布至今还保留着专门的图案样式，也是婚嫁时必备物品之一。

"襁"也释为"负儿之衣"，其织缕为之，广八寸、长二尺，以负小儿于背，宽带也。其字以"强"表音表意，取强健之意，指孩子可以自己借助束缚之力，在大人的背上挺起身来自由活动，而不至于掉落。于是，"襁褓"一词便专指背负小孩儿用的布衣宽带。

《论语·子路》中，子曰："上好礼，则民莫敢不敬；上好义，则民莫敢不服；上好信，则民莫敢不用情。夫如是，是四方之民襁负其子而至矣，焉用稼！"

"褒"字也是以"衣"字做旁，但字形取上中下结构，以别于"褓"字。古文字为"衣"中一"子"，且为表覆盖宽大之意，进而用表示覆盖的"襾（读音为 yà）"替代了衣字头"亠"，表衣襟宽大，可在里面包裹下一个孩子。

后经小篆、隶书后书写为"褒"，今写作"褒"字。这种衣襟宽大的衣服，最初是天子奖赏给臣子的礼服，以示胸怀宽广、心系万民之意，被称为褒衣。天子赐褒衣以表扬、表彰

褒

麃 陶文 古匋

褒 小篆 說文衣部

襃 隶书 韩勅碑

褒 草书 王羲之

臣子们的功劳和政绩，故有褒奖、褒扬之意。

"葆"字加草字头，指草木保养生息之意，如古人眼中大自然的青山绿水在千百年来似乎永远未曾改变过。人们便借此来形容对自身容颜的保养，如"永葆青春"一词。

"堡"字下面一个"土"，指用土石垒起的障碍，形成用于保护人们的小城——城堡。人们往往也会在一些重要的地点垒石建堡，称为堡垒，用于战略性的攻防需要。

此外，"堡"字还另有读音为"bǔ"，专指有城墙防御的村落，如马家堡。

"堡"字还读作"pù"，用于古之驿站名，今沿用为地名或镇名，如十里堡。

"煲"字下面一个"火"字，指用火煲汤，是一种烹饪方法。同时这种煲汤所用的瓦器也被称为煲，其壁厚而耐高温可保长时间的加热，其形高而防溢出以保食材不被浪费，故用"保"字表音、表意。

今天已然是电气化的时代，厨房里瓦石所做的古老饭煲早已被电饭煲所取代，不过人们依然可以在以特色著称的石锅店中看到这种又厚又烫的煲。

葆
小篆
說文艸部

葆
隶书
鬻道人

葆
草书
王羲之

堡
小篆
篆典土部

堡
隶书
孔宙碑

2. 呆→槑

"槑"字的字形很有意思，两个"呆"字并写，这个字念"méi"，是"梅"的古字，双写表梅花、梅子成簇绽放、结果。后写成"某"字，以便与"呆"字区分开来，随着字义的延伸，才又有了"梅"字。（详见《双法字理·植物》）

三、儿字家族

1. 儿→兒、元、兀

"儿"字我们都很熟悉，指儿童、小儿，同时我们一般认为其繁体为"兒"。然而，"儿"与"兒"二者最初并非繁简关系。

"儿"字在《说文解字》中被释为"古文奇字，人也"，指人形弯曲之意，像孩子般曲身在地上爬行的样子。

"兒"字则专指小孩，"臼"表示小孩头顶囟门未合之意，"儿"表示曲身爬行尚未能站立的样子，十分形象。

汉字简化时，人们以"儿"字简化替代了"兒"字，定为繁简关系。

"元"字的古文字最初就是在人形之上画

儿
小篆
说文儿部

兒
甲骨
甲·7645
金文
仆兒钟
小篆
说文儿部
草书
王羲之

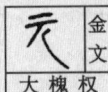

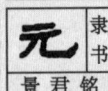

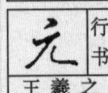

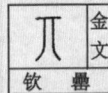

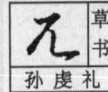

了一个圆脑袋"●"，既表示头、首也，也表人之意。随后，其古文字初文为"兀"，后改为"元"字，以"二"（古"上"字）表人之顶部、上部，头也。故"元"字的本义就是指头，后引申有开始的意思，如天元、开元、元初之说。

今天"元"还是人民币的货币单位"圆"的简称，因为最初的钱币就是圆形的硬币，如"○"形。

"兀"字不常用，读音为"wù"，本义为秃，所以秃鹫也称兀鹫，光秃秃的十分明显突出，意思有"突兀"之说。

在北方方言中，人们称一种高板凳为"杌子"，就是因这种板凳为"兀"形也，凳高且凳面光秃秃的样子，加木字旁表示为木头所做。

在评书《岳飞传》中，岳飞有一个劲敌名完颜宗弼，本名斡（wò）出，音译时常写作兀术，是太祖完颜阿骨打第四子，乃金朝名将，故被称作金兀术。

其实，早在甲骨文中"元、兀"二字便已通用，皆为"元"字，金文时二者皆有书写，依旧都是"元"字之意，人们视"兀"为"元"字之省，初文也。汉代时人们方重新构建字义，区别二者以免混淆，视"兀"字为"元之缺，突兀也"。

148

元
甲骨 佚·667
金文 大槐权
小篆 说文一部
隶书 景君铭
行书 王羲之

兀
金文 钦罍
小篆 說文儿部
草书 孙虔礼

2. 元→远（遠）、园（園）、完、院、浣、皖

"远"是今天的简化字，原本写作"遠"，汉字简化时用同音替代法化繁为简，进行了简化。

"远"字配了走之底，表示一个人越走越远，故此有远方、远行之意。金文时的"遠"字以"袁"字表音表意，"袁"本义为长衣、长褂，加表示行走的"辵"指一人越走越远，远远看去只能看到一身长衣和露出的头部。

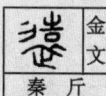

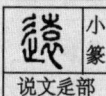

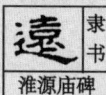

"园"字也是简化字，繁体为"園"指蔬菜、花果、树木外围的圆形围墙，如菜园、花园、果园等。

元朝时的戏曲刻本中，古人就已经开始采用"音符替换"之法，将刻板烦琐的"園"简化为"园"，用于刻板印刷。且园丁们在围墙下整理园圃，远远看去也只能看到其露出的脑袋——元，所以古人"园"字的简化还是蛮符合字理字义的。

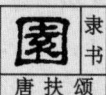

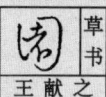

宋元时期的词、戏曲及明代的小说，发展都极为迅速，这使刻板印刷中汉字的简化也不断出现，以方便刻工在刻板时需要。今天，繁体的"體"字由"体"字替代，就是延续了这一时期刻工们的改写。

"完"字不是简化字，是在"元"字上面加了表示房屋、覆盖的符号"宀"（mián），

完
小篆
说文宀部

完
隶书
史晨後碑

完
草书
王羲之

院
小篆
說文阜部

院
隶书
螯道人

院
行书
王羲之

浣
小篆
说文水部

浣
隶书
孔龢碑

表示一人从头到脚被罩在其中，有全部、整体而无损之意。

同时，"完"还表示人们盖好的房子，即以"宀"表房屋，其下一"元"，合而表示房屋的屋顶盖好了，完工了、完成了，故此完结即有结束之意。

"院"字加了耳朵旁指庭院，俗称院子，是人们盖完房子后，在四周围起的矮墙——垣墉。院子是房屋整体的一部分，与屋舍合称为宅院。

今天城市里的人们都住进了高楼大厦，屋舍前的庭院已经很少能看到了。

"浣"字读音为"huàn"，词牌名《浣溪沙》原为唐教坊曲名，最早采用此调的是唐人韩偓，此调音节明快，为婉约、豪放两派词人所常用，后成为词牌名。如晏殊的《浣溪沙·一曲新词酒一杯》、秦观的《浣溪沙·漠漠轻寒上小楼》等。

"浣"的本义是"濯衣垢"，就是洗衣裳，另有异体字为"澣"，表示在水井边洗完衣服、晾干之意。且唐代官吏制度中规定官员每十天休息洗沐一次，算一次工作周期的完成，每月视为上浣、中浣、下浣，后逐作上、中、下三旬也。

"浣"在今天除了在词牌名《浣溪沙》中的使用以外，则主要用在"浣熊"一词中，其名源于其生活习惯。浣熊是一种生活在北美洲的小型哺乳动物，因其常在河边捕食鱼类，并在水中浣洗食物，故名浣熊。浣熊的爪子非常灵敏，上面的触觉细胞相当丰富，在与水接触后，爪子上的慢速适应感受器的灵敏度就会提高，它可以依靠爪子测量食物的重量、尺寸、材质及温度，并以此来选择适当的工具来获取食物。

"皖"字配有表示明亮的"白"字做旁，表示明亮、洁白之意，如浣洗过一般干净。今天"皖"字已经成为安徽省的简称，因其境内有座山，名皖山。

在中国革命历史上，有一个重要事件为"皖南事变"，是国民党顽固派对华中新四军军部所发动的一次突然袭击，是国民党第二次反共高潮的顶点。战役中新四军军长叶挺被俘，副军长项英、参谋长周子昆突围后遇难，政治部主任袁国平牺牲，这就是震惊中外的"皖南事变"。

皖南是安徽省南部的简称，其名源于唐代江南道，雏形于宋代江南东路，成型于元代江东建康道与清代皖南道，定型于民国皖南行政署。皖南代表的文化是徽州文化，是中国三大地域文化之一。

3. 元→玩、顽、冠、寇（寇）、蔻

小篆
說文舁部

隶书
景君勳銘

"玩"字大家都很熟悉，玩耍、玩乐，但它还有一个古体字写作"貦"。

"貦"字为"习（習）与元"之合并，表示最初的练习反反复复，这就是把玩之意。当这种练习久而久之成为一种习惯后，人们就不愿改变了，沉浸于此，乐此不疲也。

"玩"字本义为"弄"，指反复弄玉、取乐之意，为"貦"省配以"玉"字。

二者相比，"貦"字侧重于对"习"的反复，"玩"字侧重于对"玉"的喜爱。起初小篆之时二字并行，今汉字简化后，则以"玩"字为主，用于书写和表达。

小篆
说文页部

隶书
魏尊號奏

行书
苏轼

"顽"字为"玩"之省，配以表示头部的"页（頁）"，与人的头脑思想有关，即元初之始固化不变，谓之顽固；玩物丧志而不能前，受皮肉之苦而不能改，谓之顽皮。

因此，"顽"字之初曾与"玩"字同。

小篆
说文一部

隶书
郑固碑

行书
米芾

"冠"字的字形比较清楚，籀文中似一手持帽于头顶，小篆时规范字形为帽（冂－冃）下一人（元），伸手（寸）持之，即从上往下给头上戴帽子的样子，灌顶也。所以它除了表示帽子以外，还表示戴帽子的动作，其读音在音调上有所不同。

读音为一声"guān"时，表示帽子；读音

152

为四声"guàn"时，表示戴帽子。

它的字形中，"寸"除了表示手以外，还表示尺度的意思，人们到了一定的年龄才可以戴冠，并举行成人礼，此谓弱冠。所以"冠"不是一顶随随便便的帽子，它的佩戴有一定法令尺度的规定。

"寇"字也可写作"冦"，其书写与"冠"字十分相似，上面部分改帽之"冖"为屋之"宀"，其甲骨文之形为屋舍之下的玉器、宝典被他人手持棍棒（攴）所毁坏，且屋舍之上火光冲天，即王室宗庙被毁，重器被抢，自此王室被灭，族人流亡成为流寇。

王室宗庙被毁，多为战争失败而导致，从而失去了领地和地位，流落民间藏匿于山林草莽之间，故此也称为草寇。但因其王族血统，依旧有一定的政治影响力，是国家政权之外的一股政治势力，当其拥有一定军事力量之后，便会成为国家政权的外在威胁。当时机成熟时便会展开对王权的争夺，毁他人之宗庙，夺他人之重器，再建王族的统治，故此有"成王败寇"之说。

"蔻"字加了草字头（艹），指一种草本，名为荳蔻，今写作豆蔻。这种草本能散发出十分香美的气味，因此常被古人用来比喻少女的美丽年华，如豆蔻年华。

豆蔻有草豆蔻、白豆蔻、红豆蔻多种，其

寇
甲骨
卜·536

金文
衡姬壶

小篆
说文宀部

隶书
刘宽碑

蔻
小篆
六书统

隶书
蜇道人

果实如豆，可入药、有香味，故名豆蔻。它为多年生、常绿草本植物，产于岭南，生于山沟阴湿处。字理取"蔻"为王室流落凡间之意，即花香落入青草，使青草自带花香之气，与众不同，此为"蔻"。

4. 允→吮、兖

允许的"允"字，甲骨文以人形为主，但发髻之下的头部中空如圈（〇），而非"天"字头部中间为实（●），以此表开口应许之意，即允许、应允。

金文时，字形中人形不变，在小篆时则将字形上下结构中的人形书写为"儿"，头部带发髻之形书写为" б"，似古"以"字，表音表意为给以应允之意。隶书时将头部隶变书写为"厶"，逐成字形"允"字。

吮吸的"吮"字，指用口含而吸之，吮吸之意。

"吮"字其古释为"欶 shuò"，即紧束嘴巴之意，此时嘴巴的样子，正是人们发出"允""许"等音时，嘴巴的样子。故以"允"字表示人们吸食液体的样子，加"口"字专表吸食之意——吮吸。

兖州的"兖"字，古作"沇（yǎn）州"，沇为水名也。《史记·夏本纪》中"兖州"作

"沇州"，为古九州（冀州、兖州、青州、徐州、扬州、荆州、豫州、幽州、雍州）之一，今为山东省济宁市兖州区。

沇水（兖水）又称济水，发源于今河南省济源市的王屋山中，最初分黄河南水和黄河北水两部分，于是加"水"字做旁造字。为有所区别，书写上是左右结构的写作"沇"，上下结构的写作"兖"。后来由于黄河水系河道的变化，黄河以南的水流逐渐消失了。于是，文字对水流的区分也就不再重要了。后人习惯以"沇"字表水名，以"兖"字表地名。

兖州地区有大量的地下水，古人也称其为"济水"，便是寓意从地下挤出之意。除此之外，人们取水之时，水自涌而出，似被吸取上来一般，于是取"吮"字另造"沇、兖"二字。

今天，在山东境内依然保留着很多天然泉眼，最著名的就是济南的"趵突泉"，好似水源不断从地下挤出或吸出一般。

此外，"兖"字还有一个异体字写作"兖"，也许正是要体现那一口泉眼的样子。

5. 夋→俊、竣、骏、峻、浚、梭、唆、酸

"夋"字读音为"qūn"，初文为"允"，金文时写作"夋"，加了表示来到意思的"夂 suī"，即一只脚或脚印的样子，表示经过允许、通过允许而来的意思，后引申有通过之意。

今天"夋"字的解释为"行走迟缓的样

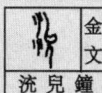

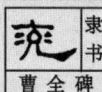

子"，即一个人在未得到允许之前，行动犹豫而未知的样子。

"俊"字本义为才俊，配人字旁表才识通达的杰出者，到哪里都可以得到赏识、通过考核的人，如学识造诣很深的人被称为俊杰。其读音为"jùn"，也许是受"杰 jié"字音与义的影响，且古音中"j、q"相近不分。

才俊者往往行为洒脱，眉宇间气质不同凡俗，于是后又引申有相貌超凡脱俗之意，俊美、俊秀、俊俏等。

"竣"字改人字旁为立字旁，指一人通过测试后站立的样子，引申有完成、完工的意思，如竣工、完竣、大功告竣等表达。

"骏"字配以马字旁，指马之良才、俊杰者——骏马。人们最熟悉的有大师徐悲鸿的《八骏图》。且在明成祖永乐大帝的长陵刻有"长陵八骏"，分别是一龙驹、二赤兔、三乌兔、四飞兔、五飞黄、六银褐、七枣骝、八黄马。

古代诗文、辞赋中也常用到"骏"字，如《诗·大雅·崧高》中的"崧高维岳，骏极于天"，"骏"释为高、大也；《诗·小雅·雨无正》中的"浩浩昊天，不骏其德"，"骏"释为长也。《赭白马赋》中的"总六服以收贤，掩七戎而得骏"，此处"骏"表示才智杰出，与"俊"通用。

"峻"字配以山字旁，指高大的山峰，山
势突出如俊杰也，也引申有高、大的意思。《礼
记·大学》中"克明峻德"，此处为高、大
之意。

"峻"字还有两个异体字，分别写作"陖"
和"埈"。左耳旁为"阜"之省，表山坡的陡
峭之意，后归于"峻"；土字旁和山字旁在初
文偏旁中时有相通，所以汉碑中"峻"字也作
"埈"。

"浚"字配以水字旁，自然指水中之俊杰，
大水、深水也。《诗·小雅·小弁》中的"莫
高匪山，莫浚匪泉"，释其为深也。又因水之
大，可冲刷河道，故又有疏通之意，千年之前
大禹治水时曾登临此处的大伾山，观察水势，
疏通河道，此山便被载入《尚书·禹贡》篇，
历代称为"禹贡名山"。

今之河南还有一个浚县，此地是一个千年
古城，其文化历史可追溯到 6000 多年前的仰韶
文化。古城内的大运河浚县段、黎阳仓遗址均
被列入世界文化遗产，浚县大佛是"全国最早、
北方最大"的大型摩崖造像，浚县泥咕咕（浚
县民间对泥塑小玩具的俗称，因其尾部有两小
孔，吹时发出"咕咕"声，是一种古老的传统
民俗工艺品）被政府列入第一批非物质文化遗
产名录。

"梭"字配以木字旁，指梭子——杼，一

峻
峄 小篆 说文山部
峻 隶书 鲁峻碑
峻 行书 歐陽修

浚
濬 小篆 说文水部
浚 隶书 西狭碑

梭
梭 小篆 说文木部
梭 隶书 衡方碑

种木质器具，装上丝线可穿丝入经以织布匹。字形借"夋"字的通过之意，引申有穿通之意，以木字旁表材质，读音为"suō"，是梭子在经线中穿行时的摩擦声。

"唆"字配以口字旁，指用语言怂恿，使他人别有所为——唆使。其人蒙在鼓中，如罩在经线之下，受其摆布有诱惑、欺诈之意。

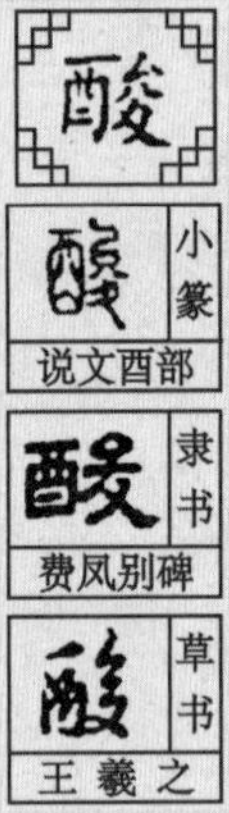

"酸"字配以酉字旁，看来与酒有关，那么这个"酸"是怎么来的呢？说到醋，大家都熟悉它的酸爽，"醋"字在《双法字理·天文》中已有介绍。醋是做酒时发酵过头了，做错了成了醋，也称为苦酒，俗话说"谁酿的苦酒谁喝"，就是指醋。

醋的继续发酵，即深一层次发酵，这就是酸，其味浓烈，可穿透屏蔽，"嗖"的一声直上心肺，即中医所说"入骨也"——酸爽。

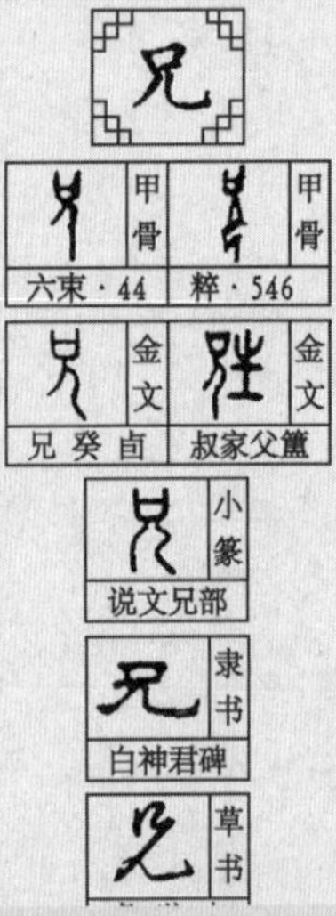

6. 兄➜祝、况、咒

兄弟的"兄"字，今天读音为"xiōng"，为古"祝"字，字形为一人抬头开口，似对天述说话语——祈福、祝福。

古时人们祈福天地神灵，望得到神的祝福，以此使家族得到庇护与保佑，这种大事自然需要德高望重者主持，即家族中最为年长者，这就是"兄"。其为家族中男性之长也，即雄性

左侧边栏字形图示

唆
小篆 胡氏千文
唆
隶书 孔龢碑

酸
小篆 说文酉部
酸
隶书 费凤别碑
酸
草书 王羲之

兄
甲骨 六束·44
甲骨 粹·546
金文 兄癸卣
金文 叔家父簠
兄
小篆 说文兄部
兄
隶书 白神君碑
兄
草书

之首领，其金文中有一字形为"兄"字旁边一个古"先"字，表先出生之意，此谓兄长也。

当"兄"由祝福之意引申出兄长之意后，人们便在字形旁边加了专表祝福的符号"示"，另造"祝"字表示祝福、祝愿之意。其读音为"zhù"，与"主"字同音，表主持之意。且古人祭祀时多在黄昏与初明，此时虽日月可见，但天色昏暗，需点起灯烛，如"夙"字。

今兄弟二字多连用，那么讲到了"兄"字，我们就顺便也说下"弟"字。

"弟"字实为"丫（木杈）"字或"弋（木橛）"字与"己（结绳）"字的组合，表示在一个木杈或木橛上一次次地结绳或绕绳以记事，用来表示事情的先后顺序——次弟（第）。当人们把表示顺序排列的"弟"字放在"兄"字之后时，便是表示家族中男子的排序，书为"兄弟"，于是兄长之后的男子皆称为"弟"。

随后，人们为了区别字义，便在小篆时取原本表书简、简册之排序、次序的"第"字，专表次序、次第之意，如第一册、第二辑等，排序下去。

"况"字是今天的简化字，原本为三点水写作"況"，指祈福秋雨以得雨水灌溉农田。中国古代农业普及，但农田的收成多依靠天气，雨水是极为重要的灌溉手段，即使在今天，雨水对农业的影响依旧很大。其甲骨文便是表示祈福、祝福的"兄"字旁边加了一个"水"字，

祝
甲骨
前31·7
金文
太祝禽鼎
小篆
说文示部
隶书
孔龢碑
草书
米芾

況
小篆
说文水部
隶书
袁良碑
行书
王羲之

小篆时书写为"况"。

人们每次祈求祝福时总希望风调雨顺，但每年的气候总有所差异，所以每次的雨情都不一样，即每况不同。雨情如何、对农业的影响如何，这些统称为情况，直接关乎人们的民生问题，要如实了解和汇报——汇报情况。

汉字简化中，很多三点水的字都被简化为两点水，如冲—冲、决—决、减—减等字。但在汉字部首中"氵"表示水，而"冫"表示冰（仌），虽然书写上少了一笔，但对字义的表达和理解却增加了困难。

"咒"字最初的书写为"呪"，是左右结构，行书书写为上下结构，并沿用下来。

"呪"字表示人们向神灵述说的不再是风调雨顺，而是对他人的报复，以确保家族的平安。诅咒便是人们向逝去的祖先祈求平安，希望借助祖先的神力帮自己铲除异己，后引申有咒骂之意。

咒语便是人们在诅咒时说的话语，因怕被外人识破，故此多密语和奇怪的符号。

7. 兄➝克、竞、竟、境

"克"字在字形上与"兄"十分近似，故此放在此处，但它本身与兄并没有什么关系。

"克"字为一人头顶战帽——胄的样子，"胄"字的下面部分便是"帽"的古文字

咒
呪 小篆 篆典口部
呪 隶书 魏受禅碑
呪 行书 王羲之　咒 行书 褚遂良

克 甲骨 甲·8892
克 金文 太保敦
克 小篆 说文克部
克 隶书 张迁碑
克 草书 王羲之

160

"肖"，而非"肉月底"。所以"克"字上面字形"古"的部分便是"冑"字中"由"的变体，指战帽的造型。于是，"克"的本义便是一人头戴战帽，寓意此人可胜任战事，能制敌取胜，即以克制之——克制也。

"竞"字是个简化字，繁体为"競"，读音为"jìng"；亦写作"兢"，读音都为"jīng"。

"竞"的甲骨文像两人头戴冠冕、相从追逐之意，后在字形中间加入"口"字，表明字义为以言语相比、相追逐，即用言语相互争论、竞争。此时，字形在金文、籀文中书写为"競"。

汉字简化时，"競"字被简化为"竞"，专表竞争、竞赛之意。

"兢"的甲骨文则是两人头戴战帽（冑）相比、相逐之意，后经过金文、小篆书写为"兢"，表示战力、武力之间的比较和争斗。武力之争必有伤亡，自然要小心谨慎，故此引申出小心、谨慎之意，如战战兢兢、兢兢业业。

"竟"字其实是"境"的古文字，其古文字为"北"字下面一折笔（ㄅ），表边界线，底部一个"见（見）"字，即远望北部边界之意——边境。后"北"字与折笔（ㄅ）在金文中书写变形为"立"，表远方立有界碑之处，"见（見）"字不变，小篆时书写为"竟"。

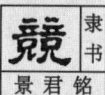

境

境 小篆 说文土部

境 隶书 周公礼殿

境 草书 王羲之

兑

兑 甲骨 甲·626

兑 金文 师兑敦

兑 小篆 说文儿部

兑 隶书 郙阁颂

兑 草书 王羲之

悦

悦 小篆 说文言部

悦 隶书 石门颂

悦 草书 王羲之

"竟"本义指远方边境，后引申有遥远、深远、长久，到达远方终点之意，如有志者，事竟成。可是，当一个人经过深刻的思考后，居然没有想出答案时，就引申出"竟然"一词。

随着字义的发展，人们为了区别字义，便在小篆时加了表示土地、地域的"土"字旁，另造了"境"字，专表边境、境界之意。

此外，"竟"字也可以简化字理为"音儿"，指声音远去了之意，方便人们初期对汉字的认识。

8. 兑（兌）→悦（悅悦）、说（說）、税（稅）、脱（脫）、蜕（蛻）、锐（銳）

"兑"字原本书写为"兌"，"八"表示分开、打开的意思，合在一起指人们说话时面部表情喜笑颜开的样子，仰天大笑也就是如此了。所以，它还是喜悦的"悦"的古文字。

人们为何如此开心呢？自然是向上天的祈福和祝福得到了实现，于是抬头仰望天空感谢神灵的保护，内心的欢喜言表于外。故此，又引申出实现的意思——兑现。

"悦"字就是当"兑"字呈现出"兑现"的意思后，为了使字义的表达更加准确，人们便在小篆时加竖心旁（忄）另造了"悦"，专表内心的欢喜之意。

"悦"字繁体为"悅"，另有异体字写作

"悦"，书写变形而已。

"说"字繁体为"說"，即"兑"字旁边一个"言"字，其读音今天常作"shuō"，另亦有读音为"shuì"。

"说"之本义为将兑现的内容讲述、陈述下来，以作凭证。随后学术内容的讲述、陈述便是学说，如百家之说。后来，人们以成文的学说为论据，以说服别人采纳自己的意见和观点，顺从自己的意思。中国历史上的春秋战国时期，百家之说和游说之人最为突出，孔子便是这一时期中最著名的代表。

此时，读音受"顺"字读音与字义的影响，变音为"shuì"，如游说、说客。

"税"字配有禾木旁，指土地种上庄稼后所要兑现的课赋纳租，这些最初是人们对神灵的祭祀品，以感谢神灵兑现祝福而提供的祭品。后逐渐成为人们对国家的义务，以维系国家的发展——国税。

赋税一词中，"赋"字也是一项国家征收，其主要用于军事战备，最初的金文为上下结构写作"賦"，"武"字表音并关联字义，"贝"字底表示金钱财富以养军备、发展武力，亦是国之大事。

一税一赋，便是国家分别用于民生和军备的两项财务征收，并一直沿用至今，也是国民对国家应尽的义务。

赋作为战备需要，其征收与花费往往要公告百姓，如《吕氏春秋·分职》中"出高库之兵以赋民"，此处既有收取于民，又有告知于民的意思。后来这种宣布、陈述的公文文书逐渐成为一种文体——赋。

"脱"字为"税"之省加肉月旁，表剖肉时使骨出的意思，即像纳税一般拿一部分交出来，但并不影响正常的生活。后来又引申有脱出、脱离之意，如脱衣服。

大自然中有一些爬虫在生长过程中有褪皮的现象，如蝉、蛇等，于是人们改"脱"字为虫字旁写作"蜕"，专表此类。其读音为"tuì"，则是受"褪"字读音与字义的影响，有所变音。

"锐"字配有金字旁，指尖利的金属刀具，便于人们"剖肉取骨使之脱"，泛指刀具的尖利——锐利、尖锐。

9. 皃→貌、藐、邈、兜、兕、胤

"皃"字和"兒"字十分相似，区别在字形上方表示头的部分，字形中"白"指面部，是"面"字的省写兼表读音。"皃"字读音为"mào"，表人之面容、面貌。

"貌"字之古陶文为一匹马和一个人的形

左侧图注：

脱　小篆　说文肉部
脱　隶书　敔郎碑
脱　行书　米芾

锐　小篆　说文金部
鋭　隶书　修华山碑
锐　草书　米芾

貌　陶文　古匋
貌　小篆　說文豸部
貌　行书　米芾

164

象组合，但主要体现了头部的面部特写，小篆时取"豹"之省做读音符号以表音，再与头部特写的"皃"字组合，书写为"貌"。

"貌"字除了表相貌、面貌之外，还有貌似之意，那就要去看看豹子这种动物了。豹子是一种大型猫科动物，且身有斑纹。它与同为大型猫科的老虎相似，但个体稍小，身上斑纹不同，故此引申有相似之意——貌似。

"藐"字加了草字头，读音略变为"miǎo"，指人们狩猎时藏在远处的草丛下，发现猎物时便通过猎物的外貌来判断是否可以猎取。

此时人们往往离得较远，视觉的远近往往使人们对猎物的大小和准确性的判断有所偏差。如远看好似渺小，靠近了却发现是大体型；远看好似山猫，靠近了发现是老虎，这种最初视觉上的偏差所引起的对事物的轻视与傲慢便是藐视。

后来，"藐"字也引申有远的意思。

"邈"字很少用，但有一个人很出名，此人便是中华药王——孙思邈，唐代医药学家。

"邈"字加走之底，表行走远方之意。说来也巧，药王孙思邈的医药学著作《千金要方》作为我国历史上第一部临床医学百科全书，穿越千年而至今，依然盛行在中医领域，甚至走向了海外，被国外学者推崇为"人类之至宝"。

貌

貌 小篆 说文艸部

藐 隶书 杨统碑

藐 草书 王羲之

藐 草书 张即之

邈

邈 小篆 說文辵部

邈 隶书 孔羨碑

邈 行书 赵孟頫

"兜"字读音为"dōu"，指帽子——帽兜，字形为"皃"字上面一个"卯"字，"卯"像人的两个耳朵，指这种帽子有耳护，可保护耳朵在天冷时不受伤冻。

这种帽兜在冬季的北方最为常见，除了对头部有御寒保暖的作用，还能保护耳朵、面颊不受伤冻。于是"兜"字又引申有御寒之意，所以人们贴身御寒的小衣也称为肚兜，专门保护肚子不受凉、受寒。

肚兜这类贴身小衣服，因紧贴身体故此有一定的隐秘性和安全性，所以人们往往在上面缝制小口袋，以藏匿自己重要的物品，如银票、玉器等。后来，人们身上的小口袋也称兜，如衣兜、裤兜。

"兕"字读音为"sì"，原本为上"凹"下"为"，指一种头上有角的大体型动物，如其甲骨文，古释为青黑色大野牛，其金文突出了兽头和兽角。其另一甲骨文似一人头戴兽角的样子，依旧突出其角的特点。

《论语·季氏》中关于"季氏将伐颛臾"一事，孔子给其弟子冉有、季路，以及后人这样的思考："虎兕出于柙，龟玉毁于椟中，是谁之过与？"文中用"虎兕"概括猛兽，可见"兕"这种大兽的威猛。

这种大青兽除了角非常突出，其皮革也十分坚硬可做铠甲，大自然中能找到的这种动物就是犀牛。故此，后世才有将"兕"古释为牛一角之说。其实犀牛亦有独角和双角之分，又因其体态雄壮威猛，受古人敬畏而奉为圣兽，赋予神力，一角可辨真伪、忠奸。

"胤"字读音为"yìn"，表后代、后嗣之意——胤嗣。提及此字，则是因为一个人名"赵匡胤"。

赵匡胤为中国宋朝的开国皇帝，即宋太祖。与其相关的著名事件便是"陈桥兵变，黄袍加身"及其当政后的"杯酒释兵权"，解决了自唐朝中叶以来地方节度使拥兵自擅的局面，重新恢复了华夏地区的统一。

"胤"字为表示人的"儿"字中间一个表示丝线的"幺"，和一个表示肉体的"月"，合而表人之后代，血脉相传、世代相引之意，读音受"引"字的影响而表音表意。

"匡"字在《双法字理·植物》中有过介绍，有囊括之意。

"赵匡胤"三个字便是赵氏子孙匡扶天下、传承华夏文明之意。谁也不知道是这个名字起得好，还是世间巧合来得准，总之历史上的赵匡胤确实做到了这些。他被后人称为唐末五代十国混战局面的终结者、宋朝的开拓者，是中国历史上一个承前启后的重要人物。

10. 先→洗、选、宪、赞（贊）、攒（攢）

"先"字在今天有两种解说，字形一说为

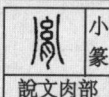

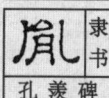

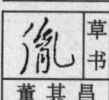

胤

胤 金文 秦公敦

胤 小篆 說文肉部

胤 隶书 孔羡碑

胤 草书 董其昌

"牛头（ ^牛 ）下面一人（儿）"，以牛角在前而先至，表先前、先后之意；字形又说为"止字下面一人（儿）"，表一人抬脚前行，一脚先至，表前后、先后之意。但看其甲骨文，可知应为"止下一人"，如俗话所说"先人一步"也，后泛指时间上的前后、先后。

金文与甲骨文一致，小篆时"止"字书写如"中"，隶变参照小篆写作"先"。这样书写变形还出现在"岁"字上，原本写作"歲"。

"洗"字的甲骨文十分形象，一只脚（止）在水中，或在水桶中，表示洗脚的意思，古释为"洒足"，即以水涤濯足之垢，就是俗话说的"洗脚"。

小篆时字形书写为"洗"，以便于"沚"字区别开，同时也用"先"字表示洗脚时要先把脚伸到前面，方能以水洒足，后泛指清洗、洗涮之意，不再仅限于洗脚，如洗手、洗脸、洗心革面。

"选"字繁体为"選"，由"巽"字所造，是汉字简化时根据其草书形体简化书写而来，以"先"字表音。

"巽"字的甲骨文字形为两人跪坐（卩卩）顺序二排，金文时下加一横于腿部，表顺序之列，以别于"比、从"二字，小篆时写作"哭"，隶书时隶变写作"巽"，表顺序之意，引申有顺从。

洗

甲骨
前35·5

小篆
說文水部

隶书
曹全碑

行书
王羲之

巽

金文
古鉨

小篆
說文丌部

隶书
桐柏庙碑

168

《易经》中"巽"字表示风，便是取其表"顺"之意，风无形，然物皆顺之。

"选"字加了走之底，金文时加"辵"字做旁表示一个一个按顺序过来面试，行则进，不行则退，即"中者留之，不中者罢之，所谓选也"，表挑选、选择之意。

人们挑出需要的留下，不需要的遣散。于是才引申有遣散之意，故古释"遣散"。

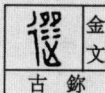

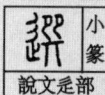

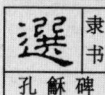

"宪"字繁体为"憲"，由"害"字所造，依然是汉字简化时根据其草书形体简化而来，以"先"字表音。

"害"字的金文为"今下一舌"，即抓住、擒住舌头的样子，是古代一种刑法，字形中一点表强调——割掉舌头之意，故此有的字形上下部分并不对称，以表示割断之意。古人以此刑罚来警戒民众，使其怕而不敢犯法，引申为害怕的意思。

小篆时书写为"宀丰口"，"宀"为"今"之形，"丰口"为"舌"之讹变，"丰"为古"韧"字之省（见"韧"字，如"契"字），表切断之意。

"憲"字的金文起初与"害"字相似，改"舌"为"目"，表刺目、挖眼之刑，使眼窝空陷。小篆时书写变化与"害"字相同，并增加了"心"字，以示此刑罚之恐怖足以震慑人心，且其另有异体字写作"害下一心"，表示割舌、挖眼之刑，后泛指刑法、法令——宪法。

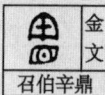

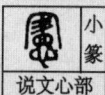

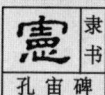

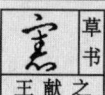

選
選 金文
古 鉥
小篆 說文辵部
選 隶书 孔龢碑

憲 金文 召伯辛鼎
小篆 说文心部
憲 隶书 孔宙碑
草书 王献之

"赞"字繁体为"贊",初文为"贊",字形上半部分为"夫夫",表相伴之意,亦是"伴"字的古文字,其下一"贝"表财物,即以财务相伴、相助——赞助,引申有辅助、辅佐之意。如《小尔雅·广诂》所释:"贊,佐也。"

后根据草书形体写作"兟下一贝",以免字形与"替"字混淆。

"赞"字今天还有赞美之意,则取意于"讚"。字形加言字旁,表示相助财物之余加以美丽的语言相称颂,即赞颂、称赞、赞美也。汉字简化时,以"赞"字替代简化。

"攒"字繁体为"攢",加提手旁(扌)表示众人伸手相助之意,引申有凑集、聚集之意,读音为"cuán",如人头攒动、攒台电脑。

今之读音多为"zǎn",表积累、积蓄之意——积攒,如攒钱。

小篆 说文贝部

隶书 马江碑

行书 颜真卿

小篆 篆典言部

隶书 孔稣碑

小篆 说文手部

隶书 孔彪碑

草书 文徵明

第五节　鬼

男女、老少是人类生命中性别与年龄的概括，但生命总有结束的一刻——死亡。那么死后的人，肉体腐化了，生命又去了哪里呢？这个问题在科学发达的今天尚不能回答，那么古人是如何阐释的呢？

中国古人的科技虽不发达，但他们比今天的我们更懂得敬畏天地，即敬畏自然。因为自然界的各种变化直接影响了古人的生活与生存，关乎性命——天命。所以，历史上各个民族都有祭祀天地的习俗，即祭祀神灵。同时，各个家族也都有祭祀祖先的传统，那么死去的祖先到底去哪了呢？

西方世界认为，人死了以后去了天堂或地狱；中国人则认为，人死了以后成了鬼，肉体腐化归于自然，生命依旧存于天地，即为天神地鬼——鬼神。

在这种世界观下，中国古人形成了关乎生命与敬畏自然的鬼神意识，神是天神，鬼是地鬼，共同维系天与地的发展规律——自然也。

鬼字家族

1. 鬼→瑰、愧、魁、傀、块（塊）、槐

鬼
甲骨
甲·247

金文
陈肪敦

小篆
说文页部

隶书
曹全碑

行书
赵孟頫

"鬼"字甲骨文像一个跪坐的人顶着一个大脑袋（骷髅头），即"甶"下一人形，表一副人形骨架——大头鬼。其金文中除了延续甲骨文字形以外，还有专门加了个供桌（示）的字形，可见此时人们已有对鬼神文化的祭祀。

小篆时规范字形，其中"甶"为头骨、"儿"为人形骨架、"厶"为手臂骨架，合而为"鬼"字。隶书、楷书皆以小篆为准，沿用至今。

人们对死亡一直以来都有一种天然的恐惧，古人便以一副人形骨架来体现这种恐惧与敬畏，谓之鬼。几千年的古老文化赋予了"鬼"丰富的文化内涵，使之活了起来，行走在黑暗中，洞悉人们夜幕下的生活，有好、有坏。

"鬼"字读音为"guǐ"，骨之变音，受回归、轮回之意影响，鬼者归也。这也是中国文化中的一部分，认祖归宗、落叶归根之意，于是人们将死者刻以灵牌，供奉在祠堂中，以便灵魂附着，家族团圆——归来。

所以，汉字不仅仅是一种"形、音、义"的文字符号，更是文化的载体，传承数千年。随后，用"鬼"字再造字时，除了表声音和意义以外，其文化性也贯穿其中。

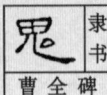

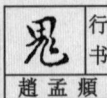

玫瑰的"瑰"，字形加了王字旁即"玉"字，指一种玉珠、石珠——火齐珠。《韵集》中释"琉璃，火齐珠也"，古人认为这是一种在黑暗中能发光的宝石。古时也有记载称"瑰"能在黑夜中闪闪发光，如夜明珠，也可能是其对光线的反射与折射使其闪闪发光，所以古人认为这不是一般的宝石，称其为瑰宝。

黑暗中能闪光的现象，人们最常见的就是磷火，即鬼火。所以古人取"鬼"字加玉石旁造了"瑰"字，专指这种能在黑暗中发光的宝物。

"玫"字，小篆时写作"玟"，指玉石的纹理，"玫瑰"便是指有朱红色火焰纹理的玉石珠，暗指能在黑暗中闪闪发光。

隶书时，字形隶变为"玫"，读音也随之变音与"枚"相同，取一枚宝珠之意。与此同时，花名玫瑰也许便是由此而来，一枚红艳的重瓣花，且花香浓郁，为花之瑰宝——玫瑰花。

今天人们所说的玫瑰多为观赏性玫瑰，但我国古代所说的玫瑰则指用于提取香精、精油及制香料等所用的奇材，也就是国际上所谓的传统玫瑰——古玫瑰。

惭愧、愧疚的"愧"，字形加了竖心旁（忄），但其最初的金文为女字旁，写作"媿"，今作为异体字。其字形在金文时也多写作上下结构，此时女字底与心字底相似，逐渐改写为心字底，后在小篆时作左右结构书写

173

为"愧"。例如"惭"字,最初就是上下结构写作"慙",后改为左右结构写作"惭"。

"愧"字很好理解,"心中有鬼"之意,其表现便是使人难安,久而久之心生愧疚。初文以女子之羞涩,表不安之状,故为女字旁,后女字底形变为心字底,使字义更加准确。

魁梧的"魁",加了一个斗字,指一种长柄大头的勺子,以"鬼"字表"甶"字之大头,再配"斗"字归类表使用,泛指大、首之意,魁首便是大首领的意思。

魁星是中国古代星宿名,指北斗七星的第一星天枢,即北斗七星之首。

在古代儒士学子心目中,魁星具有至高无上的地位,是主宰文章兴衰的神,各个朝代都建有魁星楼加以祭祀。且民间相传,包公便是魁星下凡。

傀儡,其实在这个词中,傀是傀,儡是儡。"傀"指外表魁梧者,"儡"指声大如雷(靁)者。最典型的"傀儡"就是庙宇大门两侧木胎泥塑的哼哈二将,身材巨大魁梧,一哼一哈间以口鼻射出白光,可化作利剑斩杀妖怪,被封为庙宇之门神。

木胎泥塑的傀儡,最初为纯木雕刻,后因其年久而腐朽,人们便以木胎泥塑,可长久保存。但人们依旧保留着木刻雕像的手艺,于是各种大小的哼哈二将成为人们镇妖驱怪摆件,

魁

金文
古鉩
小篆
六书统
隶书
蛰道人
行书
董其昌

傀

小篆
说文人部
隶书
隶辨
草书
李白

这些傀儡就是最初的木刻人偶，后来各种题材的人形木刻不断出现，便统称为木偶。人们操纵木偶表演各种戏剧，称为傀儡戏、木偶戏。

木偶有提线木偶和布袋木偶，不管哪种都是被人操控以便表演，后来引申指受人操纵的人或组织。如历史上各个王朝的末期，都会出现一个"傀儡皇帝"。

土块的"块"字，繁体为"塊"，配以土石做旁，依旧以"鬼"字表"甶"字之大头来表示大个头的意思，即大块头、大土块。

其金文为表明是一土块，便在土块上画出了小草，是"才"字的古字形。籀文中书写为"凷"，即坎中一土，表示挖掉一块土，地上留下一个坑坎的样子。小篆时整理文字，为其加上表音符号，并能兼表意义的"鬼"字，或是"魁"字之省，书写为"塊"。

汉字简化时，由书写简单的"夬 guài"字替代了字形中稍显复杂的"鬼"字以表音，写作"块"。

槐树的"槐"，用木字旁指一种树，它为什么要用一个鬼字来做声音符号呢？此处的"鬼"字依旧是"魁"字之省，槐树是一种高大树形的树，其花淡黄色可食用，自古人们就有采食槐花的习惯，那么如何采摘呢？

采摘槐花需要一种特殊的长斗，人们手持这种大头长斗伸到高高的树冠上，套住一串串槐花将其拽下,槐花便掉落在斗中。这种长斗就是"魁",今天人们依旧可以在四五月份的北方看到这种采摘现象。槐花除了食用,也是古人印染用的天然着色剂。

于是,古人称这种用专门的"魁"采摘花朵的大树为"槐",今天我们称其为国槐,以便与后来引进的洋槐区别。

"槐"虽指槐树,但因其字形带有鬼神符号,而被后人赋予了很多鬼神色彩,在我国很多民间神怪故事中都有槐树的影子,尤其是在北方,古中原地带尤为突出。这也许是因为槐花可食用的原因,是早期先民缓解饥饿的一种手段,故此深植于人们的生活当中。

如太原市的唐槐公园,那棵老槐树据说是狄仁杰的母亲所种;洪洞县的那棵老槐树更是中原迁民思乡、寻根、祭祀怀祖的寄托。如今在那里的城市中,街道两边依旧种植有大量的槐树,成为一种城市文化性的绿化树,当槐花开放时更显一份怀古回归之情。

此外,"槐"也正是因为与"魁"字的关系,使其具有"科第吉兆"的象征。从唐代开始,书生们便把参加科举以得魁首,而博三公之位的最高理想借以"槐"字表示,考试的年头称槐秋,举子赴考称踏槐,考试的月份称槐黄。"槐"字便象征着三公之位,举仕有望,盼得魁星神君之佑而登科入仕,至此有吉祥和祥瑞的象征。

2. 鬼→卑、碑、婢、俾、髀、脾、啤、牌

"卑"字的甲骨文似"田"字下面一只手，金文时上面部分不变，手则明显改成了左手，暗表卑微、卑贱之意，而字形中的"田"其实是一个酒杯的样子，且侧面一横表示酒杯的柄，所以其读音与"杯"字相同，为"bēi"。

"卑"是一种小而简陋的酒器，故此有卑微、卑贱之意。与之相对的就是"尊"，一种大而精美的酒器，双手持之以显重视，故此有尊重之意，进而引申出尊卑之别。

在人类文化的长河中，人们习惯了以右手为主，于是便有以右表尊，以左表卑之说，这才出现了金文时特写的左手。

小篆时，字形讹变为"甲"字下面一只左手，隶书时书写为"卑"。因今之字形似鬼字头"甶"，故此归于"鬼字家族"。且古代亦记载有奴隶主用奴隶们的头骨制作酒杯的实例，更显此字的卑贱、卑微之意。

"碑"字配了石字旁，指石碑。最初的石碑并非今天我们所见的墓碑，而是一块竖起的大石，用于测日影——圭表，多立在宫殿、官府之门前，方便人们了解时间。因其常年风吹日晒，十分卑微，故此以"卑"字表示此石，造字为"碑"。

古代帝王们有时也会刻法令和经典在碑上，供百姓学习和教化，如三国曹魏时刻的《正始

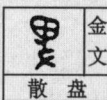

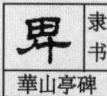

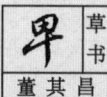

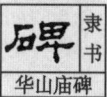

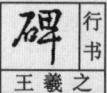

卑

金文
散盘

小篆
說文甶部

隶书
華山亭碑

草书
董其昌

碑

小篆
说文石部

隶书
华山庙碑

行书
王羲之

177

石经》。《正始石经》用古文、小篆、隶书三种字体雕刻了《尚书》《春秋经》和《左氏传》，所以又称《三体石经》或《三字石经》。今北京国子监门前，依旧可以看到帝王们当年刻下的经文石碑，以传播经典，教化民众。

随着人们计时水平的不断提高，宫门、府门前的石碑逐渐失去了测影计时的作用，沦为人们拴系牲口的石桩，如拴马桩。

后来，随着殡葬形式的发展，人们在下葬时会竖起四根大木头，并安置滑轮以拴系绳索，用于下放巨大的棺椁，如汉墓的大型棺椁。这些竖立的大木头就如四根拴马桩一般，于是也称为"碑"。当下葬完毕后，这些用于拴系绳索的木桩或石柱往往都被丢弃。后因其十分沉重，拖走丢弃极为不便，于是人们便将它们留在原地，刻上文字以示说明，用以记载逝者的生平与安葬的过程。久而久之发展成人们纪念死者的一种表达方式——立碑传世，碑文也逐渐成为中国墓葬文化的重要组成。

我国有一种书法字体为"魏碑"，是南北朝时期北朝文字刻石的通称，以北魏石刻最为精湛，大体可分为碑刻、墓志、造像题记和摩崖刻石四种。后人称赞魏碑"上可窥汉秦旧范，下能察隋唐习风"，它对后来隋唐楷书的形成产生了巨大影响，历代书家的创新变革也多从其中汲取有益的精髓。

"婢"字为女字做旁，专指婢女、奴婢，

婢	
罘	金文 古錄
媿	小篆 说文女部
婢	隶书 郑子碑

178

是古代地位低下的女佣，俗称丫鬟。

"俾"字为单立人做旁，指地位低下，可以被随意差遣、使唤的人。成语"俾众周知"的意思就是使大家都知道、了解。

"髀"字为骨字做旁，指髀骨，即大腿骨，股也。大腿骨这么重要的身体骨骼，为什么会用表示低贱的"卑"字来造呢？

首先，大腿骨作为人体下肢的主要代表，相对于上肢来讲有低下之意。其次，奴隶、婢女多以大腿骨跪坐而行，更显得大腿骨的卑贱。

我国有一本十分古老的天文学和数学著作，名为《周髀》，是中国古代算经十书之一，唐初规定它为国子监明算科的经典之一，故改名《周髀算经》。《周髀》在天文方面的主要成就是揭示日月星辰运行的周期规律，在数学方面的主要成就是介绍了勾股定理。

"脾"字以肉月做旁，指身体的脏器——脾脏。

脾脏在胃的下面，帮助胃部消食化谷。且中医认为，脾胃同为"气血生化之源"，共同承担着化生气血的重任，是后天之本。于是"脾胃"成对阴阳，阳以胃主消化为尊，阴以脾辅运化为卑，故造"脾"字。

中医讲"脾"主运化，即运化谷水，指把水谷（饮食物）化为精微，并将精微物质转输至全身的生理功能。人们饭食之后，对饮食物的消化和吸收，实际上是在胃和小肠中进行的。但是，必须依赖于脾的运化功能，才能将能量"灌溉四旁"，布散至全身。如《素问·经脉别论》中的"饮入于胃，游溢精气，上输于脾，脾气散精，上归于肺"等，都是说明饮食中营养物质的吸收，全赖于脾的转输和散精功能。

此外，"脾气"一词也是源于中医，脾气大则精气盛，性情暴烈。后来便专门借指人的性情柔与烈，即脾气的大与小。

"啤"是个音译字，是德语 bier、英语 beer 的音译，指啤酒。

古苏美尔人是啤酒的发明者，巴黎卢浮宫博物馆内的"蓝色纪念碑"上，记录了公元前 3 世纪巴比伦的苏美尔人以啤酒祭祀女神的情形。随后，啤酒作为一种外来酒，于 20 世纪初传入中国。啤酒的历史虽然很久远，但在中国，啤酒一直以来都处于一种低档酒的范畴，很难获得像国人对白酒般的热衷，故此人们以"卑"字表音表意。

"牌"字配以爿作旁，"爿"指木片，见《双法字理·植物·木字家族》，与"碑"字之省的"卑"字组合表示一种刻录文字的大木板，如招牌、匾牌。

此外，还有一些小木牌，刻有文字或图案，常配发给身份卑微、地位低下的人，以示身份

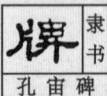

牌

牌 <small>小篆</small>
<small>说文片部</small>

牌 <small>隶书</small>
<small>孔宙碑</small>

和凭证，如腰牌、令牌。

3. 鬼→畏、偎、喂（餵）、猥

"畏"字的甲骨文似一鬼手持棍棒（攴），其实是一人头戴面具、手持棍棒之形，即巫师手持法杖。古代巫师是唯一能与神灵沟通的人，受到人们的敬仰，所以有敬畏之意。其读音为"wèi"，与巫师的"wū"相近。

"畏"字上面部分的"田"字就是一个头戴面具的样子，类似的刻画如变异的"异"字，繁体为"異"。后来在小篆时，表示面具的"田"也被认为是鬼字头"甶"的变体，以"鬼"字表读音。且对于鬼神，人们总是敬而远之，亦有敬畏之意。

如《论语·雍也》中，樊迟问知，子曰："务民之义，敬鬼神而远之，可谓知矣。"

金文延续甲骨文的字形，没有大变化，略变攴为爪，释为虎爪，亦为敬畏之意。古人最初亦视虎为神兽，后在小篆时书写为"畏"。其实字形演变中"攴"变形为"匕"，是受"老"字的影响，也暗示古人对年老者敬畏之意，即对长者尊敬。

今之"畏"字，已然看不到远古的巫师面具与法杖，更像胃之初文"田"与"衣"字的合并，俗话说"一辈子辛苦只为吃穿"，即人们对生存最基本的要求，"胃"与"衣"二字，表达人们对生命的敬畏，辛勤劳作不敢有任何

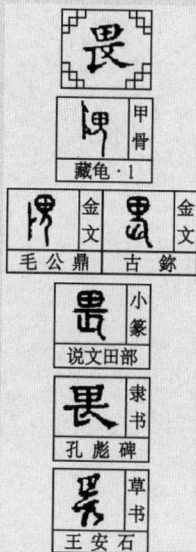

畏

甲骨
藏龟·1

金文
毛公鼎

金文
古錄

小篆
说文田部

隶书
孔彪碑

草书
王安石

怠慢。且以"胃"之省做读音符号，读音更准。

"偎"字加了人字旁，"畏"有敬畏、尊敬之意，进而引申出敬爱之意。如《礼记·曲礼上》中记有"贤者狎而敬之，畏而爱之"。于是，"偎"字的意思便是人之疼爱也，将一人依在怀中，以示疼爱有加，便是依偎。

"喂"字加了口字旁，本义为大吼一声，使人畏惧之意。

今天喂养的"喂"原本写作"餵"，食字做旁表示饭食之意，古人认为饭食取之于天地间，人们被神灵所庇护方得到食物，加之对食物来之不易的珍惜，故此对饭食十分认真。这种认真便是人们对神灵、对食材的尊敬和敬畏。人们不可浪费粮食，除了是一种美德，更是一种敬畏自然的生活态度。

今天的西方基督教民众，依旧保留着饭前祈祷、感谢神灵赐予食物的习惯。

"猥"字加了犬字旁（犭），指狗的叫声，但非犬吠之意，而是狗受到惊吓时胆怯、畏惧的叫声，此时的狗便是一副夹尾缩身、试图逃避、萎靡不振的样子。

当人们因为一些细小的琐事而丧失信心、萎靡不振，试图逃避现实，一副畏首畏尾、缩手藏脚的样子，便称其"猥琐"也。

第六节 神

神在各个民族的文化中往往都是指天神，无论是中国文化中住在凌霄宝殿的玉帝，还是西方文化中住在天堂的宙斯，都是人们抬头仰望的对象。然而几千年来，人们抬头仰望的依旧还是同一片天空，以及天空中难以企及的未知，所有的这些都给了人们无限的想象与无尽的探索——天空中到底有什么？

"神"便是人们最初找到的答案，人们将这些想象与探索表达出来，便有了各种各样的神像与神话。

一、禺字家族

1. 禺→寓、遇、隅、愚

"禺"字也被认为是鬼字头，其古文字跟"畏"字的古文字很相似，但没有了法杖，而是突出了手。还有文字学家认为其金文图案是一只猕猴的样子——鬼脸、手脚、长尾巴。

其实，"禺"就是个头戴面具的巫师，伸手比比画画的样子，以预测天意，即预言。人们最熟悉的就是道士们手打浮尘、掐指一算的样子，预测吉凶祸福。

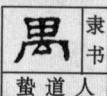

禺	
禺	金文 古布币
禺	小篆 说文内部
禺	隶书 蛰道人

所以，"禺"字有预算、推算、演算之意，故此读音与"预 yù"相同，表达字义。随后，其所造之字，皆由此引申而来。

"寓"字加了表示房子的宝盖头"宀"，指人们祭祀祖先、预言天意的房间，后来成为专门供奉神像、祖像的房间，是家族中人人都可以参拜的地方。于是，今天我们把人人都可以寄住的地方称为公寓。

人们在祭祀的房间里祭祀祖先、预言天意，但自古有"天机不可泄露"之说。于是，人们往往讲一个故事，把想要表达的意思隐喻在里面，让需要知道的人去推算出故事的意思，从而达到表述结果的目的，这就是寓言故事。

后来，人们加入了比喻、借喻等手法，使之成为富有教训意义和深刻道理的主题故事，并广为流传。如我国的成语故事和古希腊的《伊索寓言》。

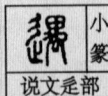

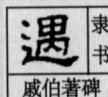

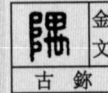

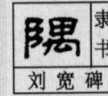

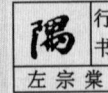

"遇"字为走之旁，常组词为相遇、遇到，字形中以"禺"字表预测、未知之意，即在未知的情况下走到了一起，如相遇、遇见。

"隅"字古释为山之角落，即遥远未知的山边，似天际之一角。谚语"失之东隅，收之桑榆"，其中"东隅"便暗指东边太阳升起的远方，远处天地相连的一角。

在《论语·述而第七》中，记载了孔子这

遇

寓
金文
子禺鼎

遇
小篆
说文辵部

遇
隶书
戚伯著碑

遇
行书
蔡襄

隅

隅
金文
古铢

隅
小篆
说文阜部

隅
隶书
刘宽碑

隅
行书
左宗棠

样一句话。子曰："举一隅不以三隅反，则不复也。"意思是从一件事情不能类推而知道其他许多事情，就不要反复了，后为成语"举一反三"。为什么用了"隅"字？就是因为"禺"字所能体现出的预算、推算、未知的意思。

在关于"禺"的古释中，有一个猕猴之说，便是指这种远山中的猴子。

"愚"字为心字底，表示巫师在伸手比画、预测天意时，心有所虑、反应不及，未能捕捉到天意，故而使结果有所失误或偏差。从而导致帝王的指令、政策与预期不一致，因而引申出欺骗、愚弄的意思。

后来，"愚"也成为文人自谦时的一种表达，如愚以为、愚见等。

《庄子·外篇·天地》中的"知其愚者，非大愚也"，引而有《周训》《老子》中的大智若愚、大巧若拙、大音希声、大象无形等。

2. 禺→偶、耦、藕

"偶"字指偶像，最初源于祭祀，是古代人们祭祀祖先时所用的人像。

起初，人们祭祀祖先往往由孙子代替祖先端坐在供台上，这是古人对基因隔代遗传的最早发现和应用。随着文明的发展和人们对死亡的忌讳，这种替代方式逐渐被取消了，换由木刻人像或泥塑人像来代替祖先，接受大家的

185

祭祀。

这种可以给家族带来祝福和预示未来的人像，便是偶像，依旧以"禺"体现其神灵沟通的能力和祭祀性，加人字旁专指人形。

"禺"与"偶"其实也是一对古今字。人们祭祀祖先除了祭祀、祈福外，也是为了讴歌祖先创业的艰难，警示后人珍惜生活。所以"偶"字读音与"讴 ōu"字相近，暗表讴歌、歌颂之意。金文的"偶"字便在"禺"下加了"内 róu"字以表读音的变化，小篆时书写为"偶"，隶书、楷书沿用至今。

"偶"字在今天还有偶数，即双数的意思，这源于人们祭祀时对人像数量的使用，最初的母系文化、父系文化中，祭祀的人像只有一个——母或父。在随后的文明发展中，家庭文化的产生，祭祀的人像成了两个——父和母。于是，"偶"便成为双、对的表示，在近代数学中人们沿用此意，称双数为偶数。

"耦"字专指耦耕，是中国古代农业发展中的一种耕种方式，两人持一耒，一人一脚相互助力完成翻土耕种，以降低劳动强度，提高效率。因为两人持有，故用"偶"字之省，表意表音，以"耒"表类别。

"耒"是古代一种手持农具，用于翻耕土地，详见《双法字理·文部·器物》。

"藕"字，加草字头于"耦"上，指莲藕，

耦

小篆
说文耒部

隶书
娄寿碑

行书
黄庭坚

为荷花的根茎。其原本写作"藕",另有异体写作"藕",这与其特有的外形有关。

莲之根为藕,节状如人之关节,色白如人之肌肤,人们取而视之似人偶之躯干,故以"偶"之省为"禺"表意造字,又因其生于水中,且为荷花之根茎,再加三点水(氵)与草字头(艹),造"藕"字。

在中国古代神话中,有一个众所周知的角色,此人便是以莲藕化身重生——哪吒。

后因"藕"字读音为"yú",乃一水名,古沼泽,使"藕"之读音标识有误导之嫌,于是改写为"藕",以"耦"做读音。因为藕的采摘,是人们在池塘中以双脚在泥泞的池底部探寻,方将藕拔出。人们踩着厚厚的淤泥,深一脚浅一脚好似耕地踩耒,挖过的地方如翻耕过的土地一般,故此以"耦"做读音,亦可表字理。

二、尸字家族

1. 尸→屎、尿、屁、尾

"尸"字是古人介于鬼和人、神与人之间的真实存在,但它并不是今天所说的尸体、死尸,而是一个活生生的人。

甲骨文明显是个人形的样子,但与原本的

"人"字不同，"尸"字的人形腿部呈弯曲状，金文中的书写连腰背都弯曲了。小篆时才真正体现了这个字的原貌，是一个人双手平放于腿、挺胸抬头端坐的样子。

"尸"便是人们祭祀祖先时，最初用于代表祖先的长孙，谨言慎行地端坐在供桌（示）上，一动不动接受家族的祭祀。

尸体的"尸"，原本写作"屍"，专表人死后一动不动的躯体。（详见《双法字理·文部·人体》）

"屎"字表示人的排泄物，即人体排泄出来的污物。金文非常清楚和形象，"人下一米"，"米"表示粮食，亦是"粪（冀）"字之省，经过人体消化后变异（異）之米。

"尿"字的造字与"屎"字相同，甲骨文十分形象，小篆时化图形以"水"表示，书写为今天的字形。

"屁"字为"臀"字的俗称，以"比"表形，两个屁股蛋相比邻之意，读音拟声而来，再通俗不过了。

"尾"字甲骨文、金文皆为"人下一毛"，毛茸茸的尾巴以"毛"字表示十分恰当。其读音为"wěi"，古音也念"yǐ"，今多为方言音，暗表弯曲之意。

2. 尸→尺、迟（遲）、刷、涮

尺子的"尺"，我们在《双法字理·文部·人体》中已经讲过。在"字部"的所有图书中，每个汉字家族都由自己的"文"引领，并以家族为主。所以，作为家族字首的"文"在这里不再详述。（见《双法字理·文部》）

"尺"为人体手腕到肘的距离，"尸"字是一人伸直手臂端坐的样子，正好用来借指长度，这就是"尺"字。字形中的捺笔，表一人迈步测试距离，以此表示测量之意。

人们用脚步丈量距离的历史由来已久，后为了测量准确而发明了"巨"，才又引申出"巨大"的意思。这种源于生活的真实体现，不仅在东方文明中如此，在西方文明中也是如此，英语中"foot"是脚的意思，于是引申出脚步、步伐的意思，进而引申出英尺的意思。

迟早、迟到的"迟"是个简化字，以"尺"表音替代简化，其原本写作"遲"。

"遲"字为辶（辶）上一个犀牛的"犀"字，其小篆时的字形便是如此。犀牛体型庞大，行动缓慢，故此借表迟缓之意。

"犀"字金文便是"尾"字下面一个"牛"字，古释为"南徼外牛"，即古代西南边塞外的一种大牛，"尾"表边陲也。然犀牛虽身体庞大，却生性胆小。小牛出生之后会一直跟在母牛尾巴后面，这种习性正是"犀"字的刻画。

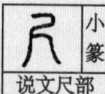

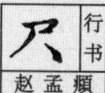

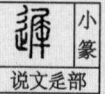

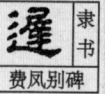

尺 尺（小篆 说文尺部） 尺（隶书 無極山碑） 尺（行书 赵孟頫）

遲 遲（甲骨 佚·85） 遲（金文 仲戲父敦） 遲（小篆 说文辵部） 遲（隶书 费凤别碑）

如此一来，但凡小牛有任何惊吓和意外，母牛都会在第一时间与小牛一同知道，并保护小牛，给人倍加珍惜之感，好似心灵相应一般。

故此古人借"心有灵犀"之说，表达双方心意相通、相互珍惜，彼此的意蕴总能心领神会。

犀牛在今天已经成为一种超濒危动物，这都归罪于人们对犀牛角的贪婪。除了其本身的稀少以外，犀牛角粉还有很高的药用价值，自古就是一味十分宝贵的中药，可入心、肝二经。于是花香四溢的桂花树，便另有一称为"樨"。桂树很香，其花更是香味浓郁，可疏鼻通气、沁人心扉。于是，人们将这种有奇异香气的树称为"樨"，以示珍贵、稀少。

北京有个地方叫木樨园，国防大学那边还有个木樨地，便是指有桂花树的园子和地界。

"刷"字原本写作"㕞"，表一人手拿一布巾擦洗身体的意思，引申有擦洗、擦拭之意。后有"刷"字，以"刀"字表示用刀具刮去不能擦洗掉的污垢，谓之刷洗、洗刷。

今天，"刷"字逐渐成为一种工具"刷子"，用硬毛制作，以增加摩擦力，便于将有污垢的物品清洗干净。今天最能体现其造字的就是洗碗时的钢丝球，既有刀的刚性，又有布的柔性。

"涮"字在"刷"的基础上加了三点水，

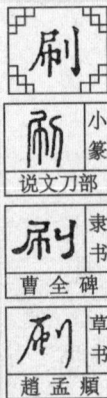

刷

小篆
说文刀部

隶书
曹全碑

草书
赵孟頫

指人们在水中清洗刷子，在水中晃来晃去以摆脱刷子上的污垢，以便继续使用。

3. 尸→尼、昵、妮、呢、泥

"尼"字从古文字来看，有好几种解释，都可相互联系一一讲通。

金文似一人端坐（尸），一人其后靠近（匕），一表"尼"字为两人相近、相亲之意，亲昵也；二表"尼"中"匕"为女性之意，如"牝、麀"等表雌性之意，为女士之称，如尼姑。

当佛教传入中国后，梵文"bhiksu"被译为"比丘"，指年满二十岁受戒出家的男子，即和尚；梵文"Bhikkhun"被译作"比丘尼"，指年满二十岁受戒出家的女子，即尼姑。

《大爱道比丘尼经》所载，比丘尼的出家，始于佛陀的姨母摩诃波阇波提（大爱道），她誓守八敬法，而被允许出家受戒。

"昵"字在"尼"字旁边加了"日"，表示两人相亲相近，日日相伴左右，此谓亲昵也。彼此间亲密的爱称便是昵称，后泛指对心爱之人或物的专有称呼。

"妮"字专指女子，为了不影响原本"尼"的字义，另加"女"字旁归类，如小妮子。

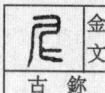

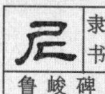

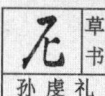

191

"呢"字初文为喃喃之语也,表小声多言,即如亲密的悄悄话总是说也说不完,又如佛祖的经文总是念也念不完。

今主要用作句末语气词,常表疑问语气,如"你干什么呢?"。

泥

泥
小篆
说文水部

泥
隶书
夏堪碑

"泥"字本指水命,泥水也,出于甘肃北地郡之沙漠中。

今天,"泥"字主要指水土相融之状,古人以两人相亲相近永不分离之意,取"尼"字表意,表水土相融不可分离。其另有异体字写作"埿"。

吕叔湘先生晚年提出过一种说法,他说汉语中"词"的概念可先不要,要就说"字"。同样在中国古代的文章中,皆多以字的多少来陈述篇幅,文章、典籍的末尾都会标注共多少字,而非多少词。可见,古人亦是一个字一个字地来落实内容和文化,而不是我们今天现代汉语理论的多少词、多少句。

《双法字理》就是带人们先来认识每一个汉字,这每一个文字本身的文化便会不断孕育出词来,自然天成,不用累加精力。

再如"铌"字,今天的语言文字定义为一种化学元素,金属类故加金字旁,化学符号Nb,原子序数41。音译,故字形右边的"尼"没有实际意义,仅表读音。其实并非如此简单,百年前在京师同文馆,我们的先辈们彻夜秉烛翻译这些化学元素，早已将汉字的魅力注入其中，而非轻易翻译取字代替。

"铌"是一种带光泽的灰色金属，具有顺磁性。高纯度铌金属的延展性较高，在低温状态下会呈现出超导体性质，在常温下的空气中又极其稳定，其价格低，更为常见，被广泛用作化学物槽内涂层物料。这些都与"泥"的性质很相似——具有延展性，可做涂层，低廉、常见，故此前辈们取"泥"之省，造金属的"铌"字。

第二章　人体的肢体

　　人体的肢体分为三部分，分别是"五官、器官、四肢"。

　　《双法字理》中人体的"五官"主要包括"头、鼻、耳、目、口"，较之中国古代相学与当今医学所定的五官"耳、眉、眼、鼻、口"，以及和新华字典对五官的陈述"眼、耳、口、鼻、身"，辞海对五官的解释"眼、耳、口、鼻、心"等，略有不同。在《双法字理》中，"眉"归于"目字家族"，"身"归于"四肢躯干"，"心"归于"器官"，皆有明确划分。

　　随后，"器官"主要讲三个字"心、市、胃"，"四肢"则主要讲"手"与"脚"。

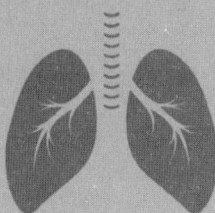

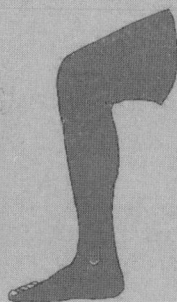

第一节　五官

一、首字家族

1. 首→道、导（導）、馗

"首"字在《双法字理·文部》中已经讲过了，其甲骨文便是一个头部的特写，且有头发。也有人说不像人头，而是兽头，此说也不为错。因为除了类似人头的刻画以外，甲骨文当中还有鹿头、猴头的样子。所以，"首"字最初其实就表示一个头，如首级、兽首等。

此外，"头"字繁体为"頭"，使用较晚，最早出现于金文，春秋时期铸刻于铜器上。

金文时的"首"字脱离象形图画，此后的小篆、隶书皆如此。字形中"丷（巛）"表示头发，"一"表示发际线，"目"表示脸庞有五官，组成一个头部的基本特征。

"道"字人们都很熟悉，传统文化经典《道德经》更是把这个"道"字体现得出神入化，那么"道"原本指什么呢？

"道"字的金文写作"衜（衟）"，为"行"字中间一个"首"字，"行"字本义为十字路口，四通八达之地，一人抬头（首）于

此，选择方向以便前行，其所选择前行之路为道，泛指道路。

后又加"止"字于字形下方，表示此为行走之道路，小篆时"彳"与"止"合并为"辵"表行走，今简化为走之底"辶"，书写为"道"。所以，"道"字的古释为"面之所向，行之所道，必达"，到达也。俗语中"一条道跑到黑"，也体现了其"必达、到达"的意思。

我们今天常说"道路"一词，但二者截然不同，"道"是做出的选择与目的，有必须达到的意思，而"路"是落脚踏行之处，没有明确的选择和目的，正所谓"路漫漫其修远兮，吾将上下而求索"，前路茫茫无所依也。

《道德经》中最经典的一句"道可道，非常道；名可名，非常名"，老子写得真是太好了。明白了"道"字原本的意思，就明白这句话的本义了："你选择的道路，可以让你达到目标，但并非每次都能到达目标"。简单来说，就是道理是可以遵循的，但并非一成不变。几千年过去了，又有多少人认清了这句话，走出了自己精彩的人生之道呢？

我们再看"道德"二字。"道"字，道路；"德"字，得也。二者合而表示要有了正确的选择之道，才能有真实的心中所得，道为空、德为实，一阴一阳，合而为仁。

"导"字繁体为"導"，部分文字学家认

为"道"与"导（導）"字是一对古今字，也是很有可能的。金文时"衟"字形下面加了一个表示手的"寸"字，暗表尺度、把握之意，表示在十字路口前的选择，要把握好正确的方向，以便指明前行的道路，即指导、引导。于是，引领和指导大家前行的首领、领袖，便称为领导、指导员。

汉字简化时，人们根据草书形体简化书写，写作"导"。

"馗"字读音为"kuí"，这个字虽不常用，但却因一个名字而广为流传——钟馗。

"馗"字为"首"旁一个"九"字，表示可以看到多个方面，即才华横溢之意，为众人之魁首也。钟馗便是这样一位神仙，他是中国传统道教诸神中唯一的万应之神，要福得福，要财得财，有求必应。

钟馗是中国民间传说中能捉鬼驱邪的神，是道教中最出名的神仙之一，相传为唐玄宗重病之时梦中所见，惊醒而病好，当即命吴道子依梦而画，得钟馗像。画像中此人身材魁梧、豹头环眼、铁面虬髯，他相貌奇异，却才华横溢、满腹经纶、一身正气、刚直不阿。其梦中自述为终南山进士，名钟馗，由于皇帝嫌弃其长相丑陋，中举而不得录，羞归故里，触殿阶而死，死后从事捉鬼之事。

导

金文
曾伯霥簠

小篆
说文寸部

隶书
史晨後碑

行书
王羲之

馗

小篆
说文首部

隶书
华山亭碑

行书
王铎

2. 首→县（縣）、悬（懸）、夏、厦（廈）、
鼻

"县"字是"首"字的倒写，表示头朝下的意思，本义为悬挂。金文时为一结穗的禾木，其首麦穗因沉重而下垂，呈倒垂、倒挂之状。小篆时为使字形平衡，讹变字形"禾木与穗"为"系"，配"首"字之倒写，表原本倒垂、倒挂之意，书写为"縣"。

后之隶书、楷书皆以此书写，汉字简化时方省略书写为"县"。

"县"在今天主要是中国行政区划之一，属三级地方行政区——县级行政区。

在我国，"县"作为行政区划，始称于春秋时期，借其悬挂之意表远离中央集权，但又为中央集权所控制的地域，似悬垂在权杖之上的穗饰。春秋战国之后，秦始皇统一中国并推行郡县制，此时是县制正式设置的开端。

"郡"作为我国古代的行政区划，始见于战国时期。秦以前郡比县小，秦时起则郡比县大。《说文》中述"郡"为周制，天子地方千里，分为百县，县有四郡，故春秋传曰，上大夫受县，下大夫受郡是也。

"悬"字繁体为"懸"，当"县"字被用作行政区域的划分之后，小篆时人们便另加"心"字专表原本悬挂、悬垂之意。

古人用一个"心"字，体现了人们被悬挂

縣

金文
邿钟

小篆
說文系部

隶书
孔宙碑

懸

小篆
說文系部

隶书
孔龢碑

起来时的心境——提心吊胆。

夏天的"夏"字上面部分也是一个"首"字，但没有了头发，也许是夏天真的太热了，古人也剃掉了头发。其实，并非古人剃发，而是将头发整齐地梳理起来，也体现了此时之文明优越于原始状态，人们梳理发头，衣帽整齐，看起来就显得更文明了。

"夏"的古文字有两种发展，最初的甲骨文人们画了一只蝉表示夏天，蝉鸣而知夏至，故此蝉也称作夏虫。如此的表达，在"春""秋"二字也皆有以虫表示的图案。今之"夏"字就是表示蝉的形象：一横表蝉之双眼，其下表蝉之背身，"夂"表蝉之足也。

随后，金文时"夏"之字形，像一人迈步甩臂而来，整齐竖立的头发配以发饰更显得头大、魁梧，故此引申有大的意思。小篆时规范金文的笔画，书写为"夒"。隶书时为书写的方便，隶变作"夏"，为今字之初。

"华夏"是中国古代周王朝的自称，也被外族称为"夏"，以区别于四方部落之北狄、东夷、南蛮、西羌。"华"即花，指花朵，是古人最初的自然崇拜，如出土在远古陶器上的花瓣纹饰。"华夏"之意，便是花朵盛开之地的大方之人。

大厦的"厦"，还写作"廈"，"厂"与"广"初为一字，山崖下可以遮风避雨的地方，

夏 甲骨 粹·1151
金文 盂和钟
小篆 说文夂部
隶书 华山庙碑
草书 王羲之

廈 小篆 說文广部
隶书 郑固碑
草书 孙虔礼

200

是古人最初穴居之处，后引申为住所之意。"厦"字以"厂"指高，以"夏"指大，合而为高大的房子，如高楼大厦。

唐代杜甫《茅屋为秋风所破歌》中的名句："安得广厦千万间，大庇天下寒士俱欢颜，风雨不动安如山。"

"厦"字读音为"shà"，也许受"上"字的影响，有高高在上之意，但在地名"厦门"一词中，只能读"xià"。

厦门隶属福建省，原是一座岛屿——嘉禾屿。明朝时实行里都图制，设厦门为嘉禾里，下设四都，每都下辖两图，筑厦门城。此处位于古代地图之东南下方，为我国东南沿海之门户，故称为厦门。

厦门也是我国近代重要的通商口岸，其名更是寓意为东南沿海之华夏大门，如今更是大厦林立，成为迎接海内外四方宾客与召开国际会议的现代化城市。

"㒱"字是"首"字下面一个"夰 gǎo"字，"夰"为一人迈步之态，腿向外分呈大方之步、傲慢之状，配以"首"字，更显体态与面部的傲慢之貌。

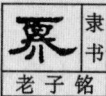

二、页字家族

1. 页➜须（須、鬚）、顷（頃）、倾（傾）、颖（穎）

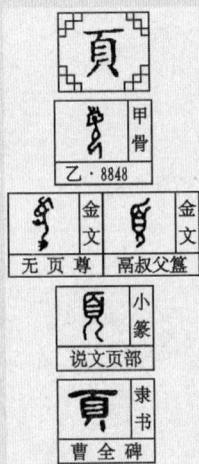

"页"字甲骨文是一人侧重于"首"的样子，似"首"字的甲骨文下一跪坐的人形，专指人之首，以别"首"之泛指，人首、兽首也。

金文依照甲骨文，仅改人之跪坐为站立也，且此时字形中表示头发的"巛"不再凌乱不堪，而是整齐地梳理起来。小篆时书写为"頁"，最初蓬乱的头发不再表现，梳理得整整齐齐于头顶，隶书、楷书皆随小篆，沿用至今。

今天"页"字还包含书写的纸张的意思，最初表示这个意思的是树叶的"叶"字。在没有纸张的时代，人们便是取宽大的树叶经裁剪、处理后，用于摘抄记录经典。今天，依然能够在博物馆或古老的寺庙中看到几千年前，人们书写在贝叶上的经文和装订成册的贝叶经。

当纸张诞生后，"叶"字的使用就逐渐与生活不符了。于是人们以"页"字替代，取读书翻页时头部随之转动之意，沿用至今，如页面、页码、页眉、页脚等。

汉字中有"页"做旁的表音表意的字都与人的头、首有关。如烦、顶、颈、颁、领、额、频、顺等字，在《双法字理》中皆归于字形中表读音的家族。

如烦躁、烦恼的"烦"字，为"焚"之省，"火"配表示头部的"页"，最初指头脑发热不适，头热而疼也，即头疼脑热，为今天的发烧之症状。

此时，病人卧于床榻之上，身体燥热左右翻动，心神不宁无以释怀，故引申有烦躁、烦恼之意。后泛指人们心有繁杂、躁动不安之情绪。

胡须的"须"，字形中的"彡"便是指长长的胡子飘然之态，其甲骨文就只是一把胡子的样子。金文时加"页"字专指人的胡子，以别于动物的胡子和植物的根系。

在古代，胡须是男子必要的生理特征，故此引申有"必须"的意思。男子如果被剃掉了胡须，便是一种被辱没的行为，多用于惩戒，需要隐忍下来耐心改过。于是古时男子的形象便是留着长须，在微风之下徐徐飘然，一副逍遥惬意之相。

当"须"引申有"必须"之意后，人们便在字上方加了表示长发的"髟"字，造"鬚"字专表胡须，如髯、鬓等字皆如此。汉字简化时，去"鬚"字之繁杂以"须"统一表示。

"顷"字的左边像匕首的"匕"，如果此前你看过《双法字理·文部》，你就会知道"匕"原本指小勺，便于人们携带使用，危急之时可持柄以勺首自卫，进而演化为一种短小的防身武器——匕首。勺子的特点是勺头圆而大，勺身细而长，且头与身不平，呈歪斜状，以便盛取汤汁。

于是，"顷"的意思便指一人头与身不正也，好似头重脚轻，使身体歪斜的样子。其歪歪斜斜的样子，好似每时每刻都会摔倒的意思，于是引申有顷刻之意。

此外，顷还是中国古代市制田地的面积单位，古代以一百亩为一顷。最初古人的丈量之法便是以步丈量，春秋时期《司马法》井田制规定"六尺为步，步百为亩"，后经秦代"商鞅变法"，再经汉武帝时期至清末民初，改为"五尺为步，二百四十方步为亩"。

几千年来，步的大小虽有变化，但"以步丈量"之法却实实在在源于生活。此时，一人低头迈步数数，丈量土地的样子便映入眼帘——"顷"字也，引而为田亩的面积单位，如万顷良田。

"倾"字加单立人，便是专指一人歪歪斜斜的、要摔倒的样子——倾倒，以便与"顷"字表顷刻之意后有所区别，使字义表达准确不受干扰。

"颖"字在"顷"字中加了一个"禾"，指庄稼接穗、麦芒新出，压完穗头了呈倾斜状，此时麦田里一派等待丰收的新景象——新颖。其读音与"英"相同，意思相近，花开待结果之意。

今之河南有县城名为临颍县，"颍"字中有一个"水"，指颍河。临颍地势平坦，是黄

204

淮平原的一部分，但自西北向东南略微倾斜，水流自行成河，谓之颍河。

大约5000年前，先民们自西北方入此处，沿着古颍河向东南迁徙，西周设邑，西汉设县，后废县为郡，取濒临颍水而得名临颍。

2. 页→嚣（囂）、寡

金文
叔梟父敦
小篆
說文㗊部
隶书
华嚴碑

“嚣”字的金文写作“嚻”，为“[頁+廾]”之省，表一人高傲地站在众人之中，大声喧哗、十分张扬——喧嚣、嚣张也。

小篆时字形改上下结构为“囂”，除了竹简书写的需要以外，也将原本散乱的“吅（xuān）”字恢复原貌，兼表读音。隶书、楷书依照小篆没有变化，后简化为“嚣”。

金文
毛公鼎
小篆
说文宀部
隶书
曹全碑
草书
王羲之

“寡”字的金文为“宀”下一“页（頁）”，表屋中一人也，如藤下一瓜，专表人之孤、独也，读音与“瓜”相同，兼表字义。如古代君王皆自称“寡人”，即表示天下一人之统，也体现了天命一人之寂寞。

小篆时字形下方加“分”字，侧重表达了一种因分离而产生孤单感——孤寡。如夫君死去而孤身一人的妇人，被称为寡妇。随后，隶书的书写有所简化，将“頁”字中的笔画“八”与“分”字的合并，书写中好似隶变“分”为四点“灬”。楷书、草书为免歧义，皆避之，书写为“寡”。

面

甲骨
存续·1234

金文
大敦

小篆
说文面部

隶书
曹全碑

草书
王羲之

腼　靦

靦　小篆
说文面部

靦　小篆
说文面部

靦　隶书
蛰道人

缅

缅　小篆
说文系部

缅　隶书
华山庙碑

缅　行书
董其昌

三、面字家族

面→腼（靦）、缅（緬）、湎

"面"字原本就是指人的面部，甲骨文刻画了一人的脸部轮廓，刘海之下眼观鼻、鼻观口。金文时与"首"字相似，小篆取甲骨文面部之轮廓形为"囗"，中间一个"自"字，隶书时书写为"面"，专指人的脸部——面部、脸面。

今天"面"字还指面粉，此为"麵"字的简化替代，详见《双法字理·文部》。

腼腆的"腼"字原本写作"靦"，表面部表情可见之意，如腼腆。

"腆"字以"典"字表音表意，典籍多厚重，故此表肉体丰厚之意。

"腼腆"本义为因脸部丰厚而影响面部表情变化，有碍交流，后泛指因初见羞涩、怯场，而不能与之正常交流之意。

缅怀的"缅"字，《说文》释为"微丝"，指不起眼的丝线，需俯首贴面才能看到。

后世取"缅"字"俯首贴面"之意，视绞丝旁"糸（纟）"为"纪"字之省略，指人们纪念、怀念死去的亲人时，在眼前总会浮现出他的音容笑貌——缅怀。

缅甸是缅甸联邦共和国"the Republic of the Union of Myanmar"的简称，"Myanmar"音译为缅甸，是东南亚的一个国家。中缅两国是山水相连的友好邻邦，于1950年6月8日正式建交，自古以来两国人民之间的友谊源远流长，两国人民更以"胞波（亲戚）"相称。

沉湎的"湎"字中三点水（氵）为"酒"字之省略，指人满面酒色、酒气之意。

《尚书·周书·酒诰》中记载"罔敢湎于酒"，指不敢沉迷、放纵、无节制于酒中。

内蒙古有呼伦贝尔大草原，也写作库伦贝尔大草原，还写作"圐圙"（kū lüè），"圐圙"为蒙语的音译，表示被围住的草场，草场之大四面八方皆是也。今特指牧民为了保护草场不被他人的牲畜破坏，而用铁丝网围住的一片草原，称为"草圐圙"。北方方言中，"圐圙"又表示圆圈、围栏、围墙之意，以及村庄之名，如薛家圐圙、南圐圙村等。

四、囟字家族

1. 囟→细

"囟"字指囟门，指婴幼儿颅骨结合不紧

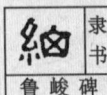

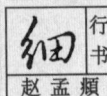

所形成的颅骨间隙，于是画一个头骨的轮廓，用一个叉的符号"乂"表示缝隙。其另有异体字写作"顖"，加"页"字专表人之头顶的缝隙。

中国古人认为，囟门是生命刚出生时与天地灵气相通汇的门户，直接关系到大脑的后天发育，所以十分重视。因此，其所造之字皆与大脑、思绪有关。

粗细的"细"字，右边部分的"田"为"囟"字之变体，兼表读音和意义，如像缝隙一样窄的丝线称为细丝。

细丝所织之布经纬交密，稍有不慎便会交错，于是又引申出精细、细致、仔细之意。

2. 囟→思（恖）、腮（顋）、鳃（鰓）、傻

"思"字是今天的简化字，金文、小篆时原本写作"恖"，隶书时依旧是将"囟"字在隶变时书写为"田"，配以心字底，表心中所念、脑中所想。

中国古人认为"心之官则思"，认为心是思维器官，出自战国时期的《孟子·告子上》中的"心之官则思，思则得之，不思则不得也"。

"腮"字也写作"顋"，指人们思考问题时以手托于面部的位置，入沉思状。小篆时配肉月旁，表肉体部分，后另配"页"表明为头

细

細
小篆
说文系部

絔
隶书
鲁峻碑

细
行书
赵孟頫

思

思
金文
古鉥

恖
小篆
說文心部

思
隶书
桐柏庙碑

腮

腮
小篆
篆典页部

部上的肉体，位于面颊两边，称为腮帮。

"鰓"字则专指鱼鳃，指鱼头两侧的器官，如人面腮帮的位置，供鱼儿在水中呼吸所用。

"傻"字有个异体字写作"儍"，指大脑发育不健全、智力低下之人，后泛指蠢笨、不明事理的人。字形"儍"上部表头脑的"囟"书写为"凵"与"※"，表示囟门没有闭合与头脑混乱，亦是"卤（鹵）"字之省，表鲁莽之意；字形中部的"八"为"心"之省，表心智不全；字形下部的"夂"表示腿部的行走，三部分相合配单立人，表示智力低下、心智不全、行事鲁莽之人。

"儍"字后来简化书写为"傻"，读音"shǎ"，似傻子说话时口齿不清、吃吃啊啊的声音，让人不知所云。

3. 囟→脑（腦）、恼（惱）、瑙

大脑的"脑"字，配了月字旁表示肉体，左边以"巛"表头发，"囟"表头之盖骨，合而指头盖骨下的骨髓——脑。汉字简化时依照草书，写作"脑"。

脑是人类中枢神经的主要部分，由端脑（大脑）、间脑、小脑、脑干（中脑、脑桥和延髓）等组成，简称大脑。

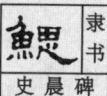

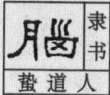

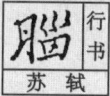

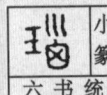

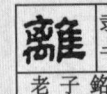

烦恼的"恼"字，为"脑"之省配了竖心旁（忄），表因心事而产生的烦闷、烦躁之感，即事不遂心称意而气血冲脑，情绪不定、行为烦躁——烦恼也。

玛瑙的"瑙"字，为"脑"之省配玉石旁，指一种玉石——玛瑙。

玛瑙这种玉石常混有蛋白石和彩色石英的纹带，色彩红白相融、层次鲜明，似内有图像似脑，且个头较大。于是，人们最初取名为"马脑"，后改为"玛瑙"，这与"琥珀"的命名相仿，原为"虎魄"。

4. 囟→离（離）、漓（灘）、篱（籬）、璃、螭、魑

"离"字在今天被规定为繁体"離"的简化字，但最初乃为二字。

"离"字为捕猎之意，战国时初文为草字头"艸"或林字头"林"，其下一人手持长柄捕兽器"芈"，此为"畢"（毕）字之初文，合而表树林中捕猎、捕兽之意，后引申指山林野兽。

当其表捕猎、捕兽之意时，读音为"lí"，表示将猎物从种群中分开，并用力捕获之，故此有分离、离开之意，如篱、璃等字。

当其表山林野兽之意时，读音为"chī"，表野兽凶猛能吃人，乃山中神兽也，如螭、魑

等字。

"離"字本义指捕鸟，取"离"字捕猎、捕获之意，后引申指飞鸟飞离、离开，汉字简化时定为"离"字的繁体。

"漓"字指漓江，繁体为"灕"，属珠江流域水系。

漓江位于广西壮族自治区东北部，进入峡谷地段，蜿蜒于丛山之中，两岸有世界上最典型的岩溶峰林地貌，也是广西最美丽的河段。丛山之中、岩溶峰林，多怪石，异形似山螭、魑魅隐于其间，让人远离不敢靠近，故名漓水、漓江。

"篱"字指篱笆，由竹子或木板所制，有分离、隔离的作用。（笆字见《双法字理•动物•巴字家族》）

"璃"字指琉璃、玻璃，是古人在冶炼青铜器时分离出来的副产品，其色透明、流光溢彩，被视为一种玉石。

"螭"字配了"虫"字旁，此虫乃大虫也，即大兽之泛称，表山中野兽——山螭。

螭后来指一种无角的龙，被视为龙之九子之一，好险、勇猛。螭虎便是龙虎，比喻勇猛的将士。

211

"魖"字配了"鬼"字旁，表吃人的鬼魅。魖魅便是中国古代神话传说中的山神、精怪，也指山林中害人的鬼怪，后泛指坏人。

魑魅魍魉是指各种山怪水神的总称，引申指各种各样、形形色色的坏人，出自《左传·宣公三年》中的"螭魅罔两，莫能逢之"。

5. 离➝禽、擒、噙

"禽"字与"离"字十分相似，即便是古文字也很相似，但不同之处在于字形上方较"离"字多了一个盖子"△"，表一种有盖子的网，专捕飞鸟，使被捕获的飞鸟不能飞走。金文时改"△"为"今"，指含于网中，表捕获之意。

"禽"为专指捕鸟之器，后泛指所捕获的飞鸟，进而指自然界的鸟类——飞禽。

"擒"字小篆初文写作"捡"，以"金"表含有之意，为"今土"二字之合，详见《双法字理·地理》，配提手旁（扌）表含于手中之意。

隶书后改写为"擒"，表抓取所捕获的飞鸟，更体现拿取、抓取之意，如擒拿。

擒拿是中国武术技法之一，是从古老的国术技击中演变而来。技法中利用人体关节、穴位和要害部位的弱点，运用杠杆原理与经络学说，采用反关节动作，集中力量攻击对方薄弱之处，使其产生生理上无法抗拒的疼痛反应，达到拿其一处而擒之的效果。

"噙"字配以口字旁，表以口抓物，叼、衔之意。眼中噙满泪水，即表示眼中含有泪水、衔有泪水之意。

五、自字家族

自→咱

"自"字的古文字就是画了一个鼻子的样子，甲骨文之后，经金文、小篆、隶书突出了高挺的鼻梁，字形中两横表示鼻梁上的褶皱，亦是表示两个鼻孔，左右鼻腔。详见《双法字理·文部》。

鼻子是人们的嗅觉器官，在五官的正中部，古人称为五官中岳。人们说话时，时常用手指指着鼻子，询问或表达所说对象为本人——我，即自我、自己。于是，当表示鼻子的"自"用于表达"本人"之意后，人们便另造了"鼻"字，取"畀"字的音与义，表通气之器官。

"咱"字，是以"口"表称呼之意，乃我之自称。

"咱"字另有异体字写作"喒"或"偺"，

自

自 甲骨 龟卜·3

自 金文 毛公鼎

自 小篆 说文自部

自 隶书 史晨後碑

自 草书 王羲之

咱

喒 小篆 李氏摭古

咱 隶书 孔宙碑

咱 草书 怀素

皆以"昝"字标注读音，此为"簪"之讹变以表读音。

六、耳字家族

1. 耳→饵（餌）、洱、茸

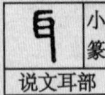

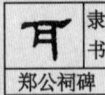

"耳"字的古文字就是一只耳朵的样子，确切地说是一只左耳的样子，如甲骨文所画。金文时刻画得更加准确，有耳轮、对耳轮、耳孔、耳垂，小篆时趋于对称和线条画，书写为"耳"，隶书、楷书沿用至今。

耳朵是人们的听觉器官，所以最初的"听"字写作"聽"，且是要用心去听，要有所得，而不是简单地听到了而无所闻。待《双法字理·器物》中遇见了"斤字家族"，再详述"听"与"聽"的关系。

"饵"字加了"食"字旁，最初指一种糕饼如耳状——饵饼，繁体写作"餌"。后引申有引诱之意，即以食物诱惑之，似持牛耳而引之，谓之诱饵。

"洱"字古代为一水名，出于罢谷山，一说为熊耳山，故名"洱"。

今天的云南有一处旅游胜地——洱海，其

左栏：耳 / 甲骨 新·1684 / 金文 癸父宗彝 / 小篆 说文耳部 / 隶书 郑公祠碑

古代名为叶榆泽、昆明湖或西洱河，位于云南大理郊区，为云南第二大淡水湖，是由塌陷形成的高原湖泊，因形状像一个耳朵而取名为"洱海"。

北京颐和园中"昆明湖"的取名便与洱海有关，这就要讲一下汉武帝时期一段"汉习楼船"的典故。

汉武帝时期曾派使者到西南夷寻求通印之路，但却被洱海附近的昆明族所阻，于是汉武帝征调人力在首都长安开挖了一个人工湖，名为"昆明湖"，以此来训练水军，以备征讨洱海地区的昆明族。当然，长安"昆明湖"训练的水军是不可能派上用场，这便是"汉习楼船"的故事，它被司马迁记载于《史记》中。

在清朝时期，乾隆皇帝因景仰汉武帝开疆拓土的功业，便把北京颐和园的"西湖"改名为"昆明湖"。

"茸"字与草木有关，指出生的小草纤细柔嫩，如人们耳朵上的绒毛，读音亦与"绒"字同音为"róng"。后来也引申指柔软的细毛，如毛茸茸。

鹿茸便是指梅花鹿或马鹿的雄鹿头顶未骨化而带茸毛的幼角，是一种珍贵的中医药材，其中氨基酸成分占总成分的一半以上。

李时珍在《本草纲目》上称鹿茸"善于补肾壮阳、生精益血、补髓健骨"。

2. 聂（聶）→镊（鑷）、嗫（囁）、蹑（躡）、摄（攝）、慑（懾）

"聂"字繁体为"聶"，三个耳朵的样子，表众人贴着耳朵相互窃窃私语。

聂姓则源于古之地名，春秋时期的一食邑为聂城，后附庸为聂国，其后世子孙皆以地名为姓氏而成聂姓。

"镊"字为一种金属工具，如钳子，但取"聂"字有"耳私小语"表"细小"之意，指钳取细小、细微之物多用的工具——镊子。

"嗫"字则指小声说话之意，嘴巴闭紧其声细微也。

"蹑"字则指腿脚的步伐细小甚微，只有细小的声响，如蹑手蹑脚。

"摄"字指用手指像镊子一般持物，紧紧钳住细小的物品。又引申为小心、细心拿取之意——摄取，摄取影像便是摄影、摄像之意，此时读音为"shè"。

"慑"字读音为"shè"，为"摄"之省配以竖心旁，指威力巨大，使心脏为之一惊，似被人摄取了性命一般，心中感受到了威胁——威慑也。

3. 取→娶、趣、聚、骤（驟）、最

"取"字的字形为"一手拿耳"，表拿取之意，但最初它可是杀身取命、取人性命之意，这与古代战功取赏有关。

古代最初的战争为部落之间的战争，往往以带回敌人的首级来展示个人英武，和部落祭祀所用。后来部落战争逐渐演变为家国战争，首级作为杀敌领赏的凭证并不方便携带和打仗，于是古人统一规定为割下敌人的左耳以报战功，这就是最初的血淋淋的"取"字。

大兽公之，小禽私之，获者取左耳。——《周礼》

"娶"字为"取女"二字组合，表获取女子为我妻子之意，最初有主观夺取之意。甲骨文之初为左右结构，女字旁一个"取"字，籀文时因竹简书写的关系，改为上下结构，成为今天的字形"娶"，隶书、楷书沿用。

古时婚姻并不像今天的自由恋爱，而多为父母之命、媒妁之言，女子在婚姻中往往处于被动接受的一方，且古时女子的地位普遍低于男子，与男子相比是被获取者。但在今天，男子要想从女方家中把女子娶走，可不那么容易了。

"趣"字为"走取"二字组合，"走"字在古代表示跑，有急速、疾驰之意，配"取"

字表急速拿取、获取之意。后引申为一人兴致所趋、急于获取之意，兴趣也。

此外，"趣"还有一个读音为"cù"，表紧急、急促之意，读音受"促"字的影响有所变音，以表字义。

聚

金文
古鉨

小篆
說文耳部

隶书
城坝碑

"聚"字为"取众（乑）"二字的组合，金文为"似（众）取"二字，表众人集会愿有所取之意，聚会、聚众也。小篆与金文同，隶书时方写作"聚"，楷书依照隶书，沿用至今。

"聚"字除了表示人的聚会与聚集，最初还表示众人相聚而成的小部落——聚落，《史记·五帝本纪》记载："一年而所居成聚，二年而所居成邑，三年而所居成都。"

"骤"字繁体为"驟"，表众马疾驰之意，急骤也，有来势迅猛、声势浩大之状，如暴风骤雨。其读音为"zhòu"，受"趣"字表急速之意为"cù"音的影响，与"聚"之众多之意相合而造字定音，以表字义。

最

金文
敦最鈢

小篆
说文曰部

隶书
蔡湛颂

行书
祝允明

"最"字读音为"zuì"，金文可以很清楚地看到上面部分不是"日"或"曰"，而是"冃"指帽子，下面一个"取"字，最直接的理解就是取人之首级。《三国演义》中关羽的战力十分耀眼，初露锋芒时温酒斩华雄，蔑视曹操时杯酒杀颜良、疾马诛文丑，皆冒险、犯难以快取之——最也。

故不可突破之难关，为最难；不可逾越之山险，为最险；不可获遇之好物，为最好也。

七、目字家族

1. 目→泪、看

"目"字的古文字就是一只眼睛的样子，甲骨文、金文皆如此，眼睑之中一个眼仁。小篆时依照金文，字形对称书写为"罒"或"目"之形，隶书时采用了竖写的"目"字，沿用至今。

"泪"字是一个后起字，原本由"涕"字表示"目液"，后另写作"淚"字，今写作"泪"。

"涕"字表示眼泪一滴滴流下来，似有次第之序，于是用"弟"字表音表意。但人们发现并不是所有的"目液"都是眼泪，有时也时常伴有鼻水一起，如人们吃辣椒时便是如此，当人们痛哭时眼泪鼻水更是混在一起分不清楚——痛哭流涕。于是，人们便另造了"淚"字。

"淚"字以"戾"字扭曲、弯曲之意表示人们哭泣抽搐时身体的弯曲、弓背之形，三点水（氵）表示哭泣时的眼泪。后简化汉字书写

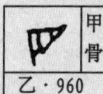

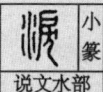

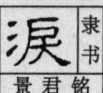

219

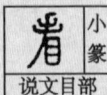

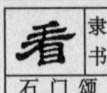

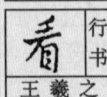

为"泪"，以形表意简单明了。

其实，"泪"的字形籀文时早已有之，后被"泗"字所统表，皆因"目"初为横写"皿"，字形如"四"字之缘故。

"看"字为"手下一目"，表示人们手搭凉棚，举目望远，端详细看之意。

在今天，人们似乎对"看"字的使用和认识简单很多了，只是"看见"就行了。其实"看"字还有详查、慎重之意，如观察也称为观看、拜望也称为看望、想法也称为看法、敬酒也称为看酒等，可不仅仅是"看一下"那么简单。

2. 眉→嵋、鹛、郿

"眉"字最初的甲骨文就是画了一个眼睛上的毛发——眉毛，金文十分复杂，为一个脸型轮廓上的两条毛发，且为了表示是脸部轮廓，又在下面加了表示头部的"页（頁）"字，以便表示非睫毛也。

小篆时书写为"睂"为金文省略之半，隶书时方书写为今之雏形——"眉"字。

"嵋"字专为峨嵋山所用，起初也写作"峨眉山"，隶书时方见"嵋"字。

峨嵋山之名源于"蛾眉"，因指山故写作"峨眉"，后又写作"峨嵋"。此山位于中国

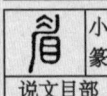

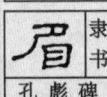

四川省乐山境内，是中国"四大佛教名山"之一，其地势陡峭，风景秀丽，素有"峨眉天下秀"之称。那么"峨眉"在古代有什么意思吗？

"峨眉"指"峨眉妆"，是我国在盛唐时期流行的一种化妆方法。女子将眉毛全部拔去，再用眉笔在靠近额中的地方描出两条短眉，似蛾之眉，如唐代画家周昉的"簪花仕女图"中所画，且大唐诗人杜甫还留有"却嫌脂粉污颜色，淡扫蛾眉朝至尊"的诗句。后来，深受大唐文化影响的日本也开始流行此妆，今天日本的艺伎表演中依旧采用此妆，表达美颜。

古人便是用"峨眉妆"之美艳形容此山的美。正如《峨眉郡志》所写道："云鬟凝翠，鬓黛遥妆，真如蠕首蛾眉，细而长，美而艳也，故名峨眉山。"

"鹛"字指一种鸟，这种鸟叫声十分好听，它眼睛周围的羽毛像画的眉毛，于是取名"画眉"，自古是一种观赏性很高的鸟。

今之"鹛"字为后起字，是此类鸟的科学划分之属——鹛类。

"郿"字原指陕西"郿县"，现在写作"眉县"。此地原为周王朝的采邑，在都城不远处，如眉毛随影谓之"郿"。此地后来封于董卓，在其经营下使之成为中华历史上最精彩的篇章——《三国演义》的序幕。

公元189年，一代权臣董卓杀太后、废少

帝，立陈留王刘协为帝（献帝），官居太尉，自封郿侯，随后袁绍、曹操等十八路诸侯声讨董卓。董卓一把火烧尽洛阳城，迁都长安，住进了由自己的采邑修筑而成的郿坞，此城可与长安城比肩，号称"三国第一堡垒"，以挟天子。

《后汉书·董卓传》记载，郿坞号称"万岁坞"，（董卓）自云："事成，雄踞天下；不成，守此足以毕老"。

3. 民→氓、岷、泯、眠

"民"字的字形有两种解释，一说为草之萌芽，因草生繁茂如众生芸芸，渐渐用来表示人们的繁衍，谓之人民。小篆时由专表示草初生之萌芽的"萌"字替代。

一说为郭沫若先生所释"横目带刺，盖盲其一目以为奴征"，如其金文。

此处我们采用郭沫若先生的解说，释"民"字为一只被刺瞎的眼睛"目"，指被因为奴者，盲一目而防其逃逸，使终身为记。奴隶们繁衍生息，便形成了社会中最底层的劳苦大众——民众。

"氓"字便是指流亡的人民，即部落战争中失利一方的民众——流民。虽是流民，但他们依旧保持着自己部落的习惯，于是当他们混入到其他部落时，便会出现与其他部落不相同

222

的习惯与习俗，于是被认为是不守规矩、盲无法度的外来人，称其为流氓。

"氓"字读音为"máng"，便是受"亡""盲"二字的影响，兼表意义。

"岷"字指岷山，位于今天四川省内，岷江便是古代长江的正源，此处更是中国古史神话传说中上帝与众神的天庭所在地，"海内昆仑山"和神仙文化、道教发祥地，中华人文女祖、蚕桑神嫘祖和治水英雄大禹的故里。

可见，此山为古代民众发源地之一，于是以"民"表意，称为岷山。

"岷"字还有一个异体字写作"崏"，是其小篆时的书写整理，原本写作"昏旁支山"，即人民在此山之旁，伴随着日出日落而劳作，为古代文化的发源地之一，如良渚文化、大溪文化、屈家岭文化等，这些都是长江流域的古代文明。

"昏"字原本写作"昬"，详见《双法字理·植物》中的氏字家族，且"氏"与"民"二字确也十分相似。

"泯"字本义为洪水泛滥之下的民众逃亡之貌，后引申为减、灭之意，如泯灭、泯忘。

鲁迅先生的《题三义塔》中有一句著名的诗句："度尽劫波兄弟在，相逢一笑泯恩仇。"此句表达了先生希望中日两国人民能够共同抵抗日本政府的帝国主义行为，也希望战争之后

223

眠
隶书
蝥道人

眠
草书
王羲之

瞑
小篆
说文目部

瞑
隶书
蝥道人

两国人民保持友好，不要沦为政治和战争的牺牲品。

"眠"字古释为"瞑"之重文，即异体字，书写于隶书，用于替代"瞑"字。

"瞑"字指闭上眼睛，使眼睛所感受的光亮黯淡下来，以"冥"表黑暗来临之意，如人们思考问题时往往会闭上眼睛，以减少外界的打扰，称为冥想。所以，"瞑"字虽闭上眼睛，但并不一定就是睡着了。于是，人们另造了"眠"字，以"民"为目之所坏之意表不能再睁而视之，专表睡眠。

故，"瞑"字强调闭上眼睛，如死不瞑目；"眠"字强调睡而不视，如睡眠。

4. 相→箱、厢、湘、想、霜、孀

相
甲骨
乙·4695

相
金文
古鉥

相
小篆
说文目部

相
隶书
杨淮表纪

"相"字为"木旁一目"，表示眼睛看向木头，俗称相木，指挑选可用之木材。在很早很早以前，古人伐木取材是有要求的，且制作不同的器物所挑选的木质亦不相同，要看清树龄，四年和六年树不可伐。

古人追求与大自然的和谐，即天人合一，所以当你相木取材之时，对着树木看的时候，树木也在看着你，双方之间相互选择，选到合适的便是有缘，反之便是无缘，而非对与错的选择，于是引申有"相对"之意。

"箱"字指箱子，可以是木制的，也可以是竹制的，竹字头的"筐"源于"匚"，为其初文，而"箱"的金文便是"匚中一相"。

《说文》中释其为"大车牝服也"，即大车的车箱，用雌兽能大肚孕物来形容承纳之形。于是，相对于早期没有遮掩的"舆"便有所不同，但都还是车。人们便取"相对"之意，造了"箱"字，今则泛指用于收纳的大体型方形器具，配有盖子，可相对而合。

"厢"字原本写作"廂"，以"广"字头表示房屋之意，是古人房屋建筑中在正房两侧，即东西两侧相对的房屋，称为东西厢房。

汉字简化时，将"廂"字写作"厢"，古文字中"广"与"厂"同源，皆表示人类最初居住的山崖之下的藏身之处。详见《双法字理·文部》。

"湘"字加三点水指湘江，属长江流域洞庭湖水系，是今天湖南省最大的河流。古人取"相"字为其命名，源于对生活经验的总结，即对湘江的认识。

古人很早就发现湘江充沛的水源主要来自降雨，每年3月至7月水量相对充沛，尤以5月为最，所以每年四五月份多汛情，亦发洪灾，人们便以此为规律做好每年的防汛准备。因而，古人取"相"字为此水取名为"湘"，表示相对容易控制的水流。

如今，湘江依旧是长江流域中汛期最早的支流之一，但人们除了防汛之外，已经开始尝试利用它汛期时的大水位流量进行大吨位的通航作业了，以此将相对的不利，转化为相对的有利。这种思想上的改变，再次体现了"湘"字的新意义。

"想"字为心字底，表示心之向有所思念，望与之所感，两相呼应，谓之想念。"思"与"想"便是脑与心的各自主观感应，连用表示一个人对事件的打算与态度。

"霜"字为雨字头，甲骨文为"雨下枯木"，古释为风霜之下树木皮枯、叶落。小篆时书写为"霜"，除了以"相"表音之外，也是对霜的表述，一种相对于雨雾水露而有所不同的水汽凝结物，为白色结晶体。

"霜降"是二十四节气之一，为每年公历10月23日左右。霜降节气含有天气渐冷、初霜出现的意思，是秋季的最后一个节气，也意味着冬天即将开始。此时，露水凝结成霜，千里沃野上，一片银色冰晶；百所庭院内，一地金黄落叶。苏轼曾有诗写道："千树扫作一番黄。"陆游也在《霜月》中写道："枯草霜花白，寒窗月新影。"

"孀"字在"霜"之旁加了"女"字，专表丈夫死去后遗留下来的妻子，称为遗孀，为

想
小篆 說文心部
隶书 孔彪碑
草书 王羲之

霜
甲骨 甲·2
小篆 說文雨部
隶书 礼器碑
行书 王羲之

孀
小篆 篆典女部
隶书 孔宙碑
草书 孙虔礼

226

书面用语，俗称寡妇。"孀"字取"霜"字凄凉之意，表示失去丈夫后的妻子，精神面貌如被霜打过的植被，萎靡不振，与此同时家庭生活也随之破败，处境如霜。

八、臣字家族

1. 臣→卧（臥）、望（朢）、宦

"臣"字也是一只眼睛的样子，但却是一只竖立的眼睛，如其甲骨文，指人们低下头时眼睛的样子——竖目。随后的金文、小篆、隶书，字形都没有变化，直到今天依旧如此。

古时，君王在上端坐中央，官员在下侧立两旁，君王以上视下时便看到一只只竖立的眼睛——臣，于是便以此字指代官员、大夫，称为大臣。

"卧"字原本写作"臥"，即"臣旁一人"，表一人侧躺时眼睛也是竖着的——侧卧，后泛指躺卧。

"望"字繁体为"朢"，最初的书写中没有"月"，其甲骨文为一人抬头竖目之形，侧重表现眼睛，以示以目之所看为主。金文时在字形中加入"月"字，专表举头望月之意，正

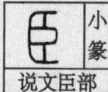

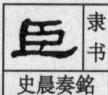

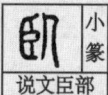

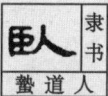

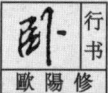

227

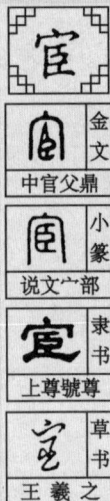

如后世李白诗句所写"举头望明月"。

随后，在籀文、大篆中为表其读音，便将字形中的"臣"改为"亾（亡）"以表读音，底部加"土"字书写为"壬"，以表站于高台之上——登高望月。

小篆时"朢""望"二字并行，底部加的"壬"字讹变为"王"亦可表示读音。隶书时本就是为了书写简便，于是采用了"望"字为主的书写，沿用至今。

"宦"字加了宝盖头，金文为"宀下一臣"，以"宀"表示庙堂王室，即在王室为臣，表做官之意——官宦。

"宦"字读音为"huàn"，专指换了身份，变音以强调身份的转换，即由无名布衣转换为百姓之家，由无权利者转换为有权力者，后泛指权利。

在中国历史上，帝王的身边总有一些权利特殊的人，他们被称为宦官，俗称太监。

最初的宦官原本只是王室贵族中一种随时呼唤的家臣，负责杂役、传令等工作，多由地位低下的奴隶承担。当时，宫刑作为一种惩罚和警诫的刑罚，时有伴随。

到了战国、秦朝时期，随着专政王权的发展与壮大，帝王身边所需要的宦官人数也不断增加。同时，原本用于惩戒的宫刑也随之成为这一职业的传统。于是，阉人开始逐渐成为王权的伴随者。

　　到了汉朝，侍候皇帝的人统一被叫作"宦者"或"宦官"，据说此名是出自拱卫在天帝星旁一颗名为"宦者"的星座。

　　宦官称"太监"，是隋唐以后的事。唐高宗时，以宦官充任太监、少监，此后宦官亦通称为太监。

　　到了明代，宦官权势日增，人们就把所有宦官都尊称"太监"，太监也就成为宦官的代名词了。历史上宦官势力最大的时期应该是明朝，魏忠贤便是这一时期中最有权势的宦官了。

2. 臤→贤（賢）、坚（堅）、紧（緊）、竖（豎）、肾（腎）

　　"臤"字甲骨文、金文、小篆皆如此书写，表示有能力的臣子，以手"又"表示辅佐、护佑之意，即贤臣。故此字为"贤（賢）"字的古文字。

　　"贤"字繁体为"賢"，在"臤"字的下面加了"贝"字，以表珍贵、难得之意，贤能者国之宝也。

　　春秋时期孔子更是将"贤"字体现为一种宝贵的精神和品质——道德，以道德为核心推广"贤人政治"，认为政治问题的实质和核心就是一个道德问题，"以德治国、以刑为辅"，贤人通过道德感化来实现统治，刑法只是一个最后的治理手段。

　　今天我们依旧将有能力的人称为贤能、贤

賢 石文
石鼓

賢 金文
卫公叔敦

賢 石文
石鼓

賢 小篆
說文贝部

賢 隶书
曹全碑

贤 草书
王羲之

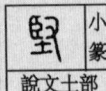

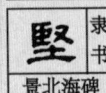

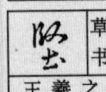

良之人，这种能力既包括内在，又包括外在。

"坚"字繁体为"堅"，其金文为一人低头竖目，以手持棍（丮）夯土垒砌之形，使之固、硬，谓之坚固、坚硬。且夯土垒砌乃是持久之事，故又引申有坚持之意。

小篆时去"人"形而保留了"臣"，其下为土，另以手（又）代替劳动之意，书写为"堅"，汉字简化时书写为"坚"，亦表坚持、坚固之意。

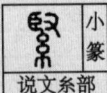

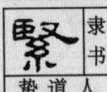

"紧"字繁体为"緊"，便是一人低头缠线（糸）的样子，丝线越缠越密，原本柔软的线似乎也变得坚硬起来，引申有紧密之意。

"竖"字繁体为"豎"，甲骨文为"壴（zhù）旁一人"，即一人跪坐在祭祀的礼器——豆器之前，有加冕之意。《周礼·天官》注"未冠之官名"，后在小篆时书写为"侸"，表官职，有树人之意。

"豎"还另有字形为"臣下一豆"，古人释为"相树（樹）"之意，即观察树木以使其成活而立之——树木也，引申有竖立之意。

正所谓"十年树木，百年树人"。"豎"字的读音此后随字义而有所变音，读音为"shù"。于是，便有了异体字"豎"，以"殳shū"字表读音。汉字简化时，皆书写为"竖"。

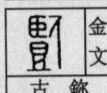

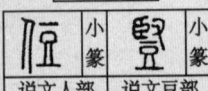

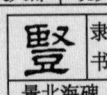

"肾"字繁体为"腎",指肾脏,是一对内脏器官,它位于腰部脊椎两侧,紧贴腹后壁,俗称腰子。于是,古人认为腰部的坚挺便与肾脏的好坏有关,所以取"坚"之省配以肉月表该脏器为"肾",又因其蕴精藏血为身体健壮之根本,故慎重之至,读音便随意而有所变化为"shèn"。

肾脏的基本功能是生成尿液,借以清除体内代谢产物及某些废物、毒物,同时兼有吸收功能,以保留水分及其他有用物质,故此中医取五行之水称其为水脏。

3. 监（監）→鉴（鑑）、盐（鹽）、临（臨）

"监"字繁体为"監",甲骨文为一人低头看着一个水盆（皿）,这就是最初的照镜子,即以水为鑑（铜镜）。

人们最初没有镜子,但发现湖水的水面可以倒映出人像,于是借此原理用器皿中的水倒映出自己的人像来观察自己,随后才有铜镜——鑑,亦写作"鉴（鑑）"。

古人除了用器皿装水倒映出自己的人像,后来还加入了折射的原理,做出了最早的监控设备,"算数九章"就记载和描绘了古人使用三角折射来观察墙外事物的事例。场景中高墙之内的大树下一人,低头俯视树下一个盛满水的大盆,大盆上方悬挂者一面铜镜于树上,镜子斜对着墙外劳作的人们,墙内之人便可以在

231

树荫之下看到外面的情况，以便督导与管理。于是，引申出监管之意。

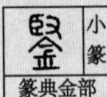

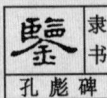

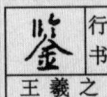

"鉴"字繁体为"鑒"，本义为镜，即铜镜。铜镜的作用就是观察面容，使之干净，故此引申有观察、审察之意，即观察以赏其美、审察以鉴其别——鉴赏、鉴别。

当原本表示铜镜的"鉴"字主要用于鉴赏、鉴别之后，人们便另造了"镜"字，取"净"字之省，表审视面容干净之意，再加金字旁为"镜"。

"盐"字繁体为"鹽"，金文为"滷下一皿"，即卤水盛于皿中以炼盐。小篆时改为一人低头察看器皿中的水，但器皿中的水可不是普通的水，而是"卤水"，指人们低头观察所煮的卤水以取盐。汉字简化时依照草书，简化为"盐"，字形中的"土"字亦暗指盐粒洁白如沙。

古代的"盐"主要是通过熬煮卤水所得，卤水的获取一般为近海的海水和内陆的盐池。如山东半岛多出海盐，鲁国之名便与此有所联系。而内陆盐池当属山西运城，此地古名凤凰城，多有梧桐树，背靠南山，山下一池终年产盐。《周礼》记载其盐不炼而成，被世人称为盐池，世代立池神庙供奉池神。古城历代以产盐、运盐为主，这便是后来"运城"之名的由来。

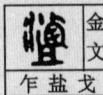

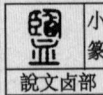

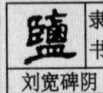

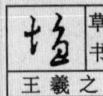

　　上古时期，运城盐池曾是炎黄二帝大战蚩尤的古战场之一。上古歌谣《南风歌》，相传为虞舜时歌唱运城盐池和人民生活关系的民歌，既是对古老战场的悼念，又是对如今美景的感恩。

　　南风之薰兮，可以解吾民之愠兮。

　　南风之时兮，可以阜吾民之财兮。

　　"盐"在古代是极为重要的生活物资，在国家资源中与"铁（铸币、造兵）"的地位一样，关系到民生疾苦，是中央政权中财经会议的首要议题。公元前81年（汉昭帝始元六年）旧历二月，政府官员从全国各地召集贤良60余人共同讨论民生疾苦问题，后人把这次会议就称为"盐铁会议"。30年后，庐江太守桓宽根据这次会议的官方记录，加以推衍与整理，并增广条目，把双方互相责难的问题详尽地记述出来，分书十卷六十篇，这便是著名的《盐铁论》。

　　"临"字繁体为"臨"，甲骨文为"臥下一品"，此处"品"为"岩"字古体"嵒"之省，表示一人在靠近悬崖的岩石之处向下看，即居上临下。后又引申出接近、靠近之意——临近。

　　甲骨文、金文时，"品（嵒之省）"在"臣"之下，人形在左；至小篆时，为了字形的匀称，将"品"分居于人形之下，使字形匀称、稳健；至隶书时，则将"品"独写于人形

233

之下，写作"臨"。汉字简化时，根据草书简化为"临"。

4. 监（監）→蓝（藍）、褴（襤）、滥（濫）、篮（籃）、尴（尷）

蓝

小篆
说文艸部

隶书
蛰道人

草书
王铎

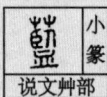

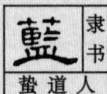

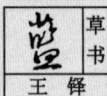

　　"蓝"字最初指一种草本植物，其叶可制蓝色染料，用于染制青布，称为靛蓝类植物，故为草字头（艹）。《说文》释为："藍，染青之草也。"宋代《天工开物·蓝淀》记载："凡蓝五种，皆可为淀。"今天我们普遍认为的"蓼蓝"便为五种之一。

　　"青，取之于蓝，而青于蓝。"出自《荀子·劝学》，意思是青从蓝草中提炼出来，但颜色比蓝草更深，比喻学生胜过老师，或后人超过前人。此处的"蓝"便是蓝草，而不是蓝色。

　　"蓝"最初指蓝草类的植物，如菘蓝、蓼蓝、板蓝、吴蓝、苋蓝等，后来才成为颜色的代名词——蓝色。蓝色在古代最初的用途是作为标记使用，用于需要监视的地方，于是取"监"字表意思，书写为"蓝"。如水位警戒线、囚车、牢狱等，"蓝榜"便是古人乡试后，官员检查考卷时对不合规定、或有污损的答卷，以蓝笔标出，截角张榜公布，并取消该考生考试资格。

　　大自然中蓝草易得，于是民间多以蓝色印染布匹为百姓所用，并不断发展出以蓝色为基础加工的扎染、蜡染等民族工艺。

"褴"字便是指蓝色的布衣，乃是最为普通的衣服。

"褴褛"一词最初便是写作"蓝缕"。《左传·宣公十二年》写道："筚路蓝缕，以启山林。"这句话的意思是驾车简陋如柴车，衣着朴素又破烂，如此便开始去开辟山林了，形容创业的艰苦。后人逐渐改"蓝缕"为衣字旁（衤），写作"褴褛"，专表衣衫之陈旧、破烂。

"滥"字便是指所监控的水，古人以蓝色表天之色，标记警戒水位，当水面上涨至蓝色处，表示水上涌至天，必泛之而无以拦，此谓泛滥。其读音取"拦 lán"字之音，表拦截之意。

"篮"字指由用竹子编制的手提盛器——竹篮，似笼、篓，但可以手提携。

竹子其色为青，然青取之于蓝，于是此物取名为"篮"。后来也指由藤条、柳条编制的手提盛器——篮子。

"尴"字非原本之字，乃是后起字，最初写作"尲"，小篆时为"尢旁一兼"。"尢"字读音为"wāng"，字形为"一人曲足"，表跛足之意；"兼"字表并排之意，详见《双法字理·植物》，二者合而表双腿并拢行走之形，身形如"干"，蹦蹦跳跳行走不端之意。

滥 小篆
滥 说文水部
滥 隶书 张寿碑

篮 小篆
篮 说文竹部
篮 隶书 蛰道人

尲 小篆
尲 说文尢部
尲 隶书 刘熊碑

"尬"字为"尢旁一介"，以"介"表示一人夹行于两人之间，勾肩搭背行走不端之意。

"尴尬"二字常连用，表行为不端让人不能接受，一时间无所适从。

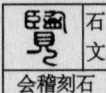

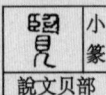

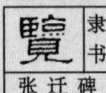

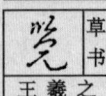

5. 监（監）→览（覽）、揽（攬）、缆（纜）

"览"字繁体为"覽"，字形为"监（監）下一见"，而非"临（臨）下一见"。在小篆中可以清楚地看到字形中"人下以皿"，亦表观看之意，然有别于"监"，其侧重于全面地看见，而非重点地监察，于是在底部又加"见"字以示意义的标注，如一览无余。

《楚辞·九歌·云中君》中写道："览冀州兮有余，横四海兮焉穷。"这是指云神升到高空时眼底泛泛之所见，眼睛移到哪里就看到哪里，无以遮拦。

"揽"字繁体为"攬"，加了提手旁，表示自上而下大范围地操持，将事物收入自己囊中，如对权利的大范围把控称为揽权。

李白曾在《宣州谢朓楼饯别校书叔云》一诗中写道："俱怀逸兴壮思飞，欲上青天览明月。"后被毛主席借鉴，改写为"可上九天揽月"于《水调歌头·重上井冈山》之中，体现了主席当时的壮志豪情，慷慨激昂地表达出要继续革命的英雄气概，将崇高的理想和伟大的实践精神相结合以发展新中国。

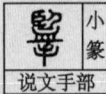

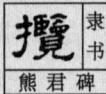

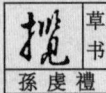

覽

覽 石文 会稽刻石

覽 小篆 說文貝部

覽 隶书 张迁碑

览 草书 王羲之

攬

攬 小篆 说文手部

攬 隶书 熊君碑

揽 草书 孙虔禮

"缆"字繁体为"纜",为"揽"字之省,加"糸"旁,表示拴系舟船所用的绳索——缆绳。

人们站在岸边码头之上持绳索投向正要停靠的船只,再将绳索收揽回来,以便船只靠岸与固定。

九、见字家族

见（見）→舰（艦）、现（現）、砚（硯）、 觅（覓）、宽（寬）

"见"字繁体为"見",甲骨文、金文、小篆皆为"目下一人",侧重指眼睛所看到之实,即看见、见到。隶书时隶变为"目下一儿",仅为书写的简便、字体方正而已。

"舰"字是今天的简化字,繁体为"艦",以同音替代法将烦琐的"监"字替换为"见"字而简化,为汉字简化八法之一。

"艦"字指很高大的战船,古称"板房舟"。人们立木板于大船四周,以抵挡弓箭流矢,指挥者需立于高处监察敌情,指挥作战与航行。这种战船经过时代的演化,今天称其为军舰。

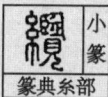

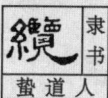

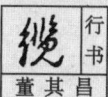

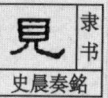

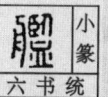

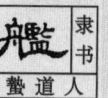

纜 小篆 篆典糸部

纜 隶书 蟄道人

缆 行书 董其昌

見

甲骨 前29·1

金文 己亥鼎

見 小篆 说文贝部

見 隶书 史晨奏銘

见 草书 王羲之

艦

艦 小篆 六书统

艦 隶书 蟄道人

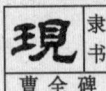

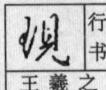

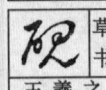

"现"字配以玉字旁，指玉石发光可使人见之，即发现。

人们所看到的便是所存在的，用今天物理中光的反射来说，便是人们之所以能看到物体，是因为物体此刻所反射的光线进入人的眼睛所成像的结果。此时此刻的"所见即所在"，亦为"所现即所在"，即现在之意。

"砚"字繁体为"硯"，指用于磨墨的光滑石头，为研墨、和墨之石。

《说文》谓之"硯，石滑也"，即光滑可鉴的石头，似可发出光亮如玉石之"现"。故此取"现"之省，配以石字旁造"砚"字。其读音为"yàn"，指研磨之石，且最初的墨便是由黑色的烟灰所制，因此受"研""烟"二字的影响有所变音，以表意义。

砚也称"砚台"，中国传统文房用具，始于汉代，是中华文房四宝"笔墨纸砚"之一，有石制、泥制、铜制等。因其质地坚实，能传之百代，是家族文化符号的象征。自唐以后，民间逐渐形成四大名砚之说，分别是端砚、歙砚、洮砚、红丝砚，宋时又兴起泥砚，以澄泥砚为最，但凡传承至今者皆为珍品。

"觅"字繁体为"覓"，金文为"爪旁一见"，表探寻之意，侧重于眼睛的察看以发现目标，似以眼睛代手而寻找——寻觅。

"寻"字则侧重于手的探索，繁体为"尋"，

左侧图注：

现
小篆 說文玉部
隶书 曹全碑
行书 王羲之

砚
小篆 说文石部
隶书 曹全碑
草书 王羲之

便是以手（彐、寸）为主体现字形，来表字义。

"宽"字繁体为"寬"，初文与"见"字没有一点关系，为"宀"下一"萈（huán）"。

"萈"为细角山羊，草字头原为羊角之形"屮"，后书写讹变为"艹"，乃古书上记载的一种像羊的大兽，善在广袤的旷野中奔跑。

于是，人们以"萈"之善跑表空间的大与广，配以表示房屋、房间的"宀"，便是指宽大的房屋。后引申为广大、开敞之意——宽敞。

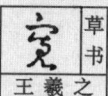

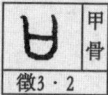

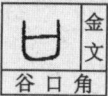

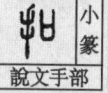

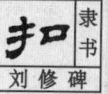

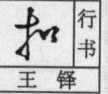

十、口字家族

1. 口→扣、叩

"口"是人们说话、吃东西的器官，这个字比较简单。甲骨文中古人就画了一个张开的嘴巴，且表现出嘴角上延之势（凵），以示张开之意。

"扣"字加提手旁（扌），表以手持之而不松，像被一张嘴巴咬住不能前行——扣留；又表示以手持口使不能咬之意，如和野兽相持搏斗时，必先压制其口，防以口伤人——扣押、扣压。

今天"扣"字还常指纽扣，俗称扣子，指

寬
小篆
说文宀部

寬
隶书
陈球碑

宽
草书
王羲之

口
甲骨
徵3·2

口
金文
谷口角

口
小篆
说文口部

口
隶书
淮源庙碑

扣
小篆
説文手部

扣
隶书
刘修碑

扣
行书
王铎

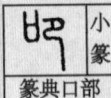

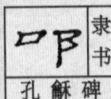

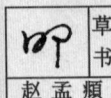

将衣襟两两相连，似相互扣留而不能分。扣子最初称为"纽"，指用丝布缠绕扭动而制成，起扣合衣服的作用，故称为纽扣。

"叩"字为"口旁一卩"，"卩"为一人跪坐之形，合表磕头之意——叩首。字形中以"口"模拟磕头时额头触碰地面的吭吭声，故引申出叩打、叩击之意。

2. 口→吅、品

"吅"字即今天的"喧"字，指众人吵闹之声，小篆后被带有读音符号的"喧"字替代。

"品"字三口，指人们一口一口慢慢地享受食物，尝其味、道其美——品尝，如今之品茶亦是如此。

人们对食物进行品尝，以讲出食物的不同与优劣，于是引申出划分之意，如划分出的等级便是品级。对一个人自身行为规范高低的划分，便是人品。对官级的划分便是官品，这起初是一种荣誉和地位的象征，被称为"品位性官职"，有别于行政性职能的官职，后二者相融合，在唐宋时期逐渐形成中国特有的官阶制度——官品制。

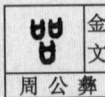

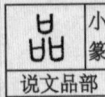

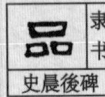

叩

小篆
篆典口部

隶书
孔龢碑

草书
赵孟頫

品

甲骨
甲·3588

金文
周公彝

小篆
说文品部

隶书
史晨后碑

草书
唐太宗

3. 品➡喿、噪、操、躁、燥、澡、臊

"喿"字金文为三个口在树上，表示群鸟聚集在树上叽叽喳喳地鸣叫，以"口"表小鸟的叫声，造字之形与义跟"麤"字相同。读音取群鸟鸣叫之吵闹声，与"吵 chǎo"字音近、义连，读音为"zào"。

汉朝许慎在编著《说文解字》时将其归于"品部"，后来隶书时又加口字旁表声响之意，写作"噪"字，噪声、噪音之意。

"操"字金文时本为"品下一寸"，表等级的划分要有一定的法度，要把持有度、控制有方，故此有操持、操控之说。小篆时改写为"手旁一喿"，表示集合全部的力量，不分大小和等级高低，皆通力而为，即操控一切来办理某事，故此又有操办、操作之说。

健身操便是指强健身体的各种操作，如保健操、体操、军体操等。五禽戏便是中国古代最早的一种健身操，相传东汉末年由华佗根据庄子"二禽戏"所创编。

"躁"字加足字旁，表一人来回疾驰、双脚暴走、极不安分之意 ，以"喿"字群鸟争鸣之意表不安分之状，且表读音——暴躁。

"燥"字加火字旁，表炙热之意——燥热，人们以"喿"字群鸟争鸣之意，表木材在燃烧

操

金文
古 鉥

小篆
说文手部

隶书
景君铭

躁

小篆
说文走部

行书
苏轼

燥

小篆
说文火部

隶书
张迁碑

241

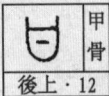

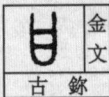

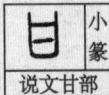

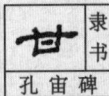

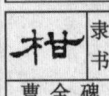

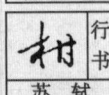

时，火焰中心发出的噼噼啪啪声。

"澡"字甲骨文为水旁一人操持双手，表示在水中洗手之意，古称"洒手"，今称为"洗手"。后泛指操持双手清洗身体，即洗澡也。

"臊"字加肉月旁，《说文》释为"豕膏之臭"，即肉类油脂的一种特殊气味——肉腥之味，腥臊。这种气味常能引来风蝇的骚扰，发出嗡嗡的噪音。

十一、甘字家族

1. 甘→柑、坩、泔、酣

"甘"字的甲骨文为"口中一点（丶）"，特指含于口中不忍下咽之美味，耐人寻味的香甜美味，即甜美之意，后泛指美好之意。

金文、小篆时将一点写作一横，隶书时为了避免与"日、曰"二字混淆，书写为"甘"。

甘露一词出于《老子》"天地相合，以降甘露"，寓意风调雨顺，生活安康。俗语"久旱逢甘露"，也表达了古代劳动人民对一场及时雨的期盼，更是对甜美生活的期盼。

"柑"字指一种植物，为常绿灌木，其果

实称为柑子，圆形似橘而大，赤黄之色而味甘甜或酸甜，故以"甘"字表示。

柑子的种类有很多，在《黄岩柑橘史话》中写道，"柑别种有八，橘别种为十四，橙别种为五，凡其类合二十七"，可见古人很早就将这些甜美之食加以分类了。

"坩"字指一种土器，盛放食物后可以直接用于火上，炖煮出甜美之食。

今天的化学试验中，有一种由特制的土或金属烧制而成的耐高温小锅，其主要用途便是用来融化金属、矿石等高熔点物质，其名"坩埚"。

"泔"字最初指人们淘米、洗菜时滤掉的水，即冲洗食物的洗菜水、淘米水，古人以"甘"代表食物。古人的饭食并不像今人这么充足和丰富，能够吃上饭食就很不容易了，皆为美食也，"甘"在这里表达了古人对食物的珍视。

古人淘洗食物过后的水中往往存有一些食物的杂质和汁液，扔之可惜，于是便将这些带有食物杂质的水喂饮牲畜，称为泔水。随着时代的进步，人们的食物也逐渐充足，偶有剩菜剩饭也皆用来喂养牲畜，便也以泔水称之。久而久之，泔水被约定俗成指剩菜剩饭、厨房下脚料等混合在一起的污物。

"泔"还有个异体字写作"泔"，即指淘米水，表达了古人对粮食的珍视。节约粮食和珍惜粮食不仅仅是一种传统美德，更是源于人们最初对食物的生命需要。

"酣"字本义指美酒，美酒之饮让人欲罢而不能停，故引申为畅饮、欢畅、畅快之意——酣畅。

2. 甘→甜、钳、嵌、邯

"甜"字表味道之甘，此味专指舌头所品尝出的味道，人们舌尖舔之以尝其味，甘美之味谓之甜。

人类舌头的味蕾上，前部辨别甜、后部辨别苦，于是"甜"字的读音便受"前、舔"二字的影响，读音为"tián"，以便与"甘"字区别，虽义近而音有所别。

"钳"字指一种铁制工具，故为金字旁，是一种主要以前端来夹取食器坩的铁器，以免被烧伤、烫伤。因其主要以前端取物，故读音与"前qián"相同，指明用途以表字义，俗称钳子。

"嵌"字指山之貌，深也，另有山貌之高，谓之"嵬（鬼，魁之省）"。

山很深，似陷于地下深坎（凵）之中，亦写作"崁"，表地势之特点，如地名"赤崁"或"赤嵌"。"嵌"则侧重于"甘"字，有含有之意，表欠身而入不得出，似镶在其中之意，即嵌入、镶嵌。

"邯"字为一地名，见其右耳旁之"邑"，其金文时便是如此书写，是战国时期赵国的城邑——邯郸，最初写作"甘丹"，其作为赵国都城达 158 年之久，是当时中原北方的政治、经济、文化中心。

甘丹之名取于日出日落之意，即太阳初升过地平线叫甘，表希望；太阳落山过地平线叫丹，表祝愿，且"甘丹"二字正似上下颠倒之字。古人在此处建城池后，便取名"甘丹"，表日出日落之地，寓意希望与祝愿，后书写为"邯郸"以表城邑。

"郸"字之写法皆因"丹卩"之字形与"那"之古字形"丹卩"极为相似，为避免混淆，故取同音"单"字替代，而造"郸"字。

3. 今→吟、衿、妗、矜、琴、芩、岑、黔

"今"字的甲骨文为"口中一点"，指进入口中为吞咽之状，表含有之意。字形中的"亼"为"口"字的颠倒写作，表收进口中之意，以便与"曰"字的形与义区别开来。"曰"字的字形为"口上一点"，表示说出。

金文与甲骨文变化不大，仅仅将"、"改为"一"，小篆时则将"口"之倒形书写为"亼"以表读音，原本口中一点"、"书写为

邯　金文
邯　古鉨
邯　小篆　说文邑部
邯　隶书　郑季宣碑
邯　草书　王羲之

今
今　甲骨　卜·530
今　金文　盂鼎
今　小篆　说文人部
今　隶书　华山庙碑
今　草书　王羲之

横折，使不与"月"字混淆。如简化字"阴"的繁体本是"陰"，简化时根据其草书连笔而来，"侌"旁简化为"月"，即含云为雨之意，如此天况谓之阴天。

"今"字表含有之意，即含于口中不吞不吐之状，保持着一种不前不后的状态，后引申为时间上不前不后，好似停留在此时此刻，即如今。那么，在昨天与明天的中间，便是此刻未完的一天——今天、今日。

"吟"字加了口字旁，表口中哀叹之情的长音，声音延长，久而不断——呻吟。后也泛指人们唱诵诗词歌赋时表达情感的长音——吟唱、吟诗，但又为了区别"呻吟"之意，便改写为"詥"。

汉字简化时，又将二者合为一字，无怪乎今日歌坛多有抒情之婉乐，而少慷慨之言词。

"衿"字指古代衣服上交叉在胸前的衣领，取"今"字表含身遮体于衣服之中，后也写作"襟"。"襟"字以"禁"字表示含身合衣以禁风寒之意，二字一意，但书写不同，侧重有别，一表功能形式，另一表功能用途。今多书写为"襟"，有保暖之意。

《诗·郑风·子衿》："青青子衿，悠悠我心。"毛传注："青衿，青领也。学子之所服。"后借指学子、学生，明清时亦指秀才。

吟

吟 小篆
說文口部

吟 草书
米芾

衿　襟

衿 小篆
篆典衣部

襟 小篆
篆典衣部

衿 隶书
蠹道人

襟 隶书
蠹道人

　　"妗"字是舅母的称呼，如叔母之称为婶。舅舅是妈妈的兄或弟，与家族中外嫁的姐妹相比是留在家中长久生活的人，舅母之称取"今"亦表舅父含而不出之意，加女字旁写作"妗"，通常称为妗子。

　　另有一说，妗、婶二字皆为据音而选之字，即婶为叔母二字连音之选，妗为舅母二字连音之选。但所选之字依旧有体现字义，说明字理的作用，完成音义的结合，相互辅助。

　　"矜"字指长矛的柄，乃枪尖所含之柄，以手持之。

　　"矜持"一词本义为"手持长矛"，但此矛为仪仗之器，而非兵战之器。《春秋》中记载了越王勾践接见孔子时的情景——"杖屈卢之矛"，勾践手持的矛就是"仪仗矛"，以枪柄为主的仪仗礼器，而非以枪尖为主的战斗兵器。

　　"仪仗矛"在今天相当于军队礼宾军官的手枪和佩剑，用来表达自信和威严，也是对宾客重视，象征保护之意。故此，人们多以"矜持"表达尊重、礼貌之意。

　　"琴"字的书写最初并不如此，战国初文为"木下一金"，指以斤斧雕木而制，取木梧桐也，籀文时书写为"非下一金"，取意"凤栖梧桐"之典故，且世人相传琴最早便是依凤凰的身形而制，琴身有头、颈、肩、腰、尾、足。

　　小篆时整理籀文取琴头之形，写作"玨下一弧"，即琴头与琴身之形，写作"珡"。隶书时增笔写作"琴"，以"今"表音，以表琴身含弦未发之意。"琴"字在今天有钢琴、大提琴、小提琴，然而其本义就只是"古琴"，初为五弦，后经周文王和武王各加一弦，故也称其为"文武七弦琴"，是古人抒发情感、表达思想的必备器物，如春秋时期的《琴操》便是那一时期古人情操的最好见证。

　　"芩"指一种植物——黄芩，其开花如唇，今天归于唇形科植物，古人借"今"字表其花含蕊之貌。

　　黄芩之名则因其根呈黄色，且为直根，味苦甘可入药，今用于提取黄芩苷，有抗真菌、抗病毒的作用。

　　"岑"字最初在秦之大篆时的书写为"今上山下"，小篆时方写作今天的样子"山上今下"，本义为小而高的山。

　　大篆的字形中"今"字为"龕"之省，表山顶之高似入云间，含而未见，即山顶之上层云叠嶂之貌。其读音变音为"cén"，取层云、曾云之意，暗指山高入云，以便与表含山之意的"嵌"有所区别。

　　小篆时为追求字体的对称，书写为"山上今下"以求美观，为今之"岑"。

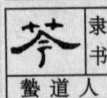

芩

芩
小篆
說文艸部

芩
隶书
鳌道人

岑

岑
小篆
说文山部

岑
隶书
裴岑碑

岑
行书
蔡襄

"黔"字今天泛指黑色，字形中"黑"指"黑色头巾"，"今"指以头巾包头、含发之意。其读音变音为"qián"，取"嵌"之音，表黑发与黑巾相嵌难辨你我之意。

《说文》释："黔，黎也。秦谓民为黔首，谓黑色也。"春秋时期，秦国崇尚黑色，故结以黑色为布衣、头巾，以别于他国，逐渐成为秦对其百姓的称呼——黔首。

《史记·秦始皇本纪》记载："分天下以为三十六郡，郡置守、尉、监。更名民曰'黔首'。"

古代寓言故事《黔之驴》的发生地在今之贵州，因此处有一江名为"乌江"，于是取"黔"黑色之意，统称此域。今"黔"亦是贵州省的简称，其地方戏剧称为"黔剧"。

4. 今→金、含、贪（貪）、念、鲶

"金"字在今天主要指金子和金属，其金文为"今在坣（土）上"，"坣"是古体字，表示一种在土石之中存在的物质——金属物质。所以，金属是它最初的意思，铜便是古人最早发现的金属之一，于是有了人类历史文明上的青铜器时代，随后又发现了金属铁，进而步入铁器时代，改变了人类的劳动方式和生活方式。

"金"字在中国历史上很长一段时期内都是表示铜，是一种重要的国家资源，以制作武器和礼器为主，如商周时期"周王赐金"所赐的多为铜或青铜，是一种礼仪，可供其制作礼

器供于庙堂，多见于青铜器铭文之上。如 1976 年陕西出土的青铜利簋底部便刻有铭文 33 字，记武王伐商后七月赐利（人名）金作器纪念祖先，今称其为"西周利簋"，又名"武王征商簋""周代天灭簋"或"檀公簋"。

"西周利簋"铭文："武王征商，唯甲子朝，岁鼎，克昏夙有商，辛未，王在阑师，赐有事利金，用作檀公宝尊彝。"

后来人们发现了一种稀有金属颜色与铜相似，这就是金，俗称金子、黄金。于是，小篆时另造"铜"字，表一种可以与其他金属相混合同存的金属，来区别二者。如青铜，其主要成分是铜与锡，且不同的时代比例不同。

"含"字是"今"的衍生字，二者意思相同，当"今"表示今天、现在的意思以后，人们便在小篆时加"口"字另造了"含"字以表其本义，衔在口中、含有之意。

"贪"字繁体为"貪"，为"含"字省而下加"贝（貝）"，表拿取财物而不愿吐出，欲吞下而独有之意，古释"欲物"，即贪取财物——贪财。

其读音随"含"而有所变音，读音为"tān"，暗表"吞"之意。

"念"字指脑中所思、心中所想，含于心中，又以"今"有现在之意，表时时刻刻之意，

左栏图示：

含
含 小篆 說文口部
含 隶书 孔羨碑
含 草书 王羲之

贪
貪 小篆 说文貝部
貪 隶书 曹全碑
貪 行书 赵孟頫

足见深切之感，思念、想念。

"鲶（鯰）"字指鲶鱼，为后起字，本写作"鲇（鮎）"，指一种没有鱼鳞、浑身附有黏液的鱼。后书写为"鲶"，改"占"字表音不清所带来的误读。

5. 今→令、命

"令"字与"今"字在字形上十分相近，仅在下部多了一点（丶）。甲骨文字形为"今下一人（卩）"，"卩"为跪坐之人形，即对他人发号施令；亦有人认为是"亼下一人"，发号施令集合众人。随后，金文、小篆皆随甲骨文没有变化。

"命"字的甲骨文与"令"字相同，金文时方加"口"字书写为"命"，以便与"令"字区别，故此可知"令"的本义为发号施令，乃"今下一人"而非"亼下一人"。

"令"字最初表"以口号令"之意，后引申为口令、令牌、令箭，指有号召性的信物——信令。后又表官名，如县令、令尹、尚书令等。于是，金文时又加"口"字造了"命"字，专表口述发布之意——任命、命令。

"命"字在今天还指人的生命，这源于人类最初的信仰——天权神授。人们最初使用这种信仰并非为了谋取私利，而是为了在原始社群中集中力量，使人们达成共识以完成共同的

令	命
𝄢 甲骨 甲·8895	𝄢 甲骨 錄·326
令 金文 孟盘	命 金文 毛公鼎
令 小篆 说文卩部	命 小篆 说文口部
令 隶书 景君铭	命 隶书 史晨奏铭
令 草书 王羲之	命 行书 王羲之

生存，即部落的建立与狩猎。于是，"天权神授"成为人们唯一无法挑战的共识，所有的要求皆为天命使然，即天之令。每个人的存在便是天权神授的号召，来到人间完成天之令，即天神对每个人的任命，也就是每个人生存的意思，谓之生命、天命。

"命理学"便是古人对生命意义与规律的探索，望能运筹帷幄于天地之间，谓之命运。古今中外，千百年来人们依旧对"命运"的探索乐此不疲，如八字、紫微、七星及西方占星术等。然而，今天留给人们的忠告却依旧是"谋事在人，成事在天""命里有时终须有，命里无时莫强求"等这些安慰性的总结。

6. 今→领（領）、岭（嶺）、铃、苓、玲、伶、零、怜、龄、冷

"领"字指衣领、领子，字形中的"页（頁）"为"颈"字之省，表衣服在脖颈处交叉的样子，如令牌之状。且衣领在衣服的最上端，可以上治下提领携衣，故此引申有统领、带领之意。

"岭"字繁体写作"嶺"，本义为"山道"，指大山背脊上可带领人们登顶的道路，且"领"指衣领为衣服，最顶处，借表大山之最高处，后泛指大山，如山岭、崇山峻岭等。

"岭"还有异体字写作"岑"，其原本指

山貌如令，但与"岑"极为相似，便分为左右结构书写，后与"嶺"字逐渐合并。

    "铃"字指一种响器——铃铛，古代一种形似小钟而有舌的响器，摇而响之，声音清脆悦耳，叮叮当当以为令，引人注意和集合。"铛"便是模拟"叮叮当当"之音而造，冠物之名，拟声而来，这就是铃铛。

    古代的铃是用金属制成的响器，形制有两种。一种体内垂铜舌摇动发声，如今之摇铃；另一种无舌，用锤敲击或两铃相碰而发音，如"碰铃"。后来还有一种球铃，呈圆形或扁圆形，一条状开口可内置金丸或石丸，晃荡而响，如马铃。

    "苓"字指一种植物——茯苓，其根多呈球形、椭圆形或扁圆形，于是取"铃"之省，加草字头归类。（"茯"字见《双法字理·动物》）

    《本草纲目》中记载此物，其味有微甘，可利窍去湿，利窍则开心益智，导浊生津。

    "玲"字指玉器碰撞之音——叮咚，拟声作玲珑，玉之声也。后人也以此形容玉石、玉器之美，如玲珑剔透、小巧玲珑。

    "伶"字指人一手拿响器，字形中的"令"为"铃"之省，表乐器，引申有音乐之意，加

伶

伶 小篆
說文人部

伶 隶书
益太守碑

零

零 金文
格伯敦

零 小篆
說文雨部

零 隶书
憼功勳銘

零 行书
怀素

憐

粦 石文
石鼓

憐 小篆
說文心部

憐 隶书
张寿碑

憐 草书
王守仁

人字旁表演奏音乐的人——伶人，今俗称为戏子。相传黄帝时期便有伶伦，世掌乐官。

《左传·昭公二十一年》："天王将铸无射，冷（伶）州鸠曰：王其心以疾死乎！"注："无射，钟名。冷（伶），司乐官；州鸠，其名也。"

后来，"伶"泛指受令表演音乐来助兴的人，《说文》谓之"弄臣"。表演音乐者善歌唱，于是有伶牙俐齿一说，即以伶俐一词表反应敏捷，如聪明伶俐。

"零"字金文为"雨下一人"，指徐徐小雨，人可淋而不避，亦表淋雨之意。如《诗经·豳风·东山》中写到"我来自东，零雨其濛"，便描述了一人蒙蒙细雨中走来的场景。

小篆时改"人"为"令"以表读音，书写为"零"，后借代表数字"○"之大写。如"一作壹""二作贰""三作弎""三、四作肆"等，以防记录后数字被他人篡改。

"怜"字繁体为"憐"，石文为"粦下一心"，"粦"为磷火，乃尸骨所现之火光——鬼火，古时多出现于战场尸骨，见之而心生哀伤、悲伤之情，谓之怜。

小篆时改为左右结构"憐"，汉字简化时，以"令"近音替代"粦"而简化。字理可释字形中的"令"为"伶"字之省，表地位低下、任人摆布的可怜之人，使人心生悲哀之情。

"龄"字本义就是年龄，起初为人们少年时期以齿纪年之法，如六岁为六龄童，后泛指年龄。人们的牙齿一般都要有一个换牙的过程，牙齿长齐了方表示体质的成熟。

儿童时期的换牙是指乳牙脱落，恒牙开始长出的过程。随着人体的生长发育，恒牙胚将逐渐发育并陆续萌出，于是乳牙便开始脱落，恒牙逐渐长了出来，开始步向成熟。

"冷"字为"铃"之省加"仌（冰）"字做旁，表示寒意使人牙齿打架，当当作响，寒冷、冰冷之意。

十二、舌字家族

舌→话（話）、活、阔（闊）、刮、括、恬

"舌"字的甲骨文就像张开的大口中伸出了舌头，还带有口水，其分叉的舌尖一看便知是蛇的舌头——蛇信。蛇不断伸出舌头来探寻空气中的气味，以此为信号来寻找猎物，人们画下蛇信以表可伸长、辨味的器官——舌，俗称舌头。

金文、小篆之后原本分叉的舌尖"丫"写作"丁"，两旁口水的两点变为一横，写成"干"，以表舌头可干扰口中气流发出不同的

255

声音，这就是"言"与"音"。

"言"字甲骨文与"舌"十分相似，不同之处在分叉的舌尖被加了一横"一"，表舌尖不分为一整体，即人的舌头。金文时字形上加注一点"丶"，特指弹舌以发声——发言。

"音"字在金文的"言"字基础上再造，改"口"为"曰"，表所发之声有条不紊、伦理有道、和谐成章，非随便之言。

"话"字繁体为"話"，加了言字旁，小篆时写作"詥"，今另有异体为"譮"，表舌之善言。初文以"氐"代替"干"，表舌头的灵活并兼表主要，"氐"字见《双法字理·植物》，表主根亦有侧根之状。

隶书时为方便书写而隶变作"话"字，表人们所说、所讲之言语——话语、讲话。其读音为"huà"，与"画（畫）"同音，皆为表达之意，一出于手，一出于口。

"活"字，在小篆的书写中，右边的"舌"字亦写作"氐上口下"，依旧表舌头的灵活，三点水（氵）表口水为"津"之省，合在一起表示舌头的湿润与灵活，口中生津而不干涩。

将死之人多口舌干燥，话不能言，与湿润的口腔和灵动的舌头成鲜明的对比，故人们用"活"字表生命、灵动之意，如生活、灵活、活泼。

话

詥
<small>小篆</small>
<small>说文言部</small>

話
<small>隶书</small>
<small>螱道人</small>

话
<small>草书</small>
<small>赵孟頫</small>

活
<small>小篆</small>
<small>说文水部</small>

活
<small>隶书</small>
<small>魏尊號碑</small>

"阔"字的籀文、小篆写作"门（門）中一活"，指门板活动可以打开，即开门而阔，门外的场景一片宽广，于是引申有宽阔、广阔之意。

人们开门通行便是要离去远行，故又引申有疏通、通行、疏远之意，离家、离别已久便被称作"阔别已久"。

"刮"字取"舌"表舔舐之意，配刀字旁，表用刀子将物体表面削减干净——刮干净，如刮胡子。

"刮风"一词也写作"飐风"，"飐"为后起字，专表风起之意。杜甫《前苦寒行》中有诗"冻埋蛟龙南浦缩，寒刮肌肤北风利"。

"括"字在《广雅·释诂四》中释为"结也"，字形中"舌"为"刮"之省，加提手旁（扌）表示将刮下的物品、财物收集起来放入囊中，即囊括，引申有包括之意。装好的口袋需结扎束口，以免物品散落出来，使之括而不漏，故引申有结、束之意。

如明代马中锡《中山狼传》中："内狼于囊，遂括囊口，肩举驴上。"

括号便是指文章中的注释部分所使用的捆扎性符号。它是正文中间的夹注，是为了让读者了解得更透彻时所加的注释，像一个存有信息的小兜囊。

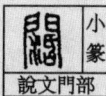

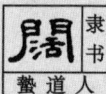

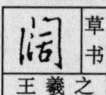

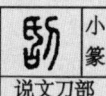

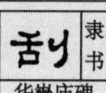

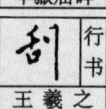

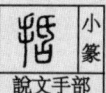

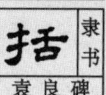

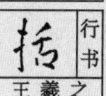

257

"恬"字则与以上各字有所不同，字形中的"舌"字没有变形过，但为"甜"之省，且表读音，兼表意义，即身心甜美、淡泊宁静，安然、坦然之意——恬然。

十三、牙字家族

1. 牙→呀、讶（訝）、芽、蚜、雅与鸦

"牙"字的字形在今天看来似一颗牙齿的样子，有牙冠、牙柱、牙根，但它最初其实是两个牙齿相互咬合的样子。如其金文所写，像上下两颗牙齿咬合、挤压的样子，后书写为左右结构。小篆时字形初见为"牙"，隶书在隶变时书写与"耳"字相近。

牙在今天泛指牙齿，但它最初主要是指口腔后方两侧的牙齿，有牙冠可用于磨碎食物，俗称槽齿、磨牙。故在古文字中还有在字形之下加"臼"，表研磨之意的字形，见战国文字。而"齿（齒）"字则主要指门牙，用于撕扯食物。

在古代有一种旗子称为"牙旗"，兵书曰，牙旗者，将军之旌。古者天子出，建大牙旗，竿上以象牙饰之，故云牙旗。于是，有牙旗的地方便有官员——官署，即衙门。

"呀"字拟声词，加"口"字旁侧重于口中所发之音——咿咿呀呀，如小儿学说话；也指表惊讶之声——呀、哎呀。

"讶"字表惊奇诧异之言，有所疑而以言语问之。

"芽"字加了草字头（艹），指草木出生之幼苗，破土而出如牙齿冒冠，也称萌芽。后引申指事物新生之初，开始之意——萌芽阶段。（"萌"字见《双法字理·天文》）

"蚜"字加虫字旁，指一种专吃花草嫩芽汁液的小虫，蚜虫。

"雅"字加了佳字旁，最初指一种鸟，其叫声如呀，其嘴喙如牙，全身黑羽，故名乌雅，今作乌鸦。

"乌鸦"在中国历史上不同的时期有着不同的寓意，最早人们以乌鸦喻太阳——三足乌，一只托起太阳飞在高空的神鸟；后又发现乌鸦吃腐食，常伴随尸骨出现，被认为是死亡的代表；当人们进一步接近乌鸦时又发现，此鸟反哺，乃孝鸟也，于是逐渐成为中华礼仪文化的元素之首孝的代表，成为一种有高贵品质的鸟，于是又有高雅一词。后以"高雅"形容品德高尚、涵养高深的人。

当"雅"字被古人赋予了高尚的人文含义

之后，便另造了"鸦"字专表此鸟——乌鸦。

2. 牙→邪、琊、穿

"邪"字金文为"牙旁一邑"，为秦时所设之琅邪郡之名，其地有山名琅邪，汉印亦刻写为"狼玡"。金文时常与"耶"混淆，因字形中"牙"与"耳"的书写相似，因此读音除了"yá"音之外还增加了"yé"的读音，表疑问语气。

今天，"邪"字的主要读音为"xié"，作"邪恶"之用，实际上是"衺"字的通假。

"衺"字为"衣中一牙"，指衣服的穿戴中有异物突出，表穿戴不正，引申为歪斜之意，后引申表示行为、道德、思想等的不正之恶。如《周礼·天官·宫正》中记载："去其淫怠与奇衺之民。"又因其书写烦琐的缘故，人们常借"邪"字替代——邪恶，惯用至今。

"琊"字由"玡"字而来，"玡"古释为"似玉之骨"，其色洁白如牙，如象牙，后加"邑"写作"琊"，指秦之郡县——琅琊郡。

秦朝时将中国分三十六郡，琅琊郡为其一，郡治琅琊县（今山东省青岛琅琊镇）是当时秦帝国最大的港口。西汉时琅琊县自然灾害频发，郡治迁至东武（今山东诸城境内），隶属徐州刺史部（今山东省临沂市郯城县）管辖。东汉改琅琊郡为琅琊国，建都开阳城（今山东省临

邪
金文
邪山币
小篆
说文邑部
隶书
曹全碑
草书
王守仁

琊
小篆
篆典玉部
隶书
刘衡碑
行书
文徵明

沂市市区），历经北魏、晋朝、南北朝、隋朝、唐朝、五代、宋，金朝定名沂州。如今琅琊已成为山东省临沂市的别称。

此处地质构造复杂，主要构造以郯庐断裂带为主，北向延伸，山脉自北而南，有沂山、蒙山、尼山3条主要山脉，海拔1000米以上的山峰有10余座，似獠牙林立，谓之狼牙山。且山中矿石丰富，为颗粒较大的块状晶体，属易选矿石，于是写"狼牙山"为"琅玡山"，后以此为名立郡县，为"琅琊郡"。

"穿"字金文为"穴下以牙"，表示用牙齿挖穴打洞，如老鼠、野猪，《诗经·召南·行露》有诗句"谁谓鼠无牙，何以穿我墉"。后引申有通过、透过之意，如穿过、穿透，"穿衣服"便是借用此意。

"齿"字几乎没有再造什么字，虽然有龄、龋、龅、龇、龈、龌龊等字，但皆为表归类之用。此处，仅列一"啮（齧）"字作"齿字家族"的代表。

"啮"字读音为"niè"，原本写作"齧"，指用门齿切断物之意，后泛指长有一对上下门齿的小动物，如鼠类、兔类，被称为啮齿动物。

啮齿动物多居住在洞穴之中，它们没有犬齿，多以食草为主。

第二节　器官

一、心字家族

1. 心→芯、沁、志忑

"心"字的甲骨文、金文就是画了一颗心脏的样子，且分有左右心室和粗壮的血管。小篆时字形左右对称，下出一笔表示血管；隶书时字形多呈宽扁，追求笔画的横长、竖短，讲究蚕头雁尾，书写扁平成今天的样子"心"。

"芯"字加了草字头，指一种可作灯芯的草——灯芯草，以"心"表居中可通之意。后泛指物体的内部，如蜡烛芯、电池芯、矿芯等。

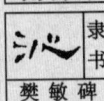

"沁"字加了三点水，指水名沁水，即沁河，为黄河一级支流，与太行、太岳、中条三大山系相衔接，乃古代中原三山之心，由此处而出之水谓之"沁"。后起之郡县以此水命名，为沁水县，隶属于山西省晋城市，位于山西省东南部，中条山东北，衔接三大山系。

沁水历史悠久，自古就有女娲补天、舜耕历山的传说。70年代考古发掘出"下川遗址"，证明早在2.3万年到1.6万年前，沁水人的先祖

金文　散盘

小篆　說文心部

隶书　礼器碑

行书　王羲之

小篆　说文水部

隶书　樊敏碑

们就创造了灿烂的"下川文化"。

"忐忑"二字由字形表意已十分明显，表心里七上八下之意，指心神不安、胆怯心虚也。

2010年有一首由龚琳娜老师演唱的《忐忑》红极一时，此曲以笙、笛、提琴、扬琴等乐器伴奏，运用戏曲锣鼓经作为唱词，融合老旦、老生、黑头、花旦等多种音色，在极其快速的节奏中变化无穷，夸张变形，独具新意。歌曲因其节奏变化多端、表演夸张、歌词神秘等因素，被网络赋予丰富的娱乐色彩，网友更称之为"神曲"。

2. 心→息、熄、媳、蟋

"息"字在金石之文中为"自下一心"，"自"指鼻子表呼吸的节奏，"心"指心脏表心脏的跳动，二者相结合表呼吸与心率的一致——气息平稳。

休息一词便是指停止劳动或运动，来缓和气息使之平稳，后引申有平息之意。

"熄"字的火字旁为"灯"字之省，表灭灯之意，取"息"字表平息之意，即熄灯、熄灭。

"媳"字古释为"子妇"，即子之妻，取"息"字表呼吸连绵不绝、生生息息之意，即娶妻生子繁衍家族、世世代代之意。

其初文小篆之时便直接借用"息"字，后在隶书时加女字旁，书写为"媳"，沿用至今。

"螅"字指水螅，这种生物体长有几毫米至15毫米不等，最长也就3厘米，且能收缩得极小，所以古人是看不到这种生物的，这个字是新造的。

今天的科学家对水螅十分着迷，因为水螅有"长生不老"的能力。这种能力的奥秘在于其拥有能够不断分裂繁殖的干细胞。科学家们希望通过此类研究，找到延长人类寿命的方法。于是人们用"生生不息"的"息"字加虫字旁，造"螅"字来命名和表示它。

3. 心→悉、蟋

"悉"字在石文之时为"采下一心"，"采"字为动物的脚印，古人依脚印来辨别动物，故此引申有辨别之意，加心字底表示心中熟知，一看便识，谓之熟悉。

"蟋"字指蟋蟀，秋夜而鸣的小虫，与蝗相似，但人们十分熟悉此虫，一看便识，而知其与蝗之不同，故以"悉"表示此虫，取名蟋蟀，古名"悉帅"，拟声而来，别名"蛐蛐"，俗称促织、秋兴。"秋"字的甲骨文图形亦被认为是一只蟋蟀的样子。

《诗经·豳风·七月》："十月蟋蟀入我床下。"

斗蟋蟀为我国民间搏戏之一，是一项有近两千年历史的古老娱乐活动，古代时上至王公贵族，下至黎民百姓都可参与其中。斗蟋蟀始于唐代，盛行于宋代，清代时益发讲究。

4. 惢 → 蕊

"惢"字由三个心组成，古释"三心而多疑"之意，表此意时读音为"suǒ"，似为"三sān"与"多duō"二音之合。

此外，人们还常以"惢"字借表花心中伸出的多个花须，后逐加草字头为"蕊"，即花蕊，表此意时读音为"ruǐ"（ui 音为 uei 之省），取"累（纍）"字之音（lěi）与意（积累），预祝果实累累之意。

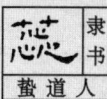

二、市字家族

市 → 肺、沛

"市"字读音为"fú"，指古代朝觐或祭祀时遮蔽在衣裳前面的一种装饰，即今天的服装、服饰，因字形与"巾、布、市"相似，后被"服"字所替代。

"市"字的金文像一件展开挂着的大衣，左右宽大的衣襟展开，可使衣服没有褶皱。小篆时字形与金文相同，如今天的书写。

"肺"字表器官指肺部，是人体的呼吸器官，形状为两片宽大的肺片于胸腔之中，像一个"市"字，于是人们取"市"字之形加肉月旁表示——肺。

肺部主管呼吸，一呼一吸时肺叶不停地煽动，似飞翔的翅膀，于是变音为"fèi"，表呼吸煽动之意。

"沛"字表水名，指沛水，《说文》记载其出辽东番汗塞外，向西南入海，今辽宁前身辽阳为其旧治，然沛水之名自古少有闻之。

其实"沛"字的出名源于汉高祖刘邦，沛县正是丰县人汉高祖刘邦任泗水亭长的地方，故此后人称其为"千古龙飞地，一代帝王乡"。此地古有"沛泽"，别称"古沛"，春秋时属于宋；战国末期齐灭宋，属于齐；五国伐齐后属楚；秦时设沛县，属四川郡。三国初期，刘备暂居小沛，便是此处。

"沛"字源于其地势，此处地势西南高东北低，为典型的冲积平原，境内无山，如一件展开的大衣，于是取"市"表示，其境内水系便命名为"沛"，属淮河流域泗水水系，且水资源充足，多水泽、湖泊，如南四湖水系，地下水储量约 22.19 亿立方米，故有"充沛"之意，亦引申有大水域之意。

肺

肺 小篆
说文肉部

肺 隶书
蛰道人

肺 行书
赵孟𫖯

沛

沛 小篆
说文水部

沛 隶书
孔宙碑

三、胃字家族

1. 胃→喟、谓（謂）、渭、猬（蝟）

"胃"字最初的古文字写作"田中四点"，像一个胃袋的样子，里面四点便是经口腔嚼碎的食物，古释为人体内容纳五谷之脏器——谷府，俗称"肚子"，有喂养之意。

后因其字形与"田、由、卤"等字相似，于是在小篆时加肉月底，写作"胃"，表身体的器官——胃部。

"喟"字加口字旁，表长长的叹息之声——太息，气息似从腹部深处胃袋之中而出，故而气息深长，是人们对事物有感而发的叹息声。

"谓"字为"喟"字之省加了言字旁，表对某人某事有感而言，即对谁而说，后引申为告知的意思，即谓之。

如《论语·公冶长》中："子谓子产：有君子之道四焉。"又云："子谓子贡曰：'女与回也孰贤？'"

"谓语"的意思便是句子中主语的动作或状态的陈述或说明，在汉语语法中的作用便是对主语所处状态的描述，常用动词、动词性短语，形容词、形容词性短语，名词、名词性短语，主谓短语充当谓语。

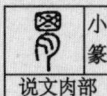

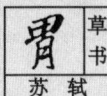

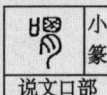

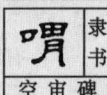

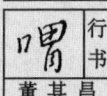

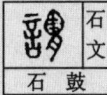

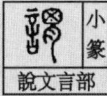

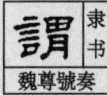

267

"渭"字指渭水，出陇西首阳渭首亭南谷，东南入河，今之甘肃渭源县为其故地。

渭水也称渭河，是黄河的最大支流，其干流横跨甘肃东部和陕西中部，因携带大量泥沙而水质浑浊，其泥沙沉积而成的平原被称为渭河冲积平原。正是因其水质浑浊，似胃袋中的胃液，故名渭水。

泾河是渭河左岸支流，古称泾水，有南、北二源，后合为一处向东南入渭，故以其南北流向而取"经线"之意，谓之泾。泾河也带有大量泥沙，但与渭河相比要清净很多，即"泾清渭浊"。故此当其入渭之时，二水交融有明显的界线，谓之"泾渭分明"。

"猬"字加了反犬旁，指一种浑身长刺的小兽——刺猬，古体写作"蝟"。因为外形圆滚而色灰如袋，似一个胃袋的样子，配以虫旁表示其体型较小，名之蝟，又因其刺如毛，故名刺蝟。

"蝟"字后来书写做"猬"，归于反犬旁表动物类，以别于昆虫类。

2. 胃→胄

"胄"字专指作战时戴的帽子，与铠甲统称甲胄，字形下面非肉月底的"月"字，而是"帽"字的古体字"冃"，字形上部的"由"便是带有盔缨的战帽。

金文字形似"目上一盔"，造字与"冒"字相似，小篆时改"目"为"冃"，规范字形为"冑"，专指一种帽子——战帽、战盔。

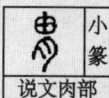

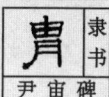

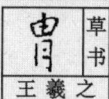

冑

冑 小篆
说文肉部

冑 隶书
尹宙碑

冑 草书
王羲之

第三节 四肢躯干

壹 手

人体的四肢指双手、双脚，其中双手是人体最主要的肢体。人类所有的创造都是由手来完成的，双手制造工具和进行劳动更是人有别于动物的重要标志之一。所以汉字中关于手的字非常多，字形有一只手、两只手，还有多只手的字。

一、手字家族

手→拜（拜）、掰、羴、印

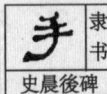

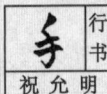

"手"字在《双法字理·文部》已做过介绍，其金文就是一只手的样子，画有五指与小臂；小篆时为了表现出手指的灵活，书写中五指呈弯曲状，以示灵活多变；隶书笔画粗壮有力，书写为"手"，楷书依隶书的书写而来。

汉字中用"手"做声音符号造字的很少，或以其他字形出现，如"收"字异体为"収"，字形中的手以"攴"字或"又"字形出现，又如"受"

手

金文
無異敦

小篆
說文手部

隶书
史晨後碑

行书
祝允明

字。在书中我们遵从"双法字理"以象形为主、音义相连的原则，将它们归在各自的字形家族中。当然，我们还是会看到"手"字所造的一些字和其变形后各自的家族。

"拜"字今天多释为两个手字，右边之手多了一横，乃是与古"丁（下）"字的合并书写，表跪拜、下拜之意，字形成于小篆。

其实，"拜"字最初的甲骨文为双手持禾麦，祭拜神灵之意，以求丰收。后因字形多有歧义，有双手取物、举物之意，如"春"字头，故在金文时改为手字旁、一人跪坐之形，表祭祀跪拜之礼也；同时亦有手字旁、一颗麦子之形，"来（來）"字也，兼表读音。

小篆时取"来"字或"麦"字之省，配与原本之手做旁，书写为"拜"，表祭祀跪拜以求取丰收，此后确定字形传于隶书，沿用至今。后泛指跪拜之礼节，再后来简化礼节为作揖，称为拜揖，皆有礼节之意。

今之"再见"也称"拜拜"，则是受英语"good-bye"之影响，但并不失其原本表礼节之意。

"掰"字表示掰开，字形中以"拜"字表双手，以"分"字表了分开。

"掱"字是三只手，其本义为小偷的意思，即俗话说的"三只手"。因书写不便，后被读

271

音相似的"扒"字替代。

"扒"字归于"八字家族"，属于七字根中表示数字的符号"一"所代表的"符号类"，将在《双法字理·符号》中介绍。

"印"字中也有一只手，甲骨文为一人跪坐（卩），旁边一只向下伸的手（），后书写为"彐"字形，表示一个人跪坐在那里按手印的意思。

手印是古人最初的印章，今天人们依旧会采取按手印这种最简单的形式，来代表当事者的确认和认可。手印上的指纹是每个人有别于他人的特有信息，使其略带一定保密意义的符号，虽然最初的手印并不是按在纸张上，但并不影响古人对"印"字的创造。印章文化更是在随后的文字发展中对文字起到了一定的影响，如古代印章中对篆刻的广泛使用，并一直影响到今天，成为一种篆刻艺术。

汉字中还有很多字都是用"手"字归类表意，如摩、掣、攀、拳、擎、挚、掌、摹等，归于各自的读音家族。此外，还有更大一部分的汉字，其字形中归类表意的"手"被简化为提手旁——扌，是源于其草书或行书时的书写，如把、扒、打、拍、提、挑、拨等。

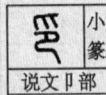

印

甲骨 佚·674

金文 曾伯霖簠

小篆 说文卩部

隶书 袁良碑

行书 王羲之

二、聿字家族

1. 聿→律、建

"聿"字的甲骨文很明显，是一个人手中持笔的样子，读音为"yù"，表驾驭文字之意。人们普遍认为，此为手持毛笔之意，也许你会认为这是被刻于甲骨之上的文字，毛笔的出现似乎与当时甲骨文为刻刀所制的现状有所不符。殷墟研究表明，3000多年前的商朝，中国古人就在使用毛笔书写了。尽管今天我们看到的都是甲骨文（祭祀之卜辞），但有充分的资料表明，商朝时人们的日常书写并非"刀笔文字"。

毛笔的起源可追溯到新石器时代，1980年陕西临潼发掘一座距今5000多年的墓葬，出土文物中便有凹形石砚、研杵、染色物和陶制水杯等。从彩陶的纹饰花纹可辨认出毛笔描绘的痕迹，证实了在五六千年前，古人已有了毛笔或类似毛笔的刷，用于书写和图画。在湖南长沙左家公山和河南信阳长台关两处战国楚墓里也分别出土一支竹管毛笔，是目前发现最早的毛笔实物。

史话有秦代"蒙恬造笔"之说，其实此说可能要归功于秦始皇。春秋战国，诸侯称雄，各国对笔的称呼也多有不同，例如吴国叫"不律"，楚国叫"插（竹）"。秦始皇统一六国后，施行"书同文"之法，笔则统一称为"毛

聿

甲骨
续掇·265

金文
贝父辛卣

小篆
说文聿部

隶书
杨叔恭碑

笔"。于是《说文解字》中便有了"楚谓之聿，吴谓之不律，燕谓之拂，秦谓之笔，从聿从竹"的记载。秦将蒙恬此时对毛笔进行了改进，也许就此便促成了"蒙恬造笔"之说。

"聿"字在金文、小篆中的书写没有大的变化，小篆中更加表现了笔头的结构，笔头"柱心被副"绑于笔端，这便是后来唐笔的结构。今天的毛笔为宋元之后的毛笔，史称"无心散卓"笔，笔头的变化，也使后人对唐代书法的临摹总缺少一丝劲道。

隶书时将笔头之毛发书写为两横，为"毛"字之省略，确立字形为"聿"。这个字在今天并不常用，作为字形符号主要表示笔的意思。

"笔"字大家都很熟悉，原本写作"筆"，成形于小篆，代替"聿"字专表毛笔。（详见《双法字理·动物》）

"律"字的金文为表示行走的"彳"与表示笔录"聿"合并，最初指书写历法，以"行"之省表日月之行径。一年分十二月，故有十二律，将之颁布天下以范百姓之行，于是"历法"也称"律法"。后来泛指人们日常生活需要执行和遵行的准则、法则，称为法律。

"建"字本义为立律，指王朝初立之时所立的律法——立朝律，于是各个王朝成立之初皆称建朝、建国。金文为"律"字下加了一"止"字，"止"字既表示到来之意，又表示

律
律 金文
已酉彝
律 小篆
说文彳部
建 隶书
史晨後碑

停止之意，即来到此处建立律法，安居于此。历朝历代除了立国之初要建立律法之法，建宫立都也是必须建立律法的大事，于是又引申为建立、建设、建筑之意。

小篆时将"彳"与"止"合并，书写为"廴"，以便有别于专表行走的"辵（辶）"，字形书写为"建"，隶书、楷书皆依照小篆。后世也逐渐称"廴"为建字底、建之底。

2. 聿→津、肃（肅）、尽（盡、儘）、烬（燼）、昼（晝）

"津"字加了三点水"氵"，本义指渡水，于是"聿"字在此处不再是一手持笔之形，而是手持船篙或船桨之形，为划船渡水之意，也泛指渡口。

金文为一"水"一"聿"，其另有水旁变体之形，乃表示持篙划桨使水顺行，走船、渡水之意。随后的小篆、隶书变化不大。

天津之名便源于一个渡口，自古因漕运而兴起。明建文二年（1400年），燕王朱棣在此渡过大运河南下争夺皇位。朱棣夺得皇位之后，为纪念由此地起兵的"靖难之役"，在永乐二年十一月二十一日（1404年12月23日）将此地改名为天津，即天子经过的渡口之意。随后，此地作为军事要地，开始筑城设卫，称天津卫，揭开了天津城市发展新篇章。

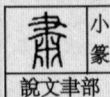

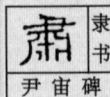

　　"肃"字在《双法字理·地理》中的"川字家族"已经讲过，其金文便是"渊（淵）"上边一个"聿"，即一人手拿船篙撑船于激流之上，情形十分严峻、表情极为严肃。

　　"尽"是个简化字，繁体写作"盡"，其实甲骨文的字形便似一人手持毛笔在水盆（皿）中刷洗，实则为手持刷子刷洗器皿。古时最初的毛笔的确很像一把刷子，即便在今天，西方人对中国毛笔的认识也是"Chinese brush"，或是"brush、writing brush"，字义很简单，即"中国的刷子"。

　　所以，在"盡"字中"聿"为手持刷子，四点（灬）为"水"表四溅水花，下面一个表示盆子的"皿"，合在一起为把器皿刷洗完、洗干净的意思，读音为"jìn"，与"净jìng"字相近。后引申有完、终结、终极之意，如尽头、无尽。

　　甲骨文之后，金文、小篆、隶书、楷书都没有大的变化，今之简化源于对其草书的模仿。

　　此外，还有一个"儘"字，加人字旁表示人力之所尽，但不管如何尽力依旧不能完成目标，这便是"儘管"，读音变调为三声"jǐn"，以示转折之意。"儘"字曾简化写作"侭"，后又被"尽"所取代，以减少汉字的数量，完成简化汉字的最终目的——拼音化。

　　"烬"字配有火字旁，指火燃烧殆尽后的

残余，繁体写作"燼"。

甲骨文中其书写为一手持笔于火上，小篆与甲骨文同，变图形为字形也。古人书写之初所用之笔亦有为炭笔者，即在火上烧烤木端，使其炭化用于书写，久而久之，木制的笔杆殆也——殆尽，皆成灰——灰烬。

隶书时，取"盡"字表音，兼表完结、终结之意，配以火字旁，书写为"燼"，简化为"烬"。

"昼"字也是简化字，繁体为"晝"，甲骨文画"日之四方"，表太阳东南西北循环一周之意，周而复始无穷尽也，所以其简化字形与"尽"字相似。

小篆时，在甲骨文的基础上加了"聿"为"尽（盡）"之省，表示用刷子洗去太阳上的灰烬，使其再现光明，此为白天也，即白昼。隶书中将小篆中原本的甲骨文的部分隶变为"旦"，以日出之形更好地体现了白天之意。

在中国古代神话中，太阳会在黄昏后落入冥河，以洗去白天时一身的尘埃和疲倦，此时大地进入黑暗之中。待天明时分，太阳便会从冥河的另一边升起，此时的太阳早已洗尽昨日的尘埃与疲倦，用一道白光重新照亮大地。

3. 聿→书（書）、画（畫）

书写的"书"字繁体为"書"，金文为一

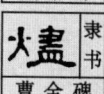

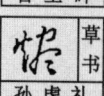

277

书

書 金文
颂鼎

書 小篆
说文曰部

書 隶书
韩仁铭

书 草书
王羲之

畫

畫 甲骨
粹·953

畫 金文
毛公鼎

畫 小篆
说文聿部

畫 隶书
礼器碑

畫 草书
王羲之

手持笔写下一个"口"字，表示将人们口中所述记录下来，谓之书。小篆时改"口"字为"曰"，以明确字义为所述说的话语记录下来，而非无意义的口语。隶书、楷书依照小篆，汉字简化时依其草书之形书写为"书"，似乎一手持笔、点墨书写之意。

所以，"书"的本义为书写，当这些记录下来的话语被整理成册时，就有了最初的书。

《论语》是人们最为熟悉的一本古代经典，此书便是孔子的学生与老师孔子的对话记录，经过整理而来。

书画的"画"字繁体为"畫"，也写作"畵"，皆为笔下一个"田"伴有边界、疆界。其甲骨文为"聿"下一"乂"，"乂"表分开之意，其下小草为禾苗，即划分田地之意。金文时改禾苗为"田"或"周"，表明与土地的划分有关。小篆时取田地划分的疆（畺）界之意，在田野四周画上边界、界限，书写为"畫"，隶书时稍做省略写作"畫"。

今之字形依旧是取其草书形体加以整理，简化为"画"，亦是小篆字形之省。

古人在地面上画好田地的界限，便要在纸上绘制图形以作凭证，于是又引申出图画、画图之意，为今之广泛应用之意。

中国的传统书画艺术被称作"国画"，用毛笔蘸水、墨、彩作画于绢或宣纸上。国画之称源于汉代，汉时人们认为自己乃为居天地之中者，所以称国家为中国，将其画作称为"中国画"，简称"国画"。国画的题材可分人物、山水、花鸟等，技法可分具象和写意，在内容和艺术创作上，则体现了古人与自然、社会的关系，以及对政治、哲学、宗教、道德、文艺等方面的认知。

其实，画也起源于古象形文字——岩画图案，所以文字与画图最初无歧义之分，《双法字理》遵循字理解说之道，便是要向大家展现汉字的"书画同源"之理。

三、隶字家族

隶→逮、埭、棣、隸

隶书的"隶"字，我们太熟悉了，这个字在本书中时常看到，但它原本并不读"lì"，而读"dài"，是"逮"的初文。金文字形像一手持毛笔之形，实为一手持尾，"尾"字省略为"毛"，表示从尾部抓住猎物，即持尾之状——逮住。小篆、隶书皆随金文，书写为"隶"，今被用于"隸"字之简化。

"逮"字加了走之底，表示追捕猎物而捕获、获得之意——逮捕、逮获，其读音"dài"在北方方言中也念"dí"。金文时古人在"隶"

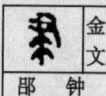

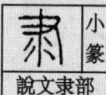

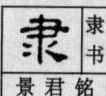

隶

隶 金文
邰钟

隶 小篆
說文隶部

隶 隶书
景君銘

字上加表示行走的"辶"，示意行动起来方有所获得，而非静止不动等待获得。小篆、隶书时字形没有大的变化。

成语"守株待兔"的故事，便很好地体现了"逮"与"待"的关系。于是原本表示抓住的"隶"字，便逐渐被"逮"字完全表示。

"埭"字加了土字旁，指人们堆砌土石以阻水流的小堤，似捕水于此也，有别于大河之堤坝，故另造此字。后来，人们将江河湖水之岸因突出有碍水流的部分也称为埭，人们在此处可停船靠岸，好似码头，便称为埭头。

今天的福建莆田和江苏溧阳都有埭头镇，小镇皆临近水源，其中溧阳埭头镇更是以洮水之埭的"史侯祠"而闻名，正殿匾额"海岳堂"乃为宋代朱熹所书。

"棣"字不常用，读音以"dì"音为主，木字旁表其为一种树木。棣为一种落叶灌木，开白花，果如李、樱，味如杏、奈。

明朝时燕王朱棣渡津夺帝，立年号永乐，后人称其为永乐大帝，即明成祖。帝王之家用"棣"为名，可见此树并不一般。因为"棣"为海棠属，也称棠棣，常被古人作为礼品送给亲朋好友，乃至帝王将相。

我国古代早在先秦文献中就有记载海棠花的栽培，到了汉代，海棠花更是与园林艺术结下不解之缘，经过唐代的发展，在宋朝达到鼎盛，被视为"百花之尊"。元朝时战火不断，各种花卉不复唐宋盛世，却唯独海棠盛而不衰，足见古人对海棠的喜欢，海棠本身丰厚的文化内涵——"百花之尊""花之贵妃""花中神仙"之说，早已被视作美好、佳丽、吉祥的象征。

明王朝给皇子取"棣"之名，便是寄寓美好、吉祥，燕王朱棣果然吉星高照，夺帝王位成一代明君，开大明盛世之永乐，后世尊称其为永乐大帝。

"隸"字是今天隶书的"隶"字之繁体，读音为"lì"，为"棣"之省"隶"，与"李、奈"之合体"柰"字的合并，表示其果实的特点——果如李，味如奈。于是，"隸"字侧重于其果实——海棠果，海棠第一次出现在中国史料中时的记载便是因其食用价值，而并不是它今天的观赏性。

中国著名的文学家司马相如曾经写过《上林赋》，其中有"椁、柰、厚朴"等相关的记载，具后世考证发现，"柰"为中国特有的小果类为苹果属植物，也就是海棠，其果为海棠果（奈、柰同为一字）。

海棠果为枝头丛生，果梗细长，三四个果子属一花蒂之下，即"数隶一蒂"引申有从属之意——隶属。汉字简化时，简化为"隶"。

"奴隶"一词中，奴指被抓获的人，即隶属于他人的从属者，于是"隶"便指地位低下的人——下属。皂隶便是身穿灰布皂衣的下属，隶书便是这些下属们平时书写公文所使用的文字，有别于官方文字的小篆，因其更便于书写，在汉朝时得到广泛的发展，成为汉朝时主要的公文书写用字，史称汉隶。

四、尹字家族

尹→伊、笋、君、群、裙、郡、窘

"尹"字读音为"yǐn"，甲骨文像手持木棍、木杵之形，也有认为是手持笔杆之意。其字形简单，故金文、小篆、隶书没有大的变化。

其实，"尹"字的手中最初所持之物为木棍、木杵，表示开荒治地带领大家前行、生活，故有治理的意思；后进而表示法杖，代表权利的象征，可发号施令、命令。当法令被刻画书写在金石绢帛之上后，其手中所持之物又变成了笔，表示颁布法令之意。

可见，文化的发展、文明的进步，也体现了不同时期人们对生活的认识和理解都在改变和进步。手中所持的木棍、木棒，逐渐变成法杖、权杖，最后变成刀笔、毛笔，从另一个侧面也体现了人类文明的进步历程。

"令尹"是古代一种官职，春秋战国时期楚国的最高官衔，是掌握政治事务，发号施令的最高官职，持一国之柄，揽军政大权以治国。

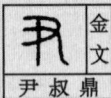

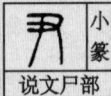

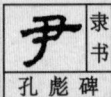

甲骨
甲·3576

金文
尹叔鼎

小篆
说文尸部

隶书
孔彪碑

后世亦有京兆尹、府尹等官职名，泛称太守。

"伊"字加了单立人"亻"，最初指治世、治理之人，也曾做水名——伊水。其源于河南境内，后入洛水，相传此水之初多有水患而害于人，后经大禹治理而造福于人，故名伊水。又因此水为大禹治四水之第一水，故变音为"yī"，与"一"同音。

《诗经·秦风·蒹葭》中"所谓伊人，在水一方"，"伊人"是用借喻的手法，以大禹离家远行治水的典故借喻自己远出在外的家人或亲人，后泛指在外之人——他人、她人。然而古时有"他"字而无"她"字，于是"伊人"便在不知不觉中逐渐指代了"她人"而表女性。

宋代词人柳永在其《蝶恋花·伫倚危楼风细细》中一句"衣带渐宽终不悔，为伊消得人憔悴"，把古往今来天下有情人彼此思念的真挚情感表达得淋漓尽致、荡气回肠，成为千百年来脍炙人口的名句。

"笋"字加了竹字头，指竹笋，是竹子的幼芽、嫩芽。

竹子的幼芽冒出地面后，十日之内鲜嫩可食，十日之后则成竹，古以十日为一旬，所以其最初写作"筍"。见其金文，随后小篆、隶书皆如此，而今天"笋"的字形则源于战国文字的书写讹变。

在古代，竹子也是人们重要的生活资料，

伊
亻（儿）
甲骨
六束·78

伊
金文
伊敦

伊
小篆
说文人部

伊
隶书
刘宽後碑

伊
草书
孙虔礼

筍
金文
伯筍父簠

筍
小篆
說文竹部

筍
隶书
蝥道人

筍
行书
赵孟頫

可用来制篾编织和制构搭建，因竹子中空的特点，人们便搭配粗细不等的竹竿相互凹凸对接，可制作出各种多变的样式。这便是最初的天然榫卯结构，原本写作"筍卯"。也许人们使用战国文字的讹变"笋"字，是为了区别"竹筍"与"筍卯"的表达。

后来，人们将竹制构建中的筍卯原理应用到木质构建中，并创造出各种神奇多变的人工筍卯。为了表意准确，人们另造了木字旁的"榫"字，写作"榫卯"。今天，榫卯结构已经成为中国特有的木质建筑单元，是中国古人源于生活、取于自然的智慧结晶，亦是今天中国文化的独特符号之一。

君子的"君"，首先是君王的"君"，其甲骨文、金文、小篆是治理、统治的"尹"字下面一个"口"，表示发号命令、指令，以此表君主、君王之意。

"君子"一词则常见于先秦典籍之中，多指"君王之子"，强调其地位的崇高。"子"则是春秋战国时人们对自己的自称，即"自"也，但因与其同音的"子"字是"公侯伯子男"中的爵位之一，所以自己往往期待被称为"子"，于是"子"逐渐成为对成年男子的一种尊称。但是，真正能获得别人以"子"相称的人并不多，要么是有很高道德和学识的人，如"老子、孔子"；要么就是有很高权力和地位的人，如"君子"。

君　甲骨　後下2·13
金文　散盘
小篆　说文口部
隶书　礼器碑
行书　王羲之

284

后来"君子"一词又被赋予道德的含义，使其站在了人类社会权利与道德、地位与学识的最高端，并在此后儒家思想几千年的熏陶下，逐渐使原本以权力、地位为主的"君子"倾向于以道德、学识为主的"君子"，成为历代中国人一生所追求的终极目标，誓做君子也。

《论语·颜渊第十二》中，孔子的几位弟子先向他问及怎样才是"仁"，孔子回答了"仁"，随后又谈到怎样才是"君子"的问题。

司马牛问君子。子曰："君子不忧不惧。"曰："不忧不惧，斯谓之君子已乎？"子曰："内省不疚，夫何忧何惧？"

羊群的"群"，指羊群中发号指令的头羊，就是羊群的君主。

裙子的"裙"，古时也写作上下结构为"帬、裠"，上下结构表明其最初为"下裳（常）"，男女皆穿，后演化成一种女子专用的服饰，并改为衣字旁。

裙子的特点是围绕身体，古人便是取"群"字之省，配以布衣旁，来表现这种服饰的特点，以别于"裳"。当它演化成女子的服饰后，女子便在裙子上增加了很多图案、色彩和造型等以做装饰，褶皱便是一种常见装饰，如百褶裙。

郡县的"郡"，金文为"君"字旁一个"邑"字，为我国古代的行政区划之一。周制

285

中记载，天子地方千里，分为百县，县有四郡。故《春秋传》曰："上大夫受县，下大夫受郡也。"可见最初郡小而县大，其为食邑之小城。县制所设乃指有君王牵线可治之地，即直接管辖之地，其下再设郡，其治理之法为受命行使君权之人，即代理也，其所治之地为郡。

秦之后，郡与县的地位发生了转变，郡大而县小。秦初行井田于天下，于是原本县中的郡成为帝王主要的管理目标——产粮，粮食的充沛也是秦能一统天下的根本，于是秦设三十六郡以督其县，并被后世所沿用。

"窘"字与"君"字没有关系，小篆时被用作读音符号于"冏"字之中而成字。字形像一人被世事所迫，身心困于狭小的空间——冏中，一脸的尴尬——窘迫。

"冏"也写作"囧"，读音为"jiǒng"，指人们在墙壁上挖凿的空洞，用于排烟透光，后分化为烟囱和窗户。

五、丑字家族

丑→扭、纽、钮、忸、羞、妞

"丑"字实际就是"扭"字，一只呈勾爪状扭曲的手，指人抽搐时手的样子，后用以形容人体抽搐时难看的样子——丑，进而泛指难看之态——丑态，并与"美"组成一对反义词。

甲骨文中的"丑"，将手的指尖部位特指以示弯曲，金文时特指符号连成一笔，字形似"聿"，暗指弯曲成抓取之状。小篆与金文同，隶书时为了与"聿"字区别，书写为"丑"。

"丑"字除了表示难看之外，还是古代天干之一，位居第二。这源于中国古代天文观星之说，是古人观察星宿时模拟星图而配比之字，以地球运转时十二个星图先后出现的排序而来，以表时间。

今天"丑"的繁体字被定义为"醜"，是汉字简化时以同音替代的方法来消灭"醜"字罢了，此为人们喝醉酒时魂不守舍的样子，并伴随着抽搐——醉酒之态，醜态，历史上"醜"字与"丑"字通用。

"扭"字则另加了提手旁，这是当"丑"字逐渐表美丑之意和天干之名后，人们为了表意明确便在小篆时另加了提手旁，表抽搐时手指的弯曲和手腕的转动——扭曲、扭转。后引申为各种材料的弯曲与转动、扭动，二者可视为古今字。

"纽"字繁体为"紐"，指将丝线、丝带扭结而成的布扣子——纽扣。

古代的扣子最初为骨头或小木头与丝线扭结在一起，称为骨纽。在一些古典的礼品盒上，

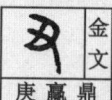

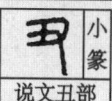

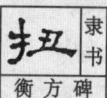

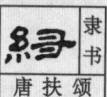

如文房四宝、经典古籍的装盒上还能看到这样的古饰。后发展成布纽，用于衣服的纽系，如今天的唐装和旗袍还延续着这种中国元素，被称为"中国风"。

"钮"字繁体为"鈕"，原本印章上钮系丝线、丝带的金属扣——印钮，也称印鼻。古代除了帝王、贵族的印章为玉石、宝石所制以外，其他官员的印章按等级分别为金、银、铜制，如汉代食禄四百石以上的官吏制金、银、铜印，系绶带于印上之鼻，以便携带。

近代，金属逐渐也成为制作纽扣的一种材料，且古制金属印章的造型为面与背平而薄，背有一鼻环可持、可按，与扣子的造型颇为相似，故此而常将金属纽扣写作"钮扣"。后进入电气化时代，人们把需要按动的开关，称为"按钮"，除了取印章按动之意外，按钮的样子也如一枚纽扣一般。

"忸"字加了竖心旁，表一种内敛、羞涩的心理活动，其外在身体表现便是扭扭捏捏，即身体扭来扭去、不好意思的样子。于是，人们以"扭"字之省"丑"，再加竖心旁（忄），造"忸"字表达这种不好意思的心理。

"羞"字加了一只羊，最初表示用手抓羊肉之意，既有给人以羊肉食用的意思，又有抓取羊肉食用之意，于是引申有献给和食用的鲜

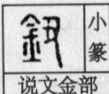

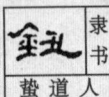

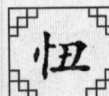

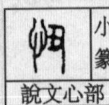

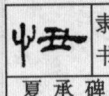

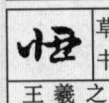

美食物之意。如《周礼·天官·膳夫》中记载的"膳夫掌主之食饮膳羞"，故另有异体字写作"馐"，二者为古今字。

今天，羞耻、羞辱、羞愧之意，则源于人们对原始饮食方式——徒手持之的抛弃。随着文明的进步，礼节成为人们社会文明和法治的准则，尤其以周礼为重。今天人们依旧以"礼崩乐坏"来形容社会秩序混乱、伦理道德丧失，以至于世风日下。在后世饮食文化之礼下，徒手饮食的"羞"字便被冠以不文明、无礼仪、少礼节之意，为众人所不齿、令人惭愧的行为——羞耻、羞辱、羞愧也。

"妞"字特指小女孩、小姑娘，常用于北方方言中，为"扭、忸、羞"之省为"丑"配以女字旁，表现出小女子扭扭捏捏、含羞不语的特点。

六、司字家族

司→饲（飼）、伺、嗣（孠）、词（詞）、祠

"司"与"后"字的古字形几乎一样，如二者的甲骨文同为一字，于是引出了二者一段关于"命名选字"的故事。

我国现今最大、最重的青铜器为"司母戊

羞

甲骨
前34·4

金文
鲁伯鬲

小篆
说文羊部

隶书
隶辨

草书
王羲之

鼎"，今更名为"后母戊鼎"，于 1939 年 3 月在河南安阳出土，是商王祖庚或祖甲为祭祀其母戊所制，享有"镇国之宝"的美誉。

最初给该鼎命名为"司母戊鼎"，则源于郭沫若先生，除了因其内刻字形本就为"司母戊"三字之缘由外，其还认为"司母戊"即为"祭祀母亲戊"，这也得到了其他学者的认同，如罗振玉曾认为"商称年曰祀又曰司也，司即祠字"。于是，这一命名便一直沿用下来了。今改称"后母戊鼎"，则是因为新的考古论证的出现，"后母"为商王武丁的后妃妇妌的庙号，同时认为"后母戊"的命名要优于"司母戊"，其意义相当于"伟大、了不起、受人尊敬"，与"皇天后土"中的"后"同义。改为"后母戊"，意思为"敬爱的母亲戊"，更显中华文化之孝道、仁德。

"司"的甲骨文像一手一口，或一人一口之形，表示挥手指挥、张口布令之意，即指挥民众、治理国家之意。金文时为表治理之意，换口为亂（乱）之省，取其似理麻之意，并兼表读音为"sī"。后成为古代官员的名称，如司空——古代中央政府中掌管工程的长官；司徒——掌管土地和徒役的长官；司马——掌管军务的长官；司寇——掌管刑狱、纠察的长官。这些官名，今已成为复姓，被后人沿袭使用。

小篆时沿用了甲骨文的书写，也许是为了与"亂、辭"等字区别开来，后隶书开始皆随

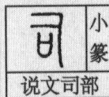

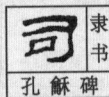

<table>
<tr><td>司</td><td></td></tr>
<tr><td>𤔲</td><td>甲骨
古9·2</td></tr>
<tr><td>𤔲</td><td>金文
孟鼎</td></tr>
<tr><td>司</td><td>小篆
说文司部</td></tr>
<tr><td>司</td><td>隶书
孔龢碑</td></tr>
</table>

小篆之字形。

治理之事，必先观察而后定，于是"司"字又引申出观察、视察之意，如司日月之长短。

司南，是我国古代的伟大发明之一，是古人用磁石做成的辨别方向的仪器，为现在指南针的始祖。

"饲"字繁体为"飼"，今主要用于饲养一词，食字旁表明造字之用途，以"司"表管理、支配之意，合而为管理、支配食物用于喂养、食用。今泛指对家畜、家禽的管理和喂养——饲养。

"伺"字常用于伺候一词，单立人做旁表明造字之用途，即所管理和支配的人，随时等候以待服侍君主——伺候，此时读音为"cì"，变音以别"窥伺"之意。

"窥伺"一词中，"伺"字读音为"sì"，表示在一旁伺候之人同时也掌握着主人的行动和意图，可以窥视到他人所不能预见的内幕，从而比旁人率先取得先机，如窥伺、伺机等词。中国历史上的"宦官"，可以说这是"伺"字的典型代表。

"嗣"字左边为口下一个册（册），即登记人口的册子，旁边一个"司"字，合而表对人口的登记注册与管理。

古代有着严格的家族制度，家族人员皆登

饲
飼 小篆 六书统
飼 隶书 蛰道人

伺
伺 小篆 說文人部
伺 隶书 曹全碑
伺 草书 王羲之

嗣
金文 毛公鼎
金文 盂鼎
嗣 小篆 說文册部
嗣 隶书 魏受禅表
嗣 草书 王羲之

记在册，但也只有有资格的子孙后代方能登记在册，于是有了"子嗣"一词表示后代之意，同时更表血统之纯正。

"词"繁体为"詞"，表示用于管理和支配的言语，使其表达出更为丰富的语言内容，这就是最初的诗词，多用于祭祀寄语。如明朝嘉靖皇帝专注道家修炼时所写祭祀祝文——青词。

最初，词作为诗的别体，萌芽于南朝，经隋唐发展成一种文学样式，在宋代进入全盛时期。

词最初称为"曲词"或者"曲子词"，别称有近体乐府、长短句、曲子、乐章、琴趣、诗余等，是配合宴乐乐曲而填写的歌诗。词牌是一首词调子的名称，不同的词牌在总句数、总字数，每句的字数、平仄上都有规定。相比于诗，词的形式更自由开放一些。

诗被称为文学之祖，最初的"诗"泛指《诗经》，今天则多指诗歌。与词相比，诗是一种用高度凝练的语言，以众人可以把持的节奏和韵律，表达作者的丰富情感，集中反映社会生活。最初的诗句结构简单、固定，易被人们所掌握，以简洁凝练的语言、充沛的情感以及丰富的意象来高度集中地表现社会生活和人类精神世界。后随着文化的发展与进步，诗逐渐成为一种艺术表现，规定了一定的音节、声调和韵律的要求，如五言律诗、七言律诗等。

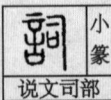

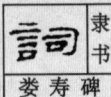

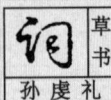

词

小篆
说文司部

隶书
娄寿碑

草书
孙虔礼

孔子认为"诗（诗经）"具有兴、观、群、怨四种作用，更是以"不学诗，无以言"来教导儿子和弟子们。

"祠"字加了表示祭祀的"示"字，为祭祀时人们所书写、颂念的祝文，祭祀完毕或烧为灰烬以祭天地，或存于山谷、庙堂之中以作纪念。

古人祭祀有诸多分类，四季皆有所不同，而"春祭"也称"祠"，则是因为冬末春晓，万物耗尽以待复兴，所供奉的物品少之又少，于是便用大量的祝词加以替代，以表达恭敬、尊重之心。后逐渐将"祠"泛指祭祀之意，于是后世的宗庙、庙堂也被称为宗祠、祠堂。

七、后字家族

后→逅、垢、诟（詬）

"后"字在甲骨文时与"司"字相同，二者没有差别，不过也有学者认为应有差别。

"后"字，司之继也，为后来者之意。古之凡继承从政有君之道者皆曰后，如后夔、后羿之称。此后，诸侯谓之群后，天子独称元后，至周初君王之妃始称为后，表已生子可为帝国继业者——王后，即表示已经为王室生下继承

祠
甲骨
前31·7

祠
石文
诅楚文

祠
小篆
说文示部

祠
隶书
孔龢碑

后
甲骨
掇·431

后
小篆
說文后部

后
隶书
石經殘碑

后
行书
柳公權

者的妃子。于是在西周时期，金文皆以"毓
（育）"字为"后"表生育之意，所以金文中
没有"后"字，直至小篆重回"后"字的书写
表王后、母后之意，以示尊重，隶书、楷书沿
用至今。

"后"字原本有后来之意，当其表帝国之
母而成"王后"之后，人们便另造了"後"字
以避讳。

"後"本义为落后之意，双立人"彳"字
表示跟行走有关，右边为"幺（丝之省）"下
一脚（夂），表示拴绊之意，合而表示因腿脚
拴绊而行走缓慢、落后于人，进而指后方、后
面的意思。后世以"後"替代"后"字专表后面、
后来之意，以避"王后"之讳。汉字简化时去
繁为简，以"后"字再表后来之意，替代"後"
字，兼顾皇后、王后之意。

"逅"字加了走之旁表行走之意，以"后"
取后来者之意，表后出发的人，有别于先前出
发的人，似有约定先后而行。

"邂逅"一词中，"邂"字以"解"表分
开和了解之意，加走之旁表示分开而行，但又
相互了解似有约定。"邂"与"逅"连用便表
示分开的人，一前一后分别而至似有约定，不
期而遇。

"垢"字加了土字旁，表被时间封尘和洗
刷过后留下的污渍、污浊——污垢。后泛指长

294

时间附着而没有被清理的脏东西，难以清理，如牙垢、泥垢、霉垢等。

"诟"字加了言字旁，以"垢"之省略为"后"，本义为不干净的言语——脏话，后表辱骂、侮辱之意。

"诟病"一词语出《礼记·儒行》："今众人之命儒也妄，常以儒相诟病。"汉字的简化便是其在特殊历史条件下受人"诟病"的结果，然今之复兴之光可见。

八、又字家族

1. 又→驭、友

"又"字也是一只手的样子，甲骨文画有小臂字形为"乂"，表一只伸出去的手，金文、小篆后隶变为"又"以表右手。人们长时间地劳动进化，习惯以右手发力为主，于是第一时间伸出去的手就表示了右手的意思，且每次都是先伸出右手，进而引申出再一次的意思——又一次。

于是，人们另造了"左右"二字，专表左手、右手，以便与"又"字区分开来。

今天的汉字中，很多字形中都有"又"字，如观、难、汉、劝、权、对、戏、邓等。但这些字跟"又"并没有什么联系，皆因汉字简化时去繁化简，将繁杂的笔画模仿草书以简笔"○、×"替代书写所致。如"观"字繁体为"觀"，以鹳鸟（鸛）的习性为主造字，所归在《双法字理·动物》一书的飞鸟家族中，其他也皆以字理为本归于各自的家族之中。

"双法字理"始终以字理为主，形与音皆为表意，主次之别源于表意的主次，以便字族的规划。

"驭"字今天为一马一又，字形十分形象，表一人伸手持马之意，或牵马、或骑马、或驾马乘车——驾驭。但其初文为一人牵绳而行，即一人手持缰绳前行也，其甲骨文如"御"字，金文时才有了马的符号于字形中。因为最初人们并非只骑马，还有牛、羊、鹿等兽，这一现象在中国古代神话中有完美的保留，其并非古人的臆造，而是取材于生活的真实写照。

金文为一手持鞭呈"攴"字，以"∧"表车辕，配以"馬"字专指御马——驾驭。后经小篆、隶书后书写为"馭"，今简化为"驭"。

"友"字最初为两只手，好似今天的"双"字，与"朋"的造字、取意相仿。小篆时书写为上下结构，隶书写作"友"。最初表两手相伴相携，相互协助、同心协力之意，后引申为志向相同之人，古释"同志为友"。

"朋"则表示同门之人，其所学相同，但

志向未必相同，常与"友"连用为"朋友"，泛指彼此有交情的人。（详见《双法字理·天文·月字家族》）

2. 又→叉、杈、汊、衩、钗

"叉"字的甲骨文在"又"的基础上多了几个点，即指缝中多加几个点，表与手指交错，含于指缝之间，如将手插入土中、米中等。小篆简化多点为一点，书写为"叉"，隶书、楷书没有变化。

"杈"字加了木字旁，专指树干的分叉状——树杈，树干分支如手指分开一般，树叶交错其上。

"汊"字加了三点水，专指河道的分叉状——河汊，支流分行如手指分开一般，礁石交错其上。

"衩"字加了衣字旁，专指衣服两旁的分叉状——衣衩，衣衫两边张而未缝合之处，以方便人们行走时腿的迈动，和坐下时身体的伸展。古代的长衣便是如此，今天的西装也是如此。

"钗"字加了金字旁，专指女子插在头上的金簪、金饰，其形尾如叉、头有饰，插在头

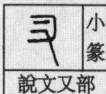

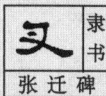

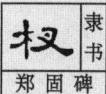

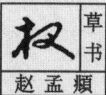

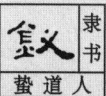

297

上作为装饰。因它是古代女子的常用装饰，故也用于指代女子。如《红楼梦》除了别名《石头记》之外，亦另有一名为《金陵十二钗》。

3. 又→桑、嗓、操

"桑"字指桑树，甲骨文画了一棵有很多叶子的树，强调一种以叶子为主的树，写作"桒"。当然这种"为主"是人为的，因为古人需要采摘它的叶子，用以喂蚕。于是，在金文时人们将甲骨文中一片片的树叶（屮）画成了一只只的手（又），专表一种用于采摘树叶的树——桑树。

桑树原产于中国的中部和北部，先秦时期记录了人们在黄河中下游一带对桑的种植。同时，《诗经》中也有大量的关于桑的诗篇。如《诗经·豳风·七月》一诗中写道："女执懿筐，遵彼微行，爰求柔桑。……蚕月条桑，取彼斧斨，以伐远扬，猗彼女桑。七月鸣鵙，八月载绩。载玄载黄，我朱孔阳，为公子裳。"

后来，中国古人有了在房前屋后栽种桑树和梓树的传统，因此常用"桑梓"代表故土、家乡。

"嗓"字指喉咙，俗称嗓子，因为它是个后起字，于是关于"嗓"字的解说就有了各种版本。

一说源于"桑林"——汤祷于桑林，后成

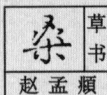

为古代一种大型的国家祭祀活动。春秋墨子时代依然有"桑林"这种盛大祭祀活动，"桑林"之祭所用的乐舞被称为"商代乐舞"，并沿用祭名称为《桑林》。在这种大型祭祀活动中，人们放开喉咙高声歌唱，以至于喉咙哑然——嗓哑了。后由"嗓"代指"喉咙"，俗称嗓子。

一说源于"桑子"——桑葚，古人喉咙发炎，其声哑然，古人认为此时与悬雍垂红肿有关。《灵枢·忧恚无言》中记载："悬雍垂者，音声之关也。"悬雍垂又称小舌头，大小如桑子大小，肉色粉红如桑子色，炎症时其色更甚。桑树之果为桑子，初生时青绿色，成熟时粉红色，再熟时色更深，故也称为桑葚。于是，古人借"桑子"表"悬雍垂"，指喉咙发音之处，后加口字旁为"嗓"。

两种解释各有所取，一种源于对文化的继承，一种源于对生活的认知，皆有字理可循，没有谁对谁错之分。其实，汉字本就源于生活中而附于文化之上，即以人们的生活实践为骨，以人们的文化发展为肉，方才历经千年而不断。几千年来汉字虽有消减，但依旧筋骨健全，只需多加锻炼便会再次呈骨骼健壮、肌肉发达之貌。

"搡"字指推搡，是人们采桑时推开桑枝采取桑叶，此时桑枝间相互碰撞来来回回的样子。后来形容拥挤时，人与人之间的相互推挤、碰撞——推推搡搡。

4. 又→受、授、绶、圣（聖）、怪

"受"字是两只手，一只手给（爪），一只手接（又），传递东西的样子，其甲骨文便十分清楚地画了两只手的样子，中间一物为所传递的物品。所传何物？众人视其字形为"舟 zhōu"，可兼表读音为"shòu"。

人们行船之后必将靠岸，如何靠岸呢？今天人们用缆绳抛给岸上人，以便将船靠岸固定。但最初古人则是在岸边涉水，临近岸边时船夫会下船涉水推船靠岸，岸上的人也会涉水接舟将其拖回岸边停靠，二者的相互合作便是"受"字，既有接受的意思，又有授予的意思。

于是，另造了加有提手旁的"授"字，专表给予之意——授予，原本的"受"字便专表接纳之意——接受，使表意明确，不再混淆。

"授受"一词便表示给予与接受，"男女授受不亲，礼也"，出自《孟子》，指男女之间表达感情或者爱慕之心时，应委婉、含蓄，无论是赠予物品或是接受信物都应保持一定的礼节，尊重对方，不要令对方难做，也不让自己难堪。今则泛指男女间不必要的接触，具有文化底蕴。

"绶"字加了绞丝旁，指绶带，古时系在印钮或玉佩上的丝带，便于人们传递时以手抓持，授受之用。

"圣"字在今天是"聖"字的简化,指圣人,但最初的"圣"字指以手挖土、掘土,读音为"kū",表示用手挖掘洞窟之意,后表挖掘之意,如圣野菜充饥。

战国时期"圣"字的书写呈左右结构,小篆至隶书时字形为上下结构,以侧重体现手的挖掘作用,为今之书写。

"聖"字则是圣人、圣贤之意,其甲骨文为一人站在土堆高台之上(壬),凸显其耳,表善听之意,随时开口说话的样子,古释为闻声而知,挺身而出示人以事之人,即才能与品格优秀的人——聖人。

在中国传统文化中,"圣人"指知行完备、才德至善之人,如道家的黄老列庄、儒家的尧舜孔孟、墨家的大禹等都是受后世公认的圣人。

所谓"聖",简单地说,以"耳"表闻道与吸取,以"口"表宣扬与教化,以"壬"表责任与施行,正所谓知行合一,以身作则。

汉字简化时,人们根据"聖"字的草书,以字形简单的"圣"简化取代。

"怪"字不是简化字,以竖心旁表心理,以"圣"表挖掘、探究之意,合在一起表示探究好奇、奇异的心理——奇怪、怪异,后引申指与众不同的、奇异的事物,亦有扰乱之意。

于是,当人们因言语、行为的怪异而扰乱秩序时便会被责问、罪罚,这就是责怪、怪罪。

聖

聖 甲骨 曾伯藟簠

聖 小篆 說文耳部

聖 隶书 孔龢碑

聖 行书 王羲之

怪

怪 小篆 說文心部

怪 隶书 修华嶽碑

怪 草书 王羲之

5. 又→双、支、枝、肢、岐、歧

"双"字繁体为"雙",另写作"雔",在《双法字理·动物》的"隹字家族"有过介绍,"只(隻)"字表示抓住一只鸟,一只;"双"则表示抓住两只鸟,一双。

汉字简化时,人们取两只手的样子,简化为"双",字形简单,字义明确,字理准确,是一次很好的简化。其实汉字的简化古亦有之,如隶书便是一次对小篆的简化,被称为隶变,其目的是为了书写的方便和表达的明确。隶变之中虽也有讹变,但并非要消灭汉字,与近代的汉字简化和拼音化有着本质的不同。

"支"字的字形为"手拿半竹(个)",表拿竹取竿以做撑顶之用,即支撑。因其本义为脱离主干的竹条"一支",所以同"个"字一样后逐渐成为量词,后又引申有分离、分解之意,如分支、支离破碎。

《说文》中释为"去竹之枝",即脱离竹身的竹条——竹枝,后泛指枝条。如《诗经·卫风·芄兰》中"芄兰之支"一句,便是指枝条之意。所以,人们便另加木字旁,造"枝"字,专表植物主干上的分支——枝条。

"肢"字加了肉月旁,指肉体躯干的分支,即四肢。

"岐"字指岐山,乃秦岭之高山区,其名

与其地貌有关，被横贯东西的横水河、雍水河、漳河、渭河，以及由南往北流入渭河的水流切割，肢解为5个残塬，2个川道，3个河谷。形成了"两山夹一川，两水分三塬"的地貌特征。故此人们以"支"字表意造字，取名岐山。

岐山是中国古代文化的发源地之一，是炎帝生息、周室肇基之地，古代医学巨著《黄帝内经》、古代哲学宏著《周易》皆诞生此地。

"岐"字读音为"qí"，为古音韵方言中"zh、ch、sh、j、q、x"之混淆。

在黄帝时代，此处便有先民生活，岐伯便是这一时期最有声望的医学家、道学家，精于医术脉理，后世尊称为"华夏中医始祖"，《素问》便是黄帝询问、岐伯作答而形成的医学理论，又称《黄帝内经·素问》。后建城邑属九州之雍州，商末时周部迁于此地，经春秋、秦汉发展成郡县，取"支邑"造字为名，今为岐山县。

"歧"字本以"止"字表行走，指岔路口分支较多，易使人误入错路，即误入歧途。因误入歧途而分道而行，即分歧，后泛指思想意见上的不统一，各有选择。

在古汉语中"歧"字还被借作"岐"字，皆因二者字形相似之误用。

此外，还有一个"跂"字，专指脚趾的多生分叉。

岐

岐 小篆 说文山部

岐 隶书 娄寿碑

岐 行书 王羲之

6. 又→右左、佑佐

"右"字为"手（ナ）下一口"，"ナ"便是"又"字，金文中是一只右手下面一个口，以口表呼喊、指挥之意。即人们劳动时，通常情况下都是以右手为发力手，一边用右手劳作，一边开口说话指挥劳动，以保证劳动的效率。故此，引申有保佑之意。

"左"字的金文便是一只左手下面一个工，以工表工具、劳动之意，左手辅助之。故此，引申有辅佐之意。

"左右"最初就是左右手，后引申为人们身边最简单的位置关系，左边、右边。

"佑"字和"佐"字最初就写作"右"与"左"，保佑、辅佐之意皆为引申而来的意思，隶书时方加单人旁（亻），以便与原本表位置关系的"左右"区别开。

7. 右→若、诺、惹、匿

"若"字原本并非草字头，此字形为小篆之时的讹变，甲骨文、金文皆为一人高举双手梳理头发之形，指梳弱发而顺之，有顺从之意。词语"若是如此"，即表示如果顺从此意的话将会如何。

小篆时字形变化较大，改双手为一手，改单发髻（屮）为双发髻（艸），表多发之意，

字形下方加"口"为"面（面、囬）"之省，
以示非地上的草，而是头顶之发髻。

"诺"字加了言字旁（讠），指许可之言，
即顺意之言——诺言。因"若"有顺从之意，
所以古时常用其作为应允的回答用语，如成语
"唯唯诺诺"。最初其甲骨文、金文为口字
旁，写作"喏"，表应允之声。小篆时方又做
"诺"，表应允之言——诺言。

汉字简化时，将"诺"与"喏"合为一字，
以"诺"代表。

"惹"字加了心字底，表示随心所欲地许
诺，到处应允，结果招来了不必要的麻烦——
招惹。古人的诺言可不是随便说说的，诺言是
一定要兑现、要做到的，这是一个人的"信"，
也是古人基本的道德准则，自古便有"一诺千
金"的故事。

中国古人在社会维系之初，都遵循"仁、义、
礼、智、信"之道，后世称为"五常"，即做
人的基本道德常识。

仁表天地法则，不可擅自违背自然规律；
义（義）表善良正直，不可贪取见利忘义；
礼表事神致福，不可妄自尊大目无尊长；
智表明察天下，不可愚昧天下是非不分；
信表人行其言，不可空言文书荒废其身。

"匿"字加了"匚"字框，表示将说出去

的话收回来，藏起来，似移入或收入匣中，使其隐而不外现、不能见——藏匿、隐匿。

8. 叟→搜、嫂、嗖、艘、馊（餿）、瘦（膄）

"叟"字的甲骨文像一手持火把于房屋（宀）中，小篆直接书写为"宀之下，手上一火"，字形为"叜"，本义为屋室之内举火照明之意。隶书以秦之古隶讹变而为"叟"，楷书沿用至今。

古人取得火种极为不易，于是火的持有者往往都是长者，最初人们的屋舍也多为岩洞，人们持火于洞中用于检查安全，驱赶野兽以便寻求住所，于是引申出搜查、搜寻之意。后又将持火的长者称为"叟"，所以又有老叟之说，表年长、年老之人，如童叟无欺。

人们为了区别字义，于是在小篆时增加偏旁以便表意准确，"叟"字便加"手"字为旁写作"搜"，专表搜索、搜查之意。"叟"则专表年长、年老之人，后亦有异体字"傁"。

"嫂"字指哥哥的妻子，一般称为嫂子。哥哥是比自己年长的人，于是取"叟"字年长之意，加女字旁造字。

此处再提一个"婶"字，婶子是叔父、叔叔的妻子，叔父年纪较小，是自己父亲的弟弟，故此婶婶的年纪也比较小，便会与哥哥的妻子年纪相仿。于是人们取"审"字审查、查明之意，加女字旁造"婶"字，暗指不要认错了婶婶与嫂嫂，乱了辈分之意。

"嗖"字最初是指火焰的声响，火焰升腾时带动气流产生的声响，拟声加口字旁写作"嗖"。风起之声也为嗖，写作"飕"，以风字旁表此为风吹之嗖嗖声，今皆由"嗖"字表示。

"艘"字则为"嗖"之省加"舟"，表船行很快，耳边风声嗖嗖也，后泛指各种船只，如"连舫逾万艘，带甲千万人"。今主要作为船只的量词，一艘船。

"艘"另有异体字写作"榳"，是其小篆时的字形"木叟"之写，以木表船只之本。

"馊"字繁体为"餿"，加了食字作"飠"，今简化为"饣"，取"叟"字有年长、年老之意，表饭食因长时间搁置而变质、变化之意——变馊。"溲"字则表汤水、酒水的变质，今皆由"馊"表示。

"瘦"字加了病字旁"疒"，还写作"腴"为肉月旁，以"叟"字取年老之意，表示老年人身形枯萎，肌肉消减之状。

"瘦"字兼有年老多病、体衰力弱之意；"腴"字则侧重肌体劳作，体减力弱，二者皆有瘦弱之意，后合并为"瘦"字。

九、寸字家族

1. 寸→村、寻（尋）

"寸"也是一只手的形象，古文字在手腕处画有一点"丶"，特指手腕处——寸口。且中医把脉时，以脉取三寸，即桡动脉浅于皮肤表面的一段长度，以桡骨茎突处为关，关之前为寸，关之后为尺，分别称寸脉、关脉、尺脉，简称"寸关尺"。

寸是我国古代的基本长度单位，最初取于人体本身，所以每个人有每个人自己的尺寸，即手腕处可以活动的部位，约一个指节的长度——3.3厘米。中医讲经络穴位，此时的穴位就是按照每个人自己的尺寸来定穴位的，而不是拿着标准化的科学尺寸来定穴位。因为每个人的身高体长并不一样，统一的标准看似科学，但并不准确，这也是为什么把脉之时要先以桡骨茎突定"关脉"，再定前寸脉、后尺脉的缘由。所以俗话说，人人心中有把尺，度量世间冷暖、世态炎凉。

因"寸"表长度，有度量之意，进而引申为把握、法度之意。中国最早的法度为礼法，以礼治国平天下，重情而轻理。今之法律则以西方《宪法》为基调，重理而无情也。

"村"字出现得较晚，书写见于隶书，小

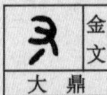

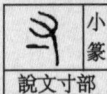

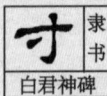

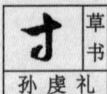

金文
大鼎

小篆
說文寸部

隶书
白君神碑

草书
孙虔礼

篆时写作"邨"字，以"屯"表屯集、囤积之意，右耳旁为"邑"表居住的小城，合而表人所聚集的小地方——村子。

隶书时人们另写作"村"，以"木"表此地苗木种植之状，以"寸"表音，兼表禾与木种植有度之意，合而为"村"字。替代"邨"字，以别其方言之"tun"音。

村子在村头处都会有一棵大树，此树被称为社树，标志村庄的成立。此法是继承了古代封土为社之制，各随其地种其所宜种之木。如福建厦门的古村社，如今还都保留有一棵大榕树，是人们聚集的地方。

《周礼》云："二十五家为社，各树其土所宜木。今村墅间，多以大树为社树，盖此始也。"

"寻"字繁体为"尋"，读音为"xún"，甲骨文字形为一人伸展双臂，丈量一根棍子的样子。

小篆时书写为"彡尋"，以"彡（顺）"表音，"彐、寸"表伸展开的双手，为了表示这双手并非上下授受、争夺之意，而是左右手伸展开之意，便加了"工、口"二字，也可以认为"尋"字便是"左右"二字呈上下结构的书写合体。隶书时"彡"与"彐"书写合并，最终隶变为"尋"，楷书不变，今简化为"寻"。

"寻"字最初是人们度量长度的方法，后成为一种度量单位，简言为"度人之双臂为寻，

村　小篆 说文邑部
村　隶书 隶辨
村　草书 唐寅

寻　甲骨 粹·1199
尋　小篆 說文寸部
尋　隶书 孔羨碑
寻　行书 王羲之

八尺也"。寻的量度较大，主要用来测量大的体积，后引申为对大事件的探究，以找出真相——探寻、寻找。

2. 寸→肘、纣（紂）、讨（討）、守、孚、捋、寿（壽）、畴、衬（襯）

"肘"字指胳膊肘，最初的甲骨文画了一个带有手的弯曲上臂如"九"字，并在笔画横折弯钩（乁）处加了一点（丶），特指此处为肘部。金文时字形的书写与"寸"字十分相似，于是在小篆时便加了肉月旁造字为"肘"，专表上臂与前臂连接处，且如手腕可自由活动的部位。

同时，古人也常用"肘"表示手肘到手腕的长度——尺，民间也多用作量词，如一肘长。

"纣"字繁体为"紂"，本义为车纣，即马缰，后用皮革制作也做马鞧。造字时以"肘"字之省为"寸"，取掣肘之意，配绞丝旁（糸），表以绳索牵制也。

古代以函谷关为界，往东即河南一带称为"鞧"，往西即陕西一带称为"纣"，是套车驾马时拴在驾辕牲口屁股上的皮带子，有时也是短木棍用在驴车上。因驴的屁股比马窄，套车驾辕时往往用棍子可加宽屁股的宽度，称为纣棍。马缰、纣棍可帮助牲口控制力量，尤其是在控制停车和倒车的时候，故此引申有与其较劲之意。

今天人们对"纣"字的认识，往往源于"商王纣"，也称商纣。其实"纣"是商王帝辛子受的谥号，为后人所给予的封号，用以评价他对商王朝的贡献，犹如历史这辆车架上的马缰、纣棍，截停了商王朝的发展，乃至使历史的车轮有所倒退。谥号"纣"，便是后世对他的贬低性称谓。

商王帝辛算是历史上被黑得最惨的帝王，一直被冠以中国历史上的头号昏君和暴君之名——商纣王，但需要肯定的是他3000年前为中华民族拓土开疆，将版图扩大到江淮地区，直达渤海和东海之滨的伟大贡献。

《史记》称帝辛"长巨姣美，筋力超劲，手格猛兽"，《帝王世纪》称帝辛"能倒曳九牛，抚梁易柱"，是个筋骨强劲、力大无穷，能当百人之敌的无敌勇士，此外他还"资辨捷疾，闻见甚敏"，是个智商极高、反应极快、能言善辩之人，绝非一勇之夫。

帝辛继位后，用费仲治政，鼓励农桑，推行牛耕与灌溉排水；肃清王族内部异己，削弱贵族势力，杀比干，囚箕子，逐微子；不拘一格选拔人才，从亡虏逃臣中选拔健步如飞、勇搏熊虎的勇士飞廉、恶来父子为将；伐黎国，破苏国，大搜于渭水，一度打压了刚刚兴起的周国，囚禁周文王姬昌。在周人臣服后，帝辛移兵向东，长年攻伐东夷，使殷商军队损失极大，此时被周国抓住战机发兵商都，两国决战于牧野，帝辛兵败而亡国，后携王后苏妲己自焚于鹿台。

商周大战期间，大将飞廉、恶来也不负君王，恶来战死于牧野后，飞廉矢志抗周不屈而死。800年后，飞廉、恶来直系后裔建立的嬴氏秦国，攻取洛邑，灭亡周朝，建大秦，再统天下。

"讨"字繁体为"討"，其金文、小篆皆为"言寸"二字的组合，表示法令的治理以言语表达为主，尚未到动用武力的地步，久说无效则以兵伐之。"讨"字便是以言语声音为主，表传播法令之意，以礼法治其国，故有"声讨"一词。如《孟子·告子下》中的"天子讨而不伐"，后泛指一切声讨其罪而加以进攻的行为——讨伐。

同时，"讨"的目的也是要求人们在言语上有所承诺，使人们皆遵循礼法，无所犯乱，故此还有"讨要"之意。有所要求，自然就会有所议论，这就是讨论。

"守"字的金文为"宀下一寸"，以"宀"表屋舍指代官府，所以其本义为守法，即官吏的职责——职守。古之法度必是官员先通晓礼节法度，以身作则，再教化百姓以治世。所以，"守"字最初也表官员之职为守官，如太守、守令、守刺等。

后因官府的职能关系——护佑一方百姓，故又引申出守护、看守之意。

312

"孚"字读音为"lǚ"，其金文像一手一子之状，表顺其头发之意，抚顺、捋顺也。此时字形与"孚"字极为相似，于是金文之后的书写有所讹变，至小篆时变为"孚"。另有方言音为"luō"，取"落"之音，表捋顺使其落下之意。

后在小篆时加提手旁，写作"捋"，表捋下而取之意——捋取，如捋桑叶。后世则多以"捋"字替代"孚"，专表抚顺、捋顺。

"寿"字繁体为"壽"，今天简化为老字头（耂）下一个"寸"，字理很简单，手纹上的寿命线表示了你的寿命长短，古代相学的一种——手相。

其实"寿"字的演变源于"畴"字的古文字，籀文时以"寿"字再表读音而有了"畴"字。

"畴"字的古文字原本为"申"字之省（S）与"多（凵为脚）"之合，表示脚步的延伸，即人们沿着田埂在田间蜿蜒前行，经过不同的田地，后引申有长久之意和田界之意。又因其字形与申字十分相似，便加了"田"字旁，表示与田地有关，表田地间整齐划分的界限——田畴。田地统一划分之后，便要分给人们耕种，于是以数算之便于分配，这就是算筹、统筹之意。

"寿"字的初文在金文时，是取"老"字之省为"耂"，配"畴"之初文表长久之意，合为老而长久之意——长寿也。小篆时，人们

313

为了表现出长寿之人非一般年老之人，其口齿尚且清楚、手脚尚且灵便，于是又加了"口"或"寸"在字形的下面，隶书时方确立字形为"壽"，楷书沿袭此字形，直到汉字简化时依照草书简化为"寿"字。

"衬"繁体为"襯"，以"親（亲）"字表意为衣之亲近于身——近身衣，读音与"身"相近，俗称襯衣。汉字简化时依照读音替代法，以"寸"字表音替代，书写为"衬"。

3. 寺→持、侍、时（時）、诗、痔、等、待

"寺"字金文为"止下一中（手）"，表伸手所到之处，可拿而取之，即持取、拿持之意。小篆时改手之形（中）为"寸"，以表明用手拿持之意，而非小草之形，且"寸"亦有法度之意，暗表手持权利、法度的意思，隶书时书写为"寺"。

当"寺"字由持有之意，引申为权力、主权的意思后，便借指持有和掌握权力的人——官员。官员代表王权，所住之处可建有庙堂，于是这样的权利场所便称为寺庙，即后来的官府。如大理寺之名，便为官署之名，相当于现代的最高法院，掌刑狱案件审理，长官名为大理寺卿，位九卿之列。

今天的寺庙早已成了佛教、僧院的代名词，这则源于东汉时期的印度高僧摄摩腾、竺法兰

二人赴汉弘法布教之事，二人以白马驮经来至洛阳城，汉明帝见到佛经、佛像，十分高兴，对高僧极为礼重，并亲自予以接待，安排他们在当时负责外交事务的官署"鸿胪寺"暂住。后敕令在洛阳西雍门外三里御道北兴建僧院，为纪念白马驮经，取名"白马寺"。《四十二章经》便是在此翻译的，为中国现存第一部汉译佛典。

"寺"之名即源于"鸿胪寺"之"寺"字，后来"寺"字便成了中国僧院的一种泛称。

"持"字是当"寺"字表示了官署之名后，便在小篆时另加提手旁以专表拿持、持有之意，二者是一对古今字。

"侍"字加了人字旁，指在官署内办理和承接各种公共事务的随从，服务于九卿，故称为侍从。后引申指人们身边随时候命的服务人员，为主人和顾客提供服务，即服侍之意。

"时"字是今天的简化字，繁体为"時"，其甲骨文之初为"止下一日"，小篆时写作"旹"，表太阳的运行，此为人们最初对时间的观察——日影。

随后，石文时加"寸"字表法令、时令之意，字形分左右结构写作"時"，除了表时间之外，更表现了时令之意，关于民生国家所必持之法。

持 金文 邾公望钟

持 小篆 说文手部

持 隶书 华山庙碑

侍

侍 小篆 說文人部

侍 隶书 孔龢碑

侍 草书 王羲之

時

旹 甲骨 前43·6

時 石文 石鼓

旹 小篆 说文日部

時 小篆 說文日部

時 隶书 孔宙碑

時 草书 王羲之

時 行书 颜真卿

315

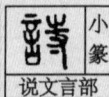

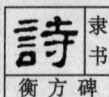

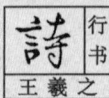

汉字简化时，依照草书形体写作"时"，多表时间之意。

"诗"字加了言字旁，最初是指官署收集的民间言论，即所采集的民风、国风，以反映社会生活的方方面面，帮助官员了解人民的生活情况，如《诗经》。

《诗经》在先秦时被称为《诗》，是我国第一部诗歌总集，收入自西周初年至春秋中叶500多年的诗歌311篇，又称《诗三百》。其中有风、雅、颂三个部分，"风"包括"十五国风"，有诗160篇；"雅"分"大雅""小雅"，有诗105篇；"颂"分"周颂""鲁颂""商颂"，有诗40篇；统称为《诗》。

《乐府诗集》则是乐府机关采集的诗篇总集，集汉、魏晋、南北朝民歌精华之所在，内容丰富，反映的社会生活面很广，共5000多首。

《唐诗》则是泛指唐朝诗人所作的诗，亦是中华民族珍贵的文化遗产之一，对后人研究唐代的政治、民情、风俗、文化等都有重要的参考意义和价值。唐代的古体诗，主要有五言和七言两种；近体诗主要有绝句和律诗。古体诗对音韵格律的要求比较宽，风格是前代流传下来的，所以又叫古风；近体诗对音韵格律的要求比较严，所以又称格律诗。

《唐诗三百首》是近200年来流行最为广泛的一种唐诗选本。俗话说得好，"熟读唐诗

诗

诗
小篆
说文言部

詩
隶书
衡方碑

诗
行书
王羲之

三百首，不会作诗也会吟"。

"痔"字指痔疮，古人谓之"后（後）病"，即身后肛门处之病，为内隐之疾，不足为外人见也，取"寺"字表内之意，亦是"侍"字之省，表病患之人由内人服侍之意。

《诗经·秦风·车邻》中："有车邻邻，有马白颠。未见君子，寺人之令。"毛传释"寺人"为"内小臣、侍人"，即侍从传令之。

"等"字加竹字头，其竹字头"⺮"表竹简之意，乃指官署公文所用的竹简，其为公文书写所用，需长短整齐划一，以便成册，即长短、宽窄相同的竹简，后借表"相等"之意。

简册由竹简一一排列组成，即一根根相同长度的竹简相连编在一起，于是又引申有相同之意的延续，即"等等"之意。那么，未用完的竹简，因长短、宽度相同，可待下一份公文书写时再用，于是又引申出"等待"之意。

"待"字加了双立人（彳），以"彳"表慢慢行走之意，即在官署之内慢慢踱步，以等公文、公告的发放，以便行事，即等待、等候之意。

4. 付→咐、附、符、驸、府、俯、腑、腐

"付"字的甲骨文为一人形旁边一只呈抓

取状的手，表示伸出手持物于人之意——付出。金文、小篆依照甲骨文书写成"付"字形。字形中以"寸"字表示非随便给予，而是按照一定的规矩、礼法来给，非免费给予。人们付出怎样的努力就会有怎样的回报，即付出必有回报。

"咐"字加了口字旁表话语，常用于"嘱咐"一词，嘱咐的话必然是指一些需要注意的事项，处理事情时要付出努力去注意。"嘱"字为"属"字加了口字旁，语言的连属（zhǔ）、接连，表示接在后面的话语，犹如书文后的备注、注解。

"嘱咐"合在一起，就表示备注在话语后面，需要你在努力时特别注意的部分和要点。

"附"字加了表示小土坡的"阜"字，表小土丘——附娄。这种小土丘不是天然形成的，而是人们取土造物后，旁边弃土叠加而成土堆，另有异体字写作"坿"，引申有附加之意。

如，古代百姓房屋的墙壁多为用泥土夯实的土墙，年久必衰，于是人们再在表面另加一层泥土增加保护，也称为"附"，使其属于墙体的一部分——附属。后来，人们书写文章时，在文后刻录或写上的批注，便被称为附录。

"符"字主要指信符，一种仿照竹子而来的信物。竹子为中空结构，古人取一段竹节中

分而开，成为两半，一人一半定为信物，相认
时各自取出，相合而认，不合而不认，此为
信也。

古人后来按照"符"的功能铸造了金属材
质的符，内刻铭文以表用途，如专表兵权的
虎形符——虎符。战国时期便有魏国信陵君
盗兵符、取兵权、击秦保赵的典故，史称"盗
虎符"。

"驸"字本义为副马，即驾副车的马。古
代为多匹马共同拉一辆车，辕马之外的马都称
为"附"，附加之马以助力，后来引申为正副
的副之意。因古代皆由马拉行驶，于是除了主
人的车为正车之外，其余皆为驸车。掌管正车
的官称为"奉车都尉"，掌管副车的官称为"驸
马都尉"，始见于汉武帝时的《汉书·百官公
卿表上》中。

驸马都尉在两汉时多是由皇亲国戚勋臣的
子孙担任。到三国魏时，何晏娶金乡公主为妻
后担任驸马都尉；晋代王济做文帝的女婿后也
拜为驸马都尉，于是后世以魏、晋这种用法为
常规，凡与公主结婚的都拜为驸马都尉，简称"驸
马"，为帝王之婿而非官名。

"府"的本义为库房，如府库，它与"库"
字还有不同。"库"字很明显有个"车"字，
表示存放车乘的房间，如武器一类的军备物
资；"府"字以"付"表付出后的收获，如粮

食、钱财、典籍一类的民生物资，二者合称"府库"，泛指国库。

是故君子有大道，必忠信以得之，骄泰以失之。生财有大道。生之者众，食之者寡；为之者疾，用之者舒，则财恒足矣。仁者以财发身，不仁者以身发财。未有上好仁，而下不好义者也。未有好义，其事不终者也，未有府库财，非其财者也。

——《大学》

"天府之国"最早出现在秦朝，指秦国统治的关中平原，此地自古就号称"陆海""天府"，表物产之丰富，尤其在秦朝时修建郑国渠之后，更是富甲天下，被古人誉为"金池汤城，沃野千里，天府之国"。

《战国策·秦策》中记述了纵横家苏秦对秦惠王说的一段话："大王之国，西有巴蜀、汉中之利，北有胡貉、代马之用，南有巫山、黔中之限，东有肴、函之固。田肥美，民殷富，战车万乘，奋击百万，沃野千里，蓄积饶多，地势形便，此所谓天府，天下之雄国也。"

古之郡县皆设有"府"作为民生物资的储备，有官员主持管理，于是称为官府，近代的官府则代表了某一时期的政治党派的权利，故此改称为政府。

"俯"字加了人做旁，是指在府库中登记财物的人，他们每天的任务就是低头清点财务、记账入簿，于是有"俯首"一说。成语"俯首

俯

| 熄 小篆 说文页部 | 俯 小篆 说文人部 |

俯 隶书 夏承碑

俯 草书 王羲之

称臣"，便是借其表低头之意。

"腑"字加了肉月旁，指脏（臟）腑——
五脏六腑，五脏指心、肝、脾、肺、肾，六腑
指胃、大肠、小肠、三焦、膀胱、胆。五脏藏
于体内，于是最初写作"臟"，汉字简化时成
为"脏"字的简化替代之一，与表示脏乱的
"髒"字合并。

五脏藏于体内，运化精华藏于器官之中，
称为脏器。六腑则存储精华以备脏器不时之需，
犹如府库之能。

豆腐的"腐"，人们天天吃豆腐，但却配
以肉字底而不是豆字底，说明最初的造字是跟
肉有关，表示久存于府库中的肉发生了霉烂、
败坏，变质而不能食用——腐烂、腐败。

豆腐是用豆子为原料加工制成，质地十分
柔嫩，外力稍加碰撞就会自行破裂，破破烂烂
如腐烂的碎肉一般。

豆腐相传起源于汉朝，由中国汉高祖刘邦
之孙——淮南王刘安所发明。刘安在安徽省寿
县与淮南交界处的八公山上烧药炼丹的时候，
偶然以石膏点豆汁，从而发明豆腐。随后直到
宋朝，豆腐才成为民间极为普遍的一种食品，
南宋诗人陆游便记载了苏东坡喜欢吃蜜饯豆腐
面筋，吴自牧《梦粱录》中记载了京城临安的酒
铺所售卖的豆腐脑和煎豆腐。

豆腐的制作后来传到了越南、泰国、韩国、

日本等国家。日本人更是对豆腐十分喜爱，其民间传统认为是唐代鉴真和尚在公元757年东渡日本时把制作豆腐的技术传入日本，日本人视鉴真为麻辣豆腐祖师。1183年，日本朝廷管员神主中臣佑重的日记中便记载有"唐腐"一食，随后的日本文献中多次出现"唐腐""唐布"等词，直到1489年"豆腐"一词才出现于日本。天明二年（1782年），一部名为《豆腐百珍》的食谱中介绍了100多种豆腐的烹饪方法。

民间杂谈之豆腐——一次帝国的谋反

《淮南子》又名《淮南鸿烈》《刘安子》，是西汉皇族淮南王刘安及其门客集体编写的一部哲学著作，全书以道家思想为主，夹杂先秦各家的学说，故《汉书·艺文志》将之列为杂家类。

《淮南子》一书在继承先秦道家思想的基础上，糅合了阴阳、墨、法和一部分儒家思想，但主要的宗旨属于道家。《淮南子》又名《淮南鸿烈》，"鸿"是广大的意思，"烈"是光明的意思，作者认为此书如道，包括了广大而光明的通理。《淮南子》原书内篇21卷，中篇8卷，外篇33卷，至今存世的只有内篇，为说林、说山、人闲诸篇多纪古事。

梁启超评曰："《淮南鸿烈》为西汉道家言之渊府，其书博大而和有条贯，汉人著述中第一流也。"

胡适评价曰："道家集古代思想的大成，而淮南书又集道家的大成。"

淮南王刘安，乃承袭父爵，其父刘长是汉高祖的庶子，封为淮南王，立淮南国。然而，淮南王刘安一点都不安宁，其撰书乃另有其他目的，是要针对初登帝位的汉武帝刘彻，以反对他所推行的政治改革。

刘安有心在天下一旦发生变乱时取得政治主动，于是积极制作战争装备，积聚金钱，贿赂汉王朝的地方实力派，暗中进行作战部署。淮南国贵族违逆之事渐渐有所败露，在朝廷予以追查时，刘安最终发起叛乱。但叛乱迅速被汉王朝成功平定，刘安被判定为"大逆不道，谋反"之罪，其自杀后，淮南国被废除，设为九江郡。

民间传说"豆腐"就是在这一时期发明的，淮南王储备了大量粮食以作战备所需，其中存了很多豆子。因叛乱的时机一直未能来到，存储的豆子开始变质了，为了防止进一步霉变，于是用碾子把豆子磨成豆面分发食用。但豆面并不好吃，于是人们加入各种调料辅助使用，豆腐就在此期间不经意地产生了。

原本的腐豆就变成了豆腐，中国古人再一次用魔法般的智慧化腐朽为神奇。

十、共字家族

1. 共→拱、供、恭、龚

"共"字是两只手的样子，其甲骨文像两手同持一物，表共同之意。金文依照甲骨文略有变化，为双手持酒斗（廿）之状，小篆时合酒斗之形（廿）与双手之状（廾），经隶书后书写为"共"。

除此之外，"共"字在战国文字中还有一组四手连环的字形，为金文之属，表多手同持、共同之意，后亦书写为"共"。

"共字家族"中，我们也就主要讲解由其表读音为主的造字，此外还有一些字形中有"共"的字，也许与其有关，也许与其无关，只是汉字规范后的字形相近或相同而已。

如"異"字已被简化，是今天"异"字的繁体，其最初就是一个人双手戴帽子或面具的样子，使其改变面貌，后引申为变化、改变之意——变异。字理归类中归于"巳字家族"，详见《双法字理·动物》。

又如"黄"字表土地的颜色，与"共"字没有什么关系，仅仅是字形相似而已，见《双法字理·植物》。

"拱"字最初没有提手旁，金文之初就是两手相合之势，即敛手之礼——合两手于胸前

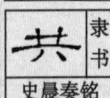

金文
亚且乙卣

小篆
說文廾部

隶书
史晨奏铭

以示敬礼之意。《尔雅·释诂》曰："两手合持为拱。"后书写为"共"，以便与表示双手的"廾"字区别，小篆时又加提手（扌）做旁，专表拱手之礼，以便与表共同的"共"字区别开来。

拱手礼是中国传统的见面礼仪，古代正称为揖礼，《论语·微子第十八》中"子路拱而立"，便是子路对孔子行拱手礼。中国古代的礼仪绝大多数都源自西周初年周公开创的"周礼"，周朝的礼乐文化主要记录在《周礼》《仪礼》和《礼记》这三本书中，称为"三礼"。《仪礼》中便规定士与士之间的交际礼仪，名为相见礼，而揖礼就是相见礼之一。其建立和完善的典章制度和礼乐制度，确立以宗法制度为中心的政治体制，此后数百年的周王朝皆以揖礼行于天下。

拱门、拱桥之名则源于拱手礼之形，其竖立起的造型如两手合持所呈的连接状，于是以"拱"命名，又有拱起一说。

"供"字加了人字旁，指祭祀时人们共同摆设的物品，为祭祀所奉——供奉，后引申为供给之意。祭祀、供奉除了摆放祭品，还要大家一起行礼、作揖——揖礼，以示同富贵、共患难。

"恭"字加了心字底，表示人们祭祀、供奉时的心理，尊敬、尊重之心态——恭敬也。

325

龚

甲骨
前23·2

金文
毛公鼎

小篆
说文共部

隶书
唐扶颂

草书
王羲之

　　"龚"字繁体为"龔"取神物之龙（龍）以供之，足见人们恭敬之意，其本义为敬神之意，做姓氏所用，与古老的共工氏有关。

　　上古神话之一"共工怒触不周山"，又名"共工触山"，进而引发"女娲补天"的故事。共工，又称共工氏，是中国古代神话中的水神，掌控洪水。先秦古书《列子·汤问》中记载，共工素来与颛顼不合，发生惊天动地的大战，最后以共工失败而怒撞不周山告终。这一传说反映了远古部族间的斗争，同时涉及古代天文学上的"盖天说"和古人对自然地理天象的合理解说。

　　中国自古有两大水患，一个是黄河，一个是长江，所以整个中华民族最初的团结从自然生存学上讲，源于共同治水。于是两条流域周围的人们便联合起来共同治水，其管理者便是共工一族——共工氏。随着治水的成功，权利的争夺便逐渐开始，共工氏战败，于是有了"共工触山"的神话传说。随后，其族人流亡，为避难而改共为龚，以龙表涉水行雨之意纪念祖先水神之意，为龚姓。

2. 共→哄、洪、烘

　　"哄"字加了口字旁，取"共"表共同、聚众之意，表众人聚集共同发出的杂闹声——哄闹。哄堂大笑，便是聚在一堂的人们，被突如其来的趣事搞得一同大笑。

　　五代时期，冯道与和凝同在中书办理事务。

哄

小篆
篆典口部

隶书
孔宙碑

和凝见冯道穿新衣与新鞋，就问冯道的新鞋多少钱，冯道举左脚说才 900 文。然而和凝买鞋花了 1800 文，于是马上训斥下人，说其买鞋贪污了他 900 文。此时，冯道又举右脚说这也是 900 文，于是大家哄堂大笑起来。

"洪"字加了三点水，指洪水，表水流聚众而合，共同奔涌，水势浩大也。洪水多发于雨季，大量的降雨使大小河川水量激增，河流汇集更加难以控制，此时往往会发生水患。

从古至今，治水之事依然没有停止过，古书中也曾多次描述过古人所见过的洪水。

汤汤洪水方割，荡荡怀山襄陵，浩浩滔天。
——《尚书·尧典》

洪泉极深，何以填之？地方九则，何以坟之？
——《楚辞·天问》

洪水横流，泛滥于天下；水逆行，泛滥于中国。
——《孟子·滕文公》

"烘"字加了火字旁，表示双手持物于火上，字形中的"共"为拱手之意，用以烤熟、烤干食物——烘烤、烘干。其读音为"hōng"，取火焰轰轰之声，表烘烤之意。

3. 共→巷（衖）、港

"巷"字今天的字形为"共"字下面一个"巳"，这一书写源于隶书时的隶变，原本金

327

巷

巷 金文
古鉨

蘭 小篆
说文邑部

巷 隶书
孔聃神碑

巷 草书
文徵明

文时为"共"字下面一个"邑"字，合而表邑里中人们聚众之处，此处多为邑里之中的小道，众人共之而不妨碍主道之通行。故此，它还有一个异体字写作"衖"，形象地表现了人们聚众于小道上的意思，且以"行"表读音为"xiàng"。所以，"巷"的本义就是房屋间的狭长、窄小之道——小巷。

后来，巷也指人们在矿山所挖掘的小隧道——巷道，此时读音为"hàng"。

四川省成都市青羊区长顺街附近，有一处景点为"宽窄巷"，是成都遗留下来的清朝古街道，由宽巷子、窄巷子、井巷子平行排列组成，全为青黛砖瓦的仿古四合院落，目前已经成为成都历史文化名城保护街区。

港 小篆
说文水部

港 隶书
史晨後碑

"港"字加水做旁，原本指水流、河流的小道，即水派、支流，后用其指代海湾处可以驶向海岸的小水道，以便船只驶入近海，靠近海岸后用小船卸货。后来，人们在海边修建码头时，便会修筑类似的水道，使大型船只可沿着水道驶入且停泊有序，并可直接停靠在码头上装运货物，这种带有船舶行驶水道的大型海岸码头便称为港口。

"香港"一名便与此地是一天然的优良港口有关，英国人早年便看中了香港岛的港口潜力，最终在第一次鸦片战争之后强占了香港岛，建维多利亚港，使其成为东亚地区的优良枢纽港口。

十一、争字家族

1. 争（爭）→挣（掙）、睁（睜）、筝（箏）、狰（猙）、峥（崢）、铮（錚）

　　"争"字繁体为"爭"，也是两只手，甲骨文所画像两手各持物之一端相曳之形，互为夺取，故其本义为两人争持、争夺也。

　　金文时改图形为字形，书写为"爭"，小篆、隶书、楷书依金文书写，汉字简化时取草书字形书写为"争"。

　　"挣"字加提手旁，指人们相互争夺之时以手推操的样子，以便夺取而脱身，如挣脱、挣扎之用。后以"挣"字专表双手努力以得解脱之意，引申表双手努力劳动换取生活之意——挣生活，即挣钱。

　　"睁"字加目字旁，指人们相互争夺之时怒目瞪视的样子，古释为"不悦而视之"。后以"睁"字引申为眼睛张开、张大的意思。且人之眼睑上下合而闭、分而开，人们每每睡醒之时，眼睑都好似相互争执，不愿张开，以"睁"字表示再合适不过。

　　"筝"字加了竹字头，最初指古代一种竹制的拨弦乐器——鼓弦竹身乐也，古筝。筝的

筝

筝 小篆
说文竹部

筝 隶书
螯道人

筝 草书
赵孟頫

起源非常早，其形似瑟，战国时流行于秦地，故又称秦筝，今俗称"古筝"，以其古老也，如《楚辞》中《九叹·愍命》有"挟人筝而弹纬"。

"筝"字取"争"之意，表现为演奏时，双手争抢琴弦之意，发出悦耳之声。

筝与琴的不同在于筝在琴弦之下有琴码，也称筝码，将琴弦分为两个区域共双手演奏，相互争鸣，故名为筝；筝与瑟的不同在于布弦的不同，瑟之弦有三组，中间一组七弦，内外两组各九弦，亦有琴码。

"筝"字还表示风筝，选用"筝"字，便是指人与风的争夺，表意简单、直接。

风筝的出现大约距今 2000 多年，起源于春秋时期。

相传墨翟（墨子）以木头制成木鸟而飞——"墨子为木鹞，三年而成，飞一日而败"，是人类最早的风筝起源。后来鲁班用竹子改进其材质，称为"木鹊"，能在空中飞翔达三天之久，后演化成今日的多线风筝。从隋唐开始，由于造纸业的发达，民间开始用竹条、纸张来裱糊风筝。到了宋代，放风筝成为人们喜爱的户外活动。宋代《武林旧事》中写道，"清明时节，人们到郊外放风鸢，日暮方归"，句中的"鸢"就指风筝。

"狰"字加犬做旁（犭），指野兽争抢食物时睁眼怒目的样子，表面目凶恶之状——

狰狞。

"狰狞"一词中，"狞"字表示野兽争抢食物时龇牙咧嘴、五官拧结的样子，二者常连用表面目之怪诞与凶恶。

"峥"字小篆时也写作"崝"，"青"字表天之色，配以山字旁，表山势高耸入天，试与青天争高低。隶书时书写为"峥"，以"争"表音、表意，"崝"则成为异体字。

"峥嵘"一词中，"嵘"字表山峰之多，合而表又高又多的山峰。高大耸立的山峰多时间久远，风化的外表尽显岁月的长久，故此常以"峥嵘"之貌形容岁月的久远——峥嵘岁月。

"铮"字加了金字旁，拟金属之声，如宝剑出鞘时的争鸣之声，为拟声字。

其古释为"铁中铮铮"，用其表铁之坚，以声判之。故引申有"铁骨铮铮"一词，形容此人身体强健、骨骼硬朗，有钢铁般的意志。

2. 争（爭）→净（淨）、静（靜）

干净的"净"原本为三点水写作"淨"，指双手在水中争执，即洗手、洗衣服时双手搓揉，以便将灰尘、泥垢洗尽之意。其读音为"jìng"，与"尽 jìn"字音近、义连。

"静"字繁体为"靜"，为"清"与"淨"

二字的组合，原本指水的清澈、干净。大自然中一片安宁、清净的水面，显得四周格外无声，似乎一声蛙鸣都会泛起涟漪，于是用水之静表境之安、人之静，安静也。后人方有了"心如止水、心静如水"之说，表人内心的安宁与宁静。

十二、兴字家族

兴（興）➔ 与（與）、舆（輿）、誉（譽）、举（舉）、榉（櫸）

"兴"是今天的简化字，繁体为"興"，甲骨文是一个四手环绕（舁）、同持一物（□），或高高举起、高高抬起的样子，此谓兴起，后泛指人们情绪高涨时举手挥舞之状——高兴。

随后，字形经金文、小篆后书写为"舁"中一个"同"字，表示四只手共同抬、举之意，书写为"興"。隶书、楷书皆随小篆书写，汉字简化时依照草书的形体，简化为"兴"，表兴起之意。

"舁"字读音为"yú"，字形是四只手的样子，上面两只手"ヨ彐"，下面两只手"廾"，虽然在甲骨文的造字中就有出现，但其单独书写成字则在小篆时期。

"与"字在今天被规定为"與"的简化字，但"与"字最早在石文中便有出现，为两手授受之形（၎），表相互给予之意，与"予"同音、义近。小篆时书写为"与"，逐渐表示相互之意——你与我、我与你。

"與"字的甲骨文与"兴"相同，本义表双手持物、双手相接的授受之意，后为了表示与"兴"之抬举之意有别，金文时改字形中表物的方形（□）为古"၎"字，小篆时书写为"與"，表双手授受敬重之意——赐予也。

汉字简化时，将二者合为一字，以"与"字代表，使其成繁简关系。

"輿"字的甲骨文、石文皆为"四手一车"，与今天的字形没有变化，指古代一种四手连抬的平板轿子。"輿"一般为两人四手或四人四手抬、举而行，中间坐有一人，此人多为官绅，坐輿出行访察民情，常在輿上与百姓谈论民生和采集民风以报帝王。

于是久而久之，人们将某时间、某地域中对某种公共行为，基于一定信念、意见和态度所公开表达的内容总和，称为舆论。

"誉"字在"與"字下面加了一个表示话语的"言"字，表示他人给予的称颂与赞美的评论，于是有赞誉、美誉之说。

《论语·卫灵公第十五》中，子曰："吾之于人也，谁毁谁誉？如有所誉者，其有所试矣。

斯民也，三代之所以直道而行也。"

"举"字繁体为"舉"，原本其下为手，写作"舉（擧）"，其金文有多种字形，基本为两类，一类字形为一种酒器的图案，如觥、觯等大型盛酒的青铜器。

觥是中国古代盛酒器，流行于商晚期至西周早期，器形椭圆或方形，配以圈足或四足，有兽头为盖，重兽形之颈部为流，以便倾酒。因其器物较重，所以需双手或四手抬而举之以倾酒，故以此表"举"之意。

另一类字形为四手联合，小篆时书写为"與"下一"手"，书写为"舉"，专表手的高高抬起——举起。隶书时亦写作"舉"，汉字简化时根据其草书字形简化为"举"。

"榉"字加了木字旁，表一种树木——榉树，即柜（jǔ）柳。后来"柜"字被用于"櫃"字的简化字形，于是另写"榉"字以"举"表音，替代"柜柳"一词，为"榉柳"。

但"榉"字也有它造字的字理，而非随便以音取字。柜柳的树冠枝繁叶茂，呈兴旺之状高举于树干之上，于是人们以"举"表音、表意，体现这种树的特点——树冠繁茂呈高举状。

贰 脚

一直以来，"直立行走"被认为是人类出现的标志之一。美国科学家最新研究发现，人类两条腿行走消耗的能量，只有四肢着地行走的黑猩猩的四分之一，显然直立行走为人类节省了更多的身体能量，有利于用双手进行劳动。

"脚"字出现得很晚，小篆时期写作"腳"，本义为小腿——胫。后引指为物体的下端，如山脚、墙脚、云脚（水面初平云脚低）等。最初古人所画的脚，其实是"止"字。

一、止字家族

"止"字的甲骨文是一个脚印，这个脚印一踩就是几千年，不曾有过改变，如今依然如甲骨文一般书写。脚印一旦被踩在那里，就永远停在那里了，于是引申有停止的意思。

人们走向远方，留下一连串的脚印，于是这一连串的脚印又有前行、指向的意思。一动、一静，正是中国古老文化观的"阴阳"。于是用它所造的字，也是有动、有静。

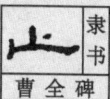

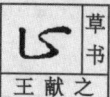

止

止
甲骨
续12·3

止
金文
亞形尊

止
小篆
说文止部

止
隶书
曹全碑

止
草书
王献之

1. 止→趾、址、祉、芷、扯、耻

"趾"字加了足字旁，专表与"足"有关，指脚，其甲骨文、金文、小篆皆为"止"，隶书时书写为"趾"，与表示停止的"止"字区分开。

今天，"脚"字广泛运用，"趾"字便泛指脚趾。

"址"字加了土字旁，其在金文时为阜字旁，右边为"土"字上面一个"区（古'其'字）"，指城池的选择地，表选址、地址之意。

小篆时书写为"址"，表示选地于此，停下来开始动工建设，隶书依照小篆，后另有异体字写作"阯"。

"祉"字加了示字旁，表示与祝福、祈福有关，即人们选址之后祭天之意，修建祭台请求神灵降福于此，为福祉也。

故"祉"字便引申有祝福、美好之意。

"芷"字加了草字头，表示一种草本植物，是一种香草，其香令人止步，故作"芷"字。因夏季开白花，故名白芷。白芷可入药，主治风寒感冒、头痛、鼻炎、牙痛、赤白带下、痛疖、肿毒等症，亦可作香料。

"白芷"也称"辟芷"，取其香气辟谷幽静之意——芷幽而香。

"扯"字加了手字旁，表示一种手部动作，指用脚踩住以手拉拽之意——拉扯、拽扯，后引申泛指两手之间的拉拉拽拽。

"耻"字加了耳字旁，但它却是个错别字，它本应写作"恥"，指心中有愧、面红耳赤也，读音便是取"赤"字之音。

"耻"字的小篆、隶书皆写作"恥"，草书时"心"字的书写与"止"字相似，且在读音上"止"字也可表读音。于是，楷书之后便多有"耻"字，逐渐以此字为主沿用至今。

2. 止→此、雌、疵、紫、柴、些

"此"字的甲骨文为人旁一脚（止），表示某人所到之处，即此地，后泛指近处。与之相对的一个字为"彼"，其最初就写作"皮"，由表皮、外表之意引申为外层、远处之意，小篆时加"彳"表行而远，后泛指远处。二者常连用组成"彼此"一词，表你我之意。

"雌"字古释为"鸟母"，取"此"字停留此地的意思，表母鸟产蛋孵化之时，停在自己的鸟巢之中一动不动。

"雄"字古释为"鸟父"，取"厷"字健壮有力的意思，表公鸟的孔武勇健。

"疵"字加了病字头"疒 nè"，指一种

337

双法字理·人体

皮肤上生出的黑点、黑斑，后泛指缺点、非议。如《老子》第十章："涤除玄览，能无疵乎！"

瑕疵，便是指美玉上的红色斑点与黑色斑点，为美中不足也。（"瑕"字中的"叚"为"赮"字之省，红霞也。）

"紫"字表颜色——紫色，其最初的金文为左右结构"糸此"，小篆后书写为上下结构"紫"，表布帛青赤之色，即蓝与红的丝线混织而成的布帛，后表蓝红的混合色。

"柴"字指树木枯散之材，后引申有干枯之意。

古人拾柴主要用于薪火，《礼记·月令》中记载："乃命四监，收秩薪柴，以供郊庙及百祀之薪燎。"于是，"柴"字又引申出生火祭祀之意。如《书·舜典》中："岁二月，东巡守，至于岱宗，柴。"

"薪"与"柴"相比，指较大的树枝，以斧砍伐之，"柴"则为枯枝散木，以手拾取之。北方方言中"柴"也读作"cǎi"，即踩在脚下的枯木——此木，且人们捆扎柴火时也总是要用脚踩一踩，以便捆扎结实。

"些"字为"此下两横"，小篆时字形中的二横为"重复"符号，多见于金文、籀文之中"〓"，如铭文"子〓孙〓"便是"子子孙

338

孙"的意思。所以，"些"的字形便是一人在此处留下的两个脚印，即多个脚印，后泛指多个的意思——一些、些许。

3. 止→企、武

"企"字的甲骨文为一人笔直侧立，并凸显了一只大脚，表一人垫脚远望有所图，即企图、企盼、企望之意。字形经小篆后，在隶书时写为"企"。

"企业"一词是今天我们最常见到的关于"企"字的使用，一借"企"字有垫脚之意——举踵，指人们一天到晚地忙碌，脚后跟都不曾接触地面，二借"企"字有所图之意，希望事业的发展有所成就，合为企业，表"忙碌而不可停歇的远大事业"。

"武"字大家都很熟悉，中国古老的武术更是成为今之中国的国术，千百年来人们对"武"字的认识已经升华为一种文化认识，一种特有的中国文化。

"武"字的甲骨文为上下结构——上戈下止，经金文、小篆，直到隶书演变成今天看似左右结构——左止右戈。其本义最初为"征伐"，为"止戈"二字，引申为武力的意思。

随着文明的发展，人类摆脱了原始的武力争斗，开始以德服人、以礼待人的时代，"武"依旧作为武力的标志，成为捍卫文明、阻止暴

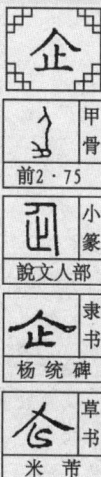

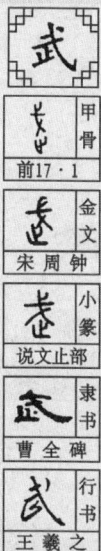

339

力的保障。它收起了具有破坏能力的攻击性，体现了维护和平的保护性。于是，它的意思变为"停伐"，还是"止戈"二字。这一思想几千年来一直延续至今，体现了中华民族以和为贵、以礼待人的文化观和思想观。

同时，"武"所代表的武术，也由最初战场上的杀人技，演变成人们强身健体的生活技，并受到世界人民的喜爱。武术作为中国国粹之一，在4300多年后以各种面貌呈现在世人面前，如在戏曲、竞技、表演等里面呈现。

4. 止→走（走）、陡、徒、辵（辶）

"走"字的金文为"大下一止"，即一人展开双臂奔走的样子，其本义为跑。小篆时字形与金文相同，隶书时隶变将"大"字书写为"土"，字形为今天的"走"字，今主要表步行——行走之意。

"陡"字，左边"阜"字，表山坡；右边"走"字，表示人们行走在山坡上的样子，身体歪歪斜斜、抖来抖去，表示行走之困难与山势之不平。

"徒"字读音为"tú"，其读音源于"土"，最初跟"走"字一点关系也没有，其甲骨文为"土（◆）下一止"，表长久步行——徒步。

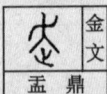

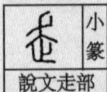

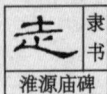

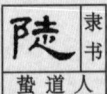

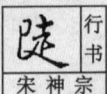

走 金文 孟鼎
走 小篆 說文走部
走 隶书 淮源庙碑
陡 隶书 螫道人
陡 行书 宋神宗

340

金文时书写为"彳土止"或"彳土"，小篆时书写为"辵土"，隶书时方写作"徒"，表远行，逐渐引申为远行的步兵、流放的刑徒、调配的劳役等。如古代官名"司徒"便是主管征发徒役，兼管田地耕作与其他劳役，与司马、司空合称"三司"。

司徒征发徒役，所征召之人空手而来、空手而去，于是又引申出空手之意——徒手。学徒便是跟在师傅后面徒手学习的人，师傅走到哪里就跟到哪里，于是有师徒之说。

此时，你会发现对汉字的认识，从"词"开始是不能理顺的，只有从"字"开始认与识，汉字的词才会顺理成章地出现。这也是"双法字理"的魅力所在——文、字、词。

"辵"字读音为"chuò"，甲骨文为"行中一止"，表走形之意，籀文时书写为"辵"。

小篆以此规范，并作为指行走的偏旁，后世书写连笔为今天的走之旁——辶。

5. 止→步（步）、涉、陟

"步"字的甲骨文为上下两个脚印"𣥂"，即上下两个"止"字写作"步"，指两个脚印一前一后为一步。人们迈步行走，一步一个脚印。

金文、小篆书写不变，仅仅是左脚右脚之分，隶书时书写为"步"，"少"为右脚脚印

341

"止"字的变形，汉字简化时依照草书写作"步"。

"涉"字加了水字旁，表示在水中行走，如涉水。

"陟"字加了阜字旁，表示在山中行走，有登山之意。

二、正字家族

1. 正→征（徵）、惩、政、症（癥）、证（証、證）、整

"正"字最初的字形并非"一横一止"，而是"方（口）下一止"，如其甲骨文所画，方形表城邑、城池，"止"表前往，合而表直直地朝着城邑走去，即正对、正直也，引申有正确之意。

金文时书写与甲骨文相同，仅将空心的方形变成实心的方块（■），除了铭文铸造时的方便以外，也表示目标的真实性。小篆时改方块为一横，写作"正"，以示与"足"字区分。

"征"字的古文字与"正"十分相近，为"方（口）下两止"，以两只脚表急行之意，即急行之军直奔目标而战伐——征战、征伐。

后经金文、小篆书写为"征"，同时取"正"字有正确、正义之意，表天子之征伐必出师有名，持天子之令以正义为先，铲除邪恶以正人心、端文明，而非权力、利益的争战。

"征"字今天被定义为"徵"的简体，其实"徵"字才是最初征伐的意思，"征"则是朝目标快速前进之意，后以"征"为主。

"徵"的古文字为"彳旁以止，上举一旗"，表示举旗前去征伐，旗子自然是天子之旗，表正义。后配以"口"字做旁，表示征伐之事亦有劝说之意，而非一定要发起战事，当然武力是劝说成功的保障，亦再次体现了"武"字的文化意义——止戈。劝说即教导，教化即"政"，于是又加"攴"字旁，表敲打教导之意，故此周之籀文、秦之大篆写作"徵"。

"惩"字原本写作"懲"，指因罪责而引发的警告和处罚，警告之严重、处罚之严厉使其直达内心，让有罪者从内心发出害怕和悔过——惩罚。

《礼记·表记》中有："以德报德，则民有所劝；以怨报怨，则民有所惩。"

"政"字右边部分为"攴"，今作反文旁"攵"，表敲击之意，合而为督导、教导以使其正，光明正直也。金文时就书写为"政"，小篆、隶书、楷书没有变化，表教导之意，古代周朝礼行天下，国之教导使民以正，此为古人治国之本，乃称为政治。

"政"字依旧以"正"字表正大光明、正直仁义之意，为古代国家的治国思想，施仁政也。如《论语》的内容排序"学而第一""为政第二"，体现了古人学有所成、为施仁政，以求天下平的治国态度。

然，春秋之后礼崩乐坏，"政治"沦为人们争取权力和利益的手段，几千年来多少君王、臣子皆丧命于此，"政"字再也没能恢复其"正直仁义"之本义。愿其能在字理中复活，正人心、端文明，再现正能量。

"症"字是一个在宋朝出现的后起字，原本写作"癥"，病字旁（疒）表与疾病有关，生病就要治，以正身体，故借"正"字表音表意，造"症"字指病症，故此病候也称症候，病状也称症状。

"癥"字为病字旁下一个"徵"，表示必须实施行动予以解决的病状，而非吃些汤药之事。古时指腹中结块之病——癥结，人因腹中有结块而引发病痛，需经过按摩推拿等手段加以缓解，而非汤药所能化解，故以"徵"字表征伐之意。后被"症"字取代，用于刻板印刷。

"证"字的繁体为"証"，本义为"谏言以正"，即谏言于君主，当其言行有所偏颇之时，使其归于正。

《战国策·齐策一》中："齐貌辨为人也多疵，

门人弗说。士尉以证靖郭君，靖郭君不听。"

今天，"证明"一词中的"证"则是"證"字，取"澄"字为澄清之意，以言辞表其清、明其白，故为證明。后世书写将二者混用，逐渐以"証"表证明之意，汉字简化时顺势将二者定为繁简关系，以"证"字代之。

"整"字为"敕"字下面一个"正"字，"敕"字原本写作"柬攴"，表所谏之言被教以执行，教者手持戒尺——攴也，引申有告诫之意——戒敕，于是"整"的意思是谏言以教使其正行、明理、齐天下。

整理、整齐便是正其身，后引申为整理衣衫以明其身、表其态，正所谓"不扫一屋，何以扫天下"。

一室之不治，何以天下家国为？

——（清）刘蓉《习惯说》

2. 正→歪、定、淀、焉、嫣

"歪"字的字理简单了很多，"不正"，隶书中便有书写，见于"曹全碑"。

"定"字下面便是一个"正"字，如同"是"字中"正"字的书写（见《双法字理·天文》），"宀"表示房间亦为"安宁"之字省，合而表一人正坐于屋室之内，有安宁、宁静、中正之意——安定。

345

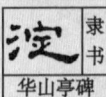

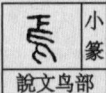

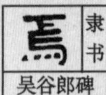

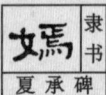

"淀"字加了三点水，指水中沉积物，待水状安静之时便沉在下方不动的点点杂质，故此以"定"表意造"淀"字——沉淀。

"焉"字原本指一种鸟，黄色，头之正中有墨绿色，古书《禽经》谓之黄凤。其古文字便是一个鸟的样子，金文时书写为"焉"，上面部分为鸟头，中间部分为鸟羽，下面四点为鸟爪，因其羽色鲜丽，姿态优美，其鸣委婉动听如歌声，又易于驯养，为古人所喜爱，便单独作字。

"焉"指鸟，但又别于"鸟（鳥）"字，然初文与"鳥"字近似，常被人疑问，于是后被借用为句末语气词，表文言疑问语气。

"为人臣而返臣其宗，不羊莫大焉？"作为人臣却反其君为臣，还有什么比这更为不祥的呢？　　　　　　——中山王方壶铭文

"嫣"字加了女字旁，表如黄鸟（焉）般美丽的女子，即美貌的女子。

"嫣然一笑"出自战国时期宋玉的《登徒子好色赋》："嫣然一笑，惑阳城，迷下蔡。"此后"嫣然"一词便泛指女子笑得很美的样子。

3. 正→疋、延、诞、胥、婿

"疋"字的金文与"正、足"都很像，唯一的区别是字形上部原本表示小腿的圆形有个

缺口，即不包括小腿的意思，专指足踵、脚掌、脚趾为一体，其读音为"shū"。

"疋"字还有两个读音，一是"pǐ"，即"匹"字；二是"yǎ"，即"牙"字，如《尔雅》也作《尔疋》，因字皆因形相似而混淆冠之。

"延"字为"廴（引）旁一疋"，以"廴"表长，即长远之行——延长。

"蛋"字初文为"蜑"，初文指古代远离中原居住在闽粤沿海之地的蛮民，多居住在船上，以出海捕鱼为主，即今天的蛋民，后称为闽（閩）。隶书时写作"蛋"，指禽类以脚掌蹲蛋孵化之形，如鸡蛋、鸟蛋。

"诞"字古意为"大言"，即妄为虚言之大话，以"延"表虚长而大之意。后受"蜑"字影响表"生"之意，以言字旁表出生的祝语，如诞生、诞辰之用。

"胥"字古字形为"足下一月"或"疋下一月"，表小腿的肌肉，为足所蓄力之处，引申有才华、才能之意。后因蟹之钳与足中空多肉，而借表蟹肉、蟹酱。

伍子胥，春秋时期楚国人，名员，字子胥，春秋末期为吴国大夫、军事家。因封于申地，也称申胥。"一夜白发"的典故，便出于伍子胥过韶关。

"婿"字也曾为士字旁，写作"壻"，最初是女子对丈夫的称呼，《说文》谓之"夫也"。字形以"士"表尊重之意，以"胥"字表才能、才华之意，是一种赞誉。

小篆时便开始改士字旁为女字旁，写作"婿"，专表女子的丈夫尊称之用。女子的丈夫便被称为女婿，沿用至今。

4. 疌→捷、睫

"疌"字为"聿（聿）下一止"，指手脚并用，灵敏、快速之意——敏捷、快捷，读音为"jié"，指行为杰出者，后作为姓氏读音为"qiè"。于是，人们另加提手旁造"捷"字。

"捷"字指快速捉拿之意，如战场上行动迅速、大有所获——大捷，大获之报自然就为捷报。

"睫"字指睫毛，为眼睫毛故配以"目"字旁，指眼睑上的细毛，眨眼之间可避风尘使眼目不受其害，有反应敏捷、快速之意。于是，用"疌"字表音表意。

其另有异体字写作"睩"，指上下眼睑相互夹（夾）合之意。

三、足字家族

足→促、捉、齪

"足"字很简单，甲骨文就画了一条腿从膝盖到脚掌的样子，即人的下肢——股胫之形。金文时书写为"止上一圆（○）"，小篆时为"止上一方（□）"，皆以方圆表股胫之形。隶书时书写为"足"，以便与"正"字区分开来，泛指小腿以下，今主要指脚。

"促"字加了单人旁，表一人抬脚举步慢慢前进，使靠近、接近之意——促进也。

"捉"字加了提手旁，表一人抬腿追赶伸手抓住、捕住之意——捉住、捕捉也。

"齪"字加了齿字旁，常与"龌"字连用为"龌龊"一词，指牙齿排列紧密之意。"龌"便是一口的牙齿于口腔之中，似挤在拥挤的屋室之内；"齪"指这一口的牙齿相互靠近、紧密排列之意，本义表狭小拥挤之意。后泛指牙床污垢拥挤，表不洁之意，进而引申为品行不端、政治腐败、藏污纳垢之意。

足
甲骨
珠·542

足
金文
师兑鼎

足
小篆
说文足部

足
隶书
鲁峻碑

促
捉

促
小篆
說文人部

捉
小篆
說文手部

促
隶书
樊安碑

捉
隶书
夏承碑

促
草书
王铎

捉
草书
黄庭坚

齪

齪
小篆
六书统

齪
隶书
蛰道人

四、之字家族

1. 之➡芝

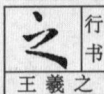

"之"字从甲骨文看还是个脚印"止"的样子，仅多了一横在底部，金文、小篆、隶书不断演变为"屮"，经草书、行书后楷书为"之"，表人所到于此，即所到之地。其本义为往、到，如"吾欲之南海，何如"。

古时万物无主，谁先到而归于谁，于是谁先所到之地，便是谁之地，"之"便引申为助词"的"与代词"这"之意。

"之乎者也"为古文章中的高频字，起调节语气使文章的诵读一气呵成的作用，于是称为语气助词。后世文人本末倒置，所做文章多以"之乎者也"卖弄文化，语气助词能起到什么作用呢？这句话并非今人所问，宋太祖赵匡胤曾笑曰"之乎者也助得甚事"，足见当下文风之不正、追求之偏颇。

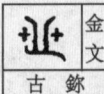

"芝"字指灵芝，一种菌类，古人谓之"神草"，服之可轻身延年，乃神灵所赐的祥瑞之物，故名灵芝。

金文为"丘在艸中"，以"丘"表灵芝圆形之貌，以两棵草"屮"表生于草木之中。小篆时依照金文之形讹变书写为"艸下一屮（丘讹变）"，隶书时写作"芝"，亦轻身便于行走之意。

芝麻一词中也有"芝"字，此名为后改之名，原名为"胡麻"，相传是西汉张骞通西域后引入我国。今考古发现，浙江湖州市钱山漾新石器时代遗址和杭州水田畈史前遗址中都出现了古芝麻的种子，遂证实了古代中国便是芝麻的故乡。

芝麻古时也写作"脂麻"，古时主要用于榨油，即提取油脂，其茎、叶、花都可以提取芳香油，香气扑鼻，于是逐渐写作"芝麻"，取意于"芝兰之气"。

"芝兰"亦被写作"芷兰"，但"芝"与"芷"并非一样。"芷"指白芷，一种香草，其香令人止步，与兰花之香并誉，故用芷兰之美比喻环境的美好，如芝兰之室。见于《孔子家语·六本》："与善人居，如入芝兰之室，久而不闻其香，即与之化矣。"后比喻与品行高洁的人在一起，受其熏陶随之高洁。"芷"有香气，"芝"有灵气，相较之下，由"芷兰"写作"芝兰"便是将"香气"转化为"灵气"，体现了由"环境"升华为"品格"的人文思想。

2. 之→乏、泛、眨、贬、砭

"乏"字读音为"fá"，今天的字形为"之上一撇（丿）"，此"丿"为"反"字之省以表音表意，古释为"正之反"。

其本义为行将一半而反（返），乃物资短

乏
小篆
說文正部

乏
隶书
魏受禅表

之
行书
王羲之

缺、力不从心也——缺乏、乏力。

"泛"字加了水字旁，指水患治理疏导时发生的倒流、倒灌，水势返涌越出水道而横流不可监管，此谓泛滥。

"眨"字加了目字旁，表闭着的眼睛需要努力睁开时的挣扎，眨眨眼以适应外部的光亮；或睁开的眼睛，被强光刺激后闭上眼睛，眨眨眼以适应突如其来的强光，皆与原来的状态相反之意。

"贬"字加了贝字旁，与钱财有关，指原本的价值反水了，本身的价值被看低、看扁了，这就是贬值了。

"砭"字指砭石，古人用于治病的一种石头，后泛指以石治病，即使用石制工具进行医疗的一种方法，而运用砭石治病的医术称为砭术。

石器最初乃是用于攻杀，今则用于医治，古人视其为反其道而用之，于是取"贬"字之省表音表意。

然而，并非所有的石头都可以成为砭石。这种石头最早出现在《黄帝内经》中，为泗滨砭石，乃《尚书·禹贡》中的泗滨浮磬——泗滨浮石，产于山东泗水之滨。

天然砭石的主要成分是一种称为"微晶灰

岩"的矿物质，其中最多的是锶、氧化钙，其次是氧化硅、氧化钠等，还有铝、铁、镁、磷等多种元素，微量元素及稀土元素含有铬、锰、镍、铜、钇等超过36种对人体有益的元素，放射性物质含量极微。同时部分砭石中含有铜、铁等金属物质，致使砭石呈现红、黄、绿等颜色。

五、夂字家族

1. 夂（夊）→备（備）、务（務）、雾（霧）、夆（降）

"夂"字读音为"suī"，金文就是一个脚印的样子，小篆时规范为笔画写作"夂"，表大步缓行之意，即缓缓而来。后用于造字时有上下之分，位于字形上部时写作"夂"，位于字形下部时写作"夂"，皆为字形之美观。如"夆、备、夆"与"復、夏、麦"等字。

当写作"夂"时，其读音为"zhǐ"，俗称"冬字头"，故此后又有读音为"zhōng（终）"，正如俗语所言"凛冬将至"，表随后到来之意，强调"到来"。

当写作"夊"时，其读音为"suī"，与"随"字读音相同，表跟随而至，强调"跟随"。

夂
金文
父丁鼎
夂
小篆
说文夂部

夊
小篆
說文夊部

備

甲骨	甲骨
新·862	徵4·2

金文	金文
毛公鼎	齐侯壶

小篆
说文人部

隶书
孔龢碑

草书
王羲之

務

小篆
说文力部

隶书
尧庙碑

霧

小篆
說文雨部

隶书
孔羡碑

行书
李邕

　　"备"字是个简化字，原本写作"備"，其甲骨文为一箭斛之形，箭放于箭斛之中以便随时取用，即表示"备用"，以备不时之需。

　　金文时加单立人表示为人所备用之物，不再单指弓箭之备，写作"備"。小篆时字形有所讹变，写作"備"，隶书则依照金文有所省略。今天的"备"字依照草书，借鉴隶书而来。

　　所以，"备"字其实与"夂（夊）"没有什么关系，仅仅是汉字简化后的字形相似罢了。但简化字亦有其简化后的字理，常言道"有备而来"，便体现出了"夂（夊）"字的意思，字理简洁明了，也未尝不可。

　　"务"字繁体为"務"，也是简化而来，原本为"敄下一力"，于是可以知道字形中的"夂"原本为"攴（夊）"，乃字形相似而书写雷同罢了，亦与"夂（夊）"没有关系。

　　"敄"字由"矛"与"攴"组成，这个矛是一种很长的矛，非攻击所用，而是指有其标志的旗旛，如战旗、族旛，且旗杆粗壮，亦可敲击以发号施令，故此配有"攴"。这种旗子很高，风吹之下呼呼作响，双手持之要十分用力，必专注从事，遂加"力"字为"務"，表专力以事其业——业务。

　　"雾"字繁体为"霧"，表示水汽之大、湿气之重，似水汽、湿气专注于此处，浓密至极，好似飘浮在空气中细小的雨珠。

"夆"字最初就写作"降"，其甲骨文便是"阜旁两夂"，两只脚一上一下，即由上而下表"下达"之意，所以其本义为从山坡上走下来，后引申为降下、降落之意。

"夆"字成形于小篆，去掉了"阜"所表示的山坡，就成了凭空而降之意，即从天而降。今则多以"降"字为主，指各种下落、降落。

"降"字随后还造了一个"隆"字，以及"隆"所衍生的"窿"字。"隆"字以"生"为声音符号，兼表意义，于是归于"生字家族"，见《双法字理·植物》，此处不再赘述。

2. 夂→复（復、複）、覆、腹、履、爱（愛）

"复"字在今天是"復、複"二字的简化，其中以"復"为其最初的古文字字形，表示与行走有关。

"復"字最初就写作"复"，见其甲骨文，上半部分像一食器如豆，其下一"夂"，表一人来到以求取食物。民以食为天，这是生存的本能，所以是一种经常性的行为，于是表示来来回回，即反反复复的意思。

金文时为表意清楚，便又加了表示行走的"彳"，书写为"復"，表来往反复之意，以便与"复"字表示反复、重复的意思区别开。此后，小篆、隶书、草书、楷书皆为"復"，亦兼表反复、重复之意。

汉字简化时方书写为"复"，采用其甲骨

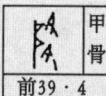

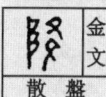

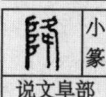

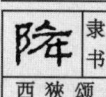

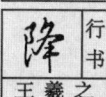

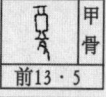

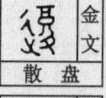

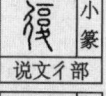

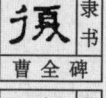

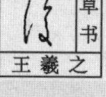

右栏图表：

降

降 甲骨 前39·4

金文 散盘

小篆 说文阜部

隶书 西狭颂

行书 王羲之

復

甲骨 前13·5

金文 散盘

小篆 说文彳部

隶书 曹全碑

草书 王羲之

褣
小篆
说文衣部

褣
隶书
蛰道人

複
草书
文徵明

覆
小篆
说文两部

覆
隶书
西狭颂

腹
小篆
说文肉部

腹
隶书
唐公房碑

腹
行书
王献之

履
金文
齐侯钟

履
小篆
说文尸部

履
隶书
孔彪碑

履
行书
王羲之

文的书写使之简化，专表反复、重复之意。

"複"字则出现于小篆时期，布衣旁（衤）表示与衣服有关，取"復"字之省为"复"表重复叠加之意，指一种有衬里（裏）的衣服，释为"重衣"。

"覆"字在"復"字上面加了一个盖压之意的"两 yà"字，后书写为"覀"，合在一起表人们在周围来回走动，以便铺盖好遮蔽物如席子、幔帐等，用以遮盖或隐藏。

"腹"字为肉月旁配以"复"字或"復"字之省，为俗语"肚子"的总称，包含五脏于其中，取"复"字表呼吸时肚子来回起伏、反复不止的样子，此谓腹部。

"履"的字形源于小篆，但其造字之初文见于甲骨，最初为"人下一夂"或"人下一止"，表一人穿着鞋有频率的行走——步履，读音为"lǚ"。随后"履"又引申指鞋子，为使字义清楚，人们又在字形下方加了"舟"字，表穿在脚上好似舟船之形的鞋子。

金文时字形有所讹变，大多书写为"足旁一頁"，籀文亦是如此。小篆时统一文字，重新书写为"履"，以"尸"表人形，以"復"代替金文时讹变而成的"足頁"，表时常行走和行走所需——鞋子之意，其本义不变，依旧是步伐与布鞋（丝作之者谓之履）之意。

古有"削足适履"，出自《淮南子·说林训》："夫所以养而害所养，譬犹削足而适履，杀头而便冠。"今有"西装革履"，出自《澹定集·〈善暗室纪年〉摘抄》："这位'管乐'西服革履，趾高气扬。"

"履行"便有行走前去执行之意，如履行职责和义务。

仁爱的"爱"，繁体为"愛"，下面部分也是一个"夊"字，简化后成为朋友的"友"字。

夏天的"夏"，下面部分则是一个"夊"字。

六、各字家族

1. 各→客、额（額）、恪（愘憗）

"各"字上面部分是一个脚踩下来的样子——"夊"，其甲骨文像一只脚踩进一个坑中，即"夊在凵中"。"夊"字有下降之意，表踩下，俗话说得好"一个萝卜一个坑"，如此便是一个脚踩下一个坑，表各自之意。其读音为"gè"，与"个"字读音相近，意义相仿。

客人的"客"，在"各"字上面加了表示房屋的宝盖头（宀），指一人远道而来落脚于

各
甲骨 续存·1935
金文 無叀鼎
小篆 说文口部
隶书 華山庙碑
草书 王羲之

此，即客人也。客人远道而来，或门前轻咳、或叩门而响以询问主人是否在家，于是读音受"咳""叩"之音影响，略有变音为"kè"，以表叩击询问之意。

额头的"额"，在"客"字旁边加了表示头部的"页（頁）"，当客人进入时低头弯腰以示恭敬与谦卑，于是头部便最先探了进来，这时头部最先探进来的部分便是额头。

客人来了便要请吃饭，准备多少饭菜便要点点人数，也就是点人头，这便是名额。

恪守的"恪"，此时读音为"kè"，在"各"字旁加了表示心情的竖心旁（忄），其最初写作"愙"， 如其金文为"客"字中间"一口一心"，表做客之人以口求食，以心感恩，言行与内心都充满了敬意，以遵守主人家规，此为恪守。

小篆时也书写成左右结构为"恪"，隶书作为小篆的一次简化，便将"客"字省略为"各"，写作"恪"字，后世沿用。

然而这个"恪"字，在国学大师陈寅恪"què"这里却走不通了，读音变得跟他本人一样——有点怪。

"恪què"的读音字典中至今没有收录，但陈寅恪他老人家在自己的名字上可是十分恪守本分的，只闻"què"音不听"kè"声。你若叫他陈寅恪"kè"，那他可是不会搭理你的。这

客
甲骨
藏龟·78
金文
中義父鼎
小篆
说文宀部
隶书
靈台碑陰

額
小篆
六书统
隶书
唐抚颂
草书
孙虔礼

恪
金文
周愙鼎
小篆
说文心部
隶书
祝睦碑
草书
王献之

并不是他老人家不认字，他可是中国现代集历史学家、古典文学研究家、语言学家、诗人于一身的百年难见的人物，与叶企孙、潘光旦、梅贻琦一起被列为清华大学百年历史上四大哲人，与吕思勉、陈垣、钱穆并称为"前辈史学四大家"，任教清华时被称作"公子中的公子，教授之教授"，其一字之音怎会不识？

其实，"恪què"音源于江西方言音，江西方言有声韵调，声母二十五个，其中"k"音高九，"kˋ"音开丘，于是"ke"音在江西音系中便发"què"音。

陈寅恪先生正是江西修水人，他一生孤傲怪僻，追求自由的思想和独立的精神。其在姓名中保留方言音，除了是对长辈的纪念之外，也许正是对自己追求的暗表，是对那个时代的一种明志。正如易中天老师所说："劝君莫谈陈寅恪，最是文人不自由。"

2. 各→胳、格、阁（閣）、搁（擱）

胳膊的"胳"，配了肉月旁表肉体，指人体肩部以下至手腕处，左右两边一边一个，各自独立又可相互合作，于是取"各"字表音表意。

格子的"格"，配了木字旁，原本指树上的长枝条，即生长较长的一根根枝条，好似不与其他枝条为伍，自顾自地各自生长，与其他

胳

胳 小篆
说文肉部

胳 隶书
蜇道人

枝条相交叉——枝格相交。树阴便是枝格相交所组成的屏障把光线挡住了，后来借取枝格相交之状为窗户的内框，这便是传统的中国窗格。

窗格中被分割出的小孔便是格子，一个个格子各自分开，人们便以此法制作了可以放置物品的木格，以便分类互不相干。后引申为对事物如何分类、怎样分类，即探究、穷究之意，谓之格物，以此来达到对事物本质的认识——格物致知。

正如《礼记·大学》所言："致知在格物，物格而后知至。"

"格格"一词人们常在清朝题材的剧中看到，此为满语，意思为小姐，后成为清朝皇族对女儿的统一称呼和封号。

阁楼的"阁"，配了门字旁，指古代橱柜、箱柜之上用于固定门扇的插孔，两个门扇各插一个，可自由打开后储藏物品，后引申为储藏物品的箱柜，内置小木格分类摆放。

楼阁便是指楼层之中有专门用于收藏、储藏的房间，如藏书阁、藏书楼，历代著名的藏书楼有涵芬楼、玉海楼等，藏书阁有天禄阁、石渠阁、天一阁、文渊阁、文源阁、文溯阁、文汇阁、文澜阁等。

收藏、储藏之处多为室内密处，非外人所到之处，于是又引申出女眷内室、中央内阁的表达，"阁下"便是由此而产生的敬语。

格
金文 格伯敦
小篆 說文木部
隶书 桐柏庙碑
草书 王羲之

阁
小篆 說文門部
隶书 西狭颂
草书 王羲之

搁置的"搁",在"阁"字旁边配了提手旁（扌），即把收藏的物品放置在阁楼之中——搁置。此字为后起字，其最初就是以"阁"字表示，后才加了提手旁，表示手部的动作。

3. 各→洛、落、烙、络、骆、饹（餎）、酪

"洛"字对今天的人们来说，最熟悉的便是地名"洛阳"——洛水之阳，其本义指洛水，所以以水字做旁。其甲骨文左边"一笔（丿）表河流"，右边"各下三点雨"，指一条由降雨而形成的河流——洛河，历史上曾因此有南北两条水，即南北洛河，后二水相合而入黄河，于是便有了李白《将进酒》中"黄河之水天上来"的名句。

陕西师大的黄永年先生曾就"洛水"一事做过讲解，黄老先生那时是国务院古籍整理领导组副组长，知识与见识非常渊博。在文字、文化的考证方面，他给过一些点拨，如文化的形成并不一定伴随文字的出现，尤其是在自然界的山河之中，其中洛水的出现一定比"洛"字要早很多，今天能够看到的资料记载已是后世之书了。如果想要真正了解和认识"洛"字，还需要回到大山与河道中去，去体会字的意境与延展，这便是文化的诞生。

今之洛阳在河南，然而古之洛水在陕西，皆因西周至东周的变迁，新的东周王朝保留了原有的都城之名，于是沿用至今。在此期间，

洛

甲骨
新·108

金文
季子白盘

小篆
说文水部

隶书
袁良碑

"洛"字还常被写作"雒","隹"为鸟之形，乃因黄河滩上飞鸟成群之故，候鸟南飞栖息于此，"雒邑"便是洛水边上的一个城邑。

今天的洛阳被誉为"九朝古都"，可见其在中国历史上的政治地位之高。地名"洛阳"的变迁，便是一部中国历史兴衰演变的缩影。

司马光曾云："若问古今兴废事，请君只看洛阳城。"

"落"字加了草字头（艹），显然指的是草木之落叶，树叶如降水、降雨一般由上落下。

"烙"字加了火字旁，字形之意为火焰从天而降，表示将火放到需要灼烧的物品上，或将需要灼烧的物品放到火上去，即火的落下或落于火上。

"火"字最初便是指天火，指风雷闪电时的雷火，后来人类学会了保存火种和斩木取火之术，于是"天火"之意便逐渐淡去了。（详见《双法字理·天文》）

炮烙是古代一种酷刑，为殷商纣王所创，《史记·殷本纪》中记载有"纣乃重刑辟，有炮烙之法。炊炭其下，使罪人步其上"，即堆炭架烧铜柱，令人行走其上，以致落火被焚身亡。

"络"字加了绞丝旁，指拧麻绕绳时束口以免散失而留下的尾絮，垂落、散落在绳子的

落

烙

两头、两端，即头绪、端绪。后引申为联络、
笼络，联络便是将相关联的事物，头尾相应地
联系起来；笼络便是将繁杂的事物拢在一起，
似束口为络，以便统一。

　　脉络是中医对人体动脉、静脉的统称，经
脉是中医对人体气血运行的路径统称，将整个
人体系统联系起来。

　　"骆"字加了马字旁，指黑棕黑尾的白马，
似全身的白色在尾部被黑色的尾巴系住了，垂
落下来，造字时取"络"之省，表音表意。

　　骆驼我们都很熟悉，这种动物有驼峰，驼
峰的样子看上去好似一个束口——络，系住了
全身的驼毛。骆驼可以在沙漠中长时间行走，
能忍饥耐渴，这都是驼峰的作用。

　　通常人们认为驼峰是一个大水袋，其实驼
峰中贮存的是沉积脂肪，它是一个巨大的能量
贮存库，为骆驼在沙漠中长途跋涉提供了能量
消耗的物质保障。

　　"饹"字加了食字旁（饣），繁体为
"餎"，指一种食物，一种北方面食——饸饹
面。这种面的制作十分有特色，左面的器具十
分巨大，称为面床，架于大锅之上。人们将和
好的面放入面床中特质的容器，合上容器以力
压之，将面从容器底部的网孔中挤出，挤出的
面条便直接落进了下面的大锅之中。

　　人们以此法制作面条，面条合而落之，便

取名饸饹或饸烙面，为我国北方，尤其是陕西、山西一带的特色面食。

"酪"字加了酉字旁，"酉"字指酒，表发酵之意，但不是酒的发酵而是奶的发酵、沉淀而成——奶酪。

奶酪最初取于马奶，产于草原，是牧民们的生活必需品。人们挤下马奶盛于木桶之中，并充分搅拌，使马奶均匀氧化，随后盖上盖子使其发酵沉淀，最终成为一种半液体半固体状的奶制品。

相传，奶酪的产生最初源于牧民们随身背着的水囊。牧民们骑马时，水囊中的马奶在颠簸中被不断搅拌，受热发酵后偶然形成。如今，奶酪早已成为草原人民的一种特色饮食。今天我们常喝的酸奶，可以说是一种改良过的奶酪。

4. 各→赂（賂）、路、露、略

"赂"字繁体为"賂"，字形为"贝旁一各"，表钱财由天而降，凭空而来，古释为"遗"，表遗人财物相以请，兼有馈赠之意。

如苏洵《六国论》中写道："六国破灭，非兵不利，战不善，弊在赂秦。赂秦而力亏，破灭之道也。"

"贿赂"一词常用，"贿"的字形中"有"表有肉，配以"贝"字表有钱有肉，汇集财物而有之，同时"有"又与"无"对立，表有无之意，即无中生有，使其有之。于是，"贿赂"二字合用指凭空而生的财物，使人有之。后多用于遗人财物以谋求利益，尤其指不正当的利益。

"路"字在今天泛指道路，但最初指小路，金文为"足旁一各"即抬脚落下，指人们行走来往所踩踏出的途径——道路。

路与道的不同在于，道有引领之意，路则有各自随意之意。

唐代伟大诗人李白的组诗作品《行路难三首》，抒写了诗人在政治道路上遭遇艰难后的感慨，反映了诗人在思想上既不愿同流合污，又不愿独善一身的矛盾。

与"道"一样，"路"在宋代时开始成为古代的行政区域划分。宋代的路相当于明清的省，元代的路相当于明清的府。

"露"字有两个读音"lù"和"lòu"，原本写作"雨下一各"，如其甲骨文、金文所书，本是空气中的水蒸气遇冷时变成水滴附着在物体上，如花草枝叶上的水珠，古人以其为天降似雨，乃万物润泽，故称其为露珠、露水。露珠圆润如珠，于是其读音受"珠 zhū"字的影响，变音为"lù"。

人们行走在道边小路时，常被小路上的花草露水打湿衣角，于是便在小篆时改写为"雨下一路"，表明读音符号和意义关联。

路
金文 史懋壶盖
小篆 說文足部
隶书 西狭颂

露
甲骨 錄·677
金文 露字币
小篆 说文雨部
隶书 西狭颂

365

读音为"lòu"时，"露"表露出之意，如露出真面目、露马脚等。当空气中的水由看不见的水汽变成看得见的水珠时，便是显露出来，似天空漏出水滴，读音为与"漏"字相同，字义相近。

"略"字加了田字旁，指田间落脚之地，亦为"路"字之省，方便人们在田间行走管理和经营田地，而不踩坏庄稼和蔬菜，如田埂、田垄，亦有划分田地的作用。后引申为经营、管理田地的意思，《说文》释"略，经略土地也"。于是，在战场上的规划管理与出谋划策，便称为战略、策略。

战略、策略为战事的大概方向，具体的战斗细节还需随机应变，于是又引申有"大略"一词，表大概之意。在细节的随机性上，大的战略与策略就显得不那么重要了，此时要以实际需要为主，灵活多变，可忽视和牺牲大的战略要求以保证战事的顺利进行，故此又有忽略、省略之用。此处再次体现了汉字本身阴阳相合之术、思想辩证之观，颇值得玩味。

略

略 石文
诅楚文

略 小篆
說文田部

略 隶书
白神君碑

略 行书
王羲之

七、舛字家族

舛→粦、磷、嶙、粼、鳞、麟

"舛"字读音为"chuǎn"，金文为四只脚，表人们来回窜动、步伐错乱之意。小篆时书写为两只脚，并追求字形结构的对称，字形与"北"字相近，表步伐错乱，引申为相互背离的意思。

成语"命途多舛"出自唐朝王勃的《滕王阁序》中的"时运不齐，命途多舛"，指一生坎坷，屡受挫折，命运与人意相背、相离。

"粦"字指磷火，本写作"燐火"，古人也称其为鬼火，指一种会自己跳动的蓝色火焰，最初的书写为"炎下一舛"，表到处跳动的小火焰。籀文、小篆、隶书之后，在楷书时书写为"米下一舛"，除了书写上的简化之外，字理可释为到处跳动的散碎小火焰，此为磷火的特点。

"粦"字后来写作"燐"专表燐火，是人或动物的尸体腐烂时分解出的磷化氢所产生的自燃现象，多出现在夜间无人的郊外，为白色带蓝绿色的火焰。古代由于民间不知燐火的成因，只知这种火焰多出现在有死过人的地方，而且忽隐忽现，因此称这种神秘的火焰为"鬼火"，认为是不祥之兆，乃鬼魂作祟之现象。

"磷"字在今天是一种非金属化学元素，在化学物质中为一种白蜡状固体，常见的有"白磷"和"红磷"，能发出蓝绿色火光，但磷的绿火不发热，不能引燃物质，属于一种冷光。其拉丁文名称"Phosphorum"就是"冷光"之意，其英文名称为"Phosphorus"，化学符号为"P"。于是，学者们便用了表示蓝色鬼火的"粦"，加石字旁表示这种化学物质。

磷脂为含磷和氮的类脂质，是生物体的重要组成成分，在脑、肝中的含量较多，这也是鬼火的主要成因。

其实"磷"字古时就有，指表面可以闪烁的光斑的石头，多为含有金属杂质或晶体颗粒的石头；也指在流水中被不断冲刷的石头，表面光滑，在水流中闪烁着光斑。

"嶙"字，古人多以此来形容深山高崖之貌，谓之"深崖貌"。深山怪石之中，多有野兽出没，山石间留下猎物的残骸，于是夜幕降临之后鬼火便时常闪现其间，故称为"嶙峋"——怪石嶙峋。

"粼"字为"粦旁一巜"，"巜"字读音为"kuài"，表小水流之意，亦是"巛"之省，取"粦"表闪光之意，合而为水面跳动闪烁的波光，星星点点——波光粼粼。

"鳞"字指鱼鳞，便是鱼身上闪烁光斑的

薄片，称为鱼鳞、鳞片。

"麟"字在今天专用于"麒麟"一词，古代春秋之前则称为"麟"，后孟子始言"麒麟"，于是战国之后皆称"麒麟"，言之"牡为麒，牝为麟"。

麟是古代传说中的"仁兽"，甲骨文刻画了一头雄伟的公鹿，注释为长颈大牝鹿，身有纹如鳞，谓之麟。所以现在部分学者认为，"麟"便是古人对长颈鹿的称呼。

如今，"麒麟"作为一种中国特有的文化符号，象征着吉祥，是一种祥瑞。《礼记·礼运第九》中写道"麟、凤、龟、龙，谓之四灵"，经后世历代文化的修饰，今天的麒麟从其外部形状上看，狮头肉额、鹿角虎眼、麋身龙鳞、牛尾鹰爪。

麒麟还是中国儒家文化的象征，这则源于麒麟与孔子的关系，相传孔子出生之前和去世之前都出现了麒麟，同时最普遍的记载便在《春秋》哀公十四年春天，提到的"西狩获麟"。孔子为此落泪，表示"吾道穷矣"，于是写下诗歌，"唐虞世兮麟凤游，今非其时来何求？麟兮麟兮我心忧"。不久孔子去世，后人便开始视麒麟为儒家的象征。

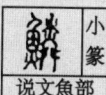

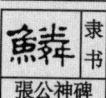

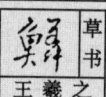

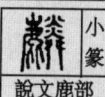

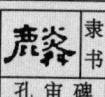

369

叁 躯干

躯干泛指身体，但其主要指人体除了头、颈和四肢以外的躯体部分。在医学上以脊椎骨为中轴线，将其称为躯干骨或中轴骨，附有胸骨、肋骨、盆骨、骶骨，使肌肉包裹其上，形成身体的主要结构。

一、北字家族

北→背、脊

"北"字最初是两个人背靠背的样子，如其甲骨文、金文，引申有以背部相靠之意。

"南北"之意则源于人们古老的生活文化。古代中原为今天我国黄河流域的北方，四季分明，人们住在黄土高坡上面南而居，以避西北风，于是有了"面南背北"的居住传统，此时背部相靠的方向就是北方，屋舍的建筑亦讲究"坐北朝南"。

当"北"字表示了北方之后，人们便在小篆时另造"背"字，加肉月底专表身体的背部。

背部在人体的身后，也称后背，可负重物，于是引申有背负之意；人们记住文章后，转身复诵以背对之，于是引申有背诵之意。

北

朴 甲骨
甲·622

朴 金文
师虎敦

爪 小篆
说文北部

北 隶书
景君铭

北 行书
王羲之

背

背 小篆
说文肉部

背 隶书
衡方碑

脊 草书
怀素

"脊"字常和"背"字连用，称为脊背，主要是指脊柱，是背部骨骼在背部凸起的样子。金文字形为脊椎与肋骨下一个"月"字或"骨"字，故此小篆时有两个字形，分别为月字底与吕（脊椎骨）字底。隶书时书写为"脊"，取月字底表背部肉体之意——脊背。

脊椎骨则另有"吕"字表示，字形正是脊椎骨一节一节的样子。

二、吕字家族

吕（呂）→侣、铝、闾、榈

"吕"字表示脊椎骨，甲骨文、金文就是两个方形的脊椎骨上下刻画，表示一根脊椎骨的样子。小篆时书写为"吕"，二者之间仅仅少了脊椎骨之间的一点连接，学名椎间盘，这细微之别足见古人观察之详细。脊椎骨之间以椎间盘连接，使整根脊椎可前后左右活动，似一缕丝带般灵活，于是读音为"lǚ"，与"缕"相同，兼表灵活之意。

"吕"字还是今天中华之一姓，相传起于姜太公"肱吕之臣"的封号，其封地获名吕梁山，周围之民遂以吕为姓。

"吕"字还有一个异体字写作"膂"，以"旅"表音加月字底，造字与"脊、背"二字同理。

371

侣
侣 小篆 說文新附
侣 隷书 曹全碑
侣 草书 王铎

鋁
鋁 金文 邾公望钟
鑢 小篆 說文金部

閭
閭 小篆 說文門部
閭 隷书 蔡湛頌

　　"侣"字指伴侣，取"吕"字脊椎骨节节相连表紧密连接之意，加人字旁专指人与人之间的紧密相伴——伴侣。

　　僧侣即佛教僧徒，取于"徒侣"一词，徒侣指结伴学习的门徒，即朋党之辈。

　　"铝"字最初并非今天我们所熟悉的金属铝，而是指一种古代的错金工艺，使铜铁之器平整，似今天的锉刀之用，表面有节似脊椎骨之节。

　　小篆时亦写作"鑢"，表示打磨思想、思虑之意，如"大其虑，躬自鑢"。

　　西方化学传入中国之后，金属铝英文为"Aluminium"，拟声后取"铝"字表示，缩写为"AL"。

　　铝出自明矾，是人们从矾土中分离出的金属。1855年在巴黎博览会上，它与王冠上的宝石一起展出，标签上注明"来自黏土的白银"。在1925年的出版物中确定采用"aluminum"命名。

　　"闾"字在《说文》中释"闾，里门也"，指古代里巷的大门，巷子之内人们比邻而居，房屋如脊骨相连之形，有邻里相伴之貌，故取"吕"字表意形容此门。闾巷便是住人的地方，后借指古代的一种居民组织单位，二十五家为一闾。

　　《周礼》："五家为比，五比为闾。闾，侣也。二十五家相群侣也。"在《荀子·富国》中，"穷间漏屋"一句则以"间"泛指居住的地方。

"棕"字主要指棕榈树，古称栟榈，属棕树。"棕"字原本写作"椶"，剥其皮可制绳、做粗衣，故取"緵"字表粗布之意省而造字，指这种树木。汉字简化时，以"宗"字之音替代书写为"棕"。

棕属之木幼年阶段生长十分缓慢，其叶长柄，并生而簇于顶冠，故有栟榈之称。其叶顶冠并生，落而生干，以此不断生长，使得主干之貌呈节节状，似脊椎吕骨，故称棕榈、栟榈。

三、亢字家族

1、亢➜抗、炕、伉

"亢"字的古文字像一个人形如"大"，但突出的重点在脖子处，即颈部。判断一人上体是否有力气，往往就是查看他脖颈部的肌肉是否发达。

"亢"字指颈部，后泛指脖子、喉咙，因其在身体较高的部位，又引申有"高"的意思，高亢。"亢奋"一词便是用"亢"表示人们兴奋时，头部充血，颈部青筋暴露的样子。

"抗"字加提手旁，指一人使出浑身力气

抗
小篆
說文手部
隶书
晋郛休碑
草书
王羲之

炕
小篆
说文水部
隶书
衡方碑

伉
小篆
說文人部
隶书
杨震碑
草书
孙虔礼

阬
小篆
说文阜部

以手抵之，脖颈处青筋暴露以表尽其全力之意——抵抗。且“亢”字有高的意思，暗含不屈而争之意——抗争。

“炕”字加火字旁，本义为举火烤物，或举物烤火，取“亢”表高举之意，此字表意烘烤。后借指北方的一种可生火取暖的床，用土坯或砖头砌成，下有孔道，冬天时可以生火取暖以抵严寒，谓之火炕。

今天，我国北方村庄的屋舍之中依然建有此物，“上炕”成为一种招待客人的基本仪式。

“伉”字加单人旁，表男性健美之意，常与“俪”合用，组成“伉俪”一词。

“伉俪”是对夫妻二人的美称，即男子健壮、女子美丽，表示二者十分般配之意。

2、亢→坑、吭、杭、航

“坑”字加土字旁，指人们挖地而成的深穴，深度可没过一人之高，踮脚伸脖亦不见其人，取“亢”字以一人之高表其深。

此外，还有一字与之意思相近，写作“阬”，也指地表多深穴，但非人为挖掘，乃为地表虚陷而出，如天坑。后二者归为一字，以“坑”字表之。

“吭”字加口字旁，专表喉咙之意，以

"口"表可发出声音的器官，如引吭高歌。此时读音为"háng"，表气流之畅行，歌声之远行。

此外，"吭"字还表示由喉咙专门发出的咳咳声，以示提醒之意，如吭了一声。此时读音为"kēng"，受"咳"字的影响有所变音。

"杭"字加木字旁，指一种用于划船的长木，其形如竹制的船篙，造字取"坑"之省，表行舟时持杭深入水中以划行，后引申指舟船。

今之"杭州"便简称为"杭"，因其多水路，人们出行皆持杭行舟，故此得名"杭州"。相传公元前21世纪，夏禹南巡时大会诸侯于会稽，曾乘舟行经此地，并舍其杭于此，故名"禹杭"，经口口相传而写作"余杭"。后自秦朝设县治以来已有2200多年的历史，曾是吴越国和南宋的都城。此地河网密布，湖泊众多，物产丰富，是典型的"江南水乡"，其风景秀丽，素有"人间天堂"的美誉，其京杭运河更是历史上尤为著名的工程。

"航"字加舟字旁，小篆时写作"斻"，指"方舟"，即"併舟"，表连舟共济以抗水流之意。

当雨季来临时，河水的水流较大，此时为了确保行舟的安全，人们便将小船连在一起，组成大船来共同抵抗水势以行舟，或直接连接两岸以便通行，后引申为航行。

至此，人体部分到此结束。

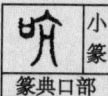

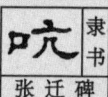

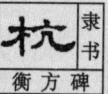

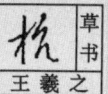

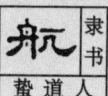